# 泰州文獻

## 第二輯

明清泰州入學全案

泰縣教育近況

鳳凰出版社

ISBN 978-7-5506-2021-6
9 787550 620216 >

圖書在版編目（ＣＩＰ）數據

明清泰州入學全案 ; 泰縣教育近況 / 佚名等編撰
. -- 南京 : 鳳凰出版社, 2014.10
（泰州文獻）
ISBN 978-7-5506-2021-6

Ⅰ. ①明… Ⅱ. ①佚… Ⅲ. ①教育史－泰縣 Ⅳ.
①G527.534

中國版本圖書館CIP數據核字(2014)第210218號

責任編輯　王愛榮
裝幀設計　姜　嵩
出版發行　鳳凰出版傳媒股份有限公司
　　　　　鳳凰出版社(原江蘇古籍出版社)
　　　　　發行部電話025－83223462
出版社地址　南京市中央路165號　郵編:210009
出版社網址　http://www.fhcbs.com
印　　刷　揚州文津閣古籍印務有限公司
　　　　　揚州市開發區鴻揚路22-2號(6幢)　郵編:225009
開　　本　889毫米×1194毫米　1/16
印　　張　34.75
版　　次　2014年10月第1版　2014年10月第1次印刷
標準書號　ISBN 978-7-5506-2021-6
定　　價　500.00圓
(本書凡印裝錯誤可向承印廠調换,電話:0514－87969255)

# 《泰州文獻》工作委員會

**主　任**

藍紹敏　陸志鵬

**常務副主任**

盧佩民

**副 主 任**

戴勝利　王學鋒　張培成　佘江涛

**委　員**（按姓氏筆畫为序）

丁少華　方標軍　成愛君　季春芳　周興安

查學斌　姜小青　奚愛國　陳士宏　黄林華

曹茂良　曹學賦　許大才　張國祥　萬永良

程榮穩　鄒祥龍　費振鐘　劉　玲　劉仁前

劉宏鳴　潘時常　薛金林　顧維中

# 《泰州文獻》編纂委員會

**主　編**

盧佩民

**副主編**

黄林華　姜小青

**執行主編**

成愛君　費振鐘

**編　委**（按姓氏筆畫为序）

王　飛　王　劍　王正奎　卞惠興　朱長順　全　勤

李文華　李明官　吴　迪　吴小晴　吴雙林　汪　政

沈　俊　林世田　莫其康　倪培翔　徐一清　徐同華

高　峰　陳　立　黄　靖　曹學林　常　康　張　定

張永龍　劉仁前　劉春龍　潘浩泉　薛　飛　謝冬榮

竇立成　顧寄南

# 《泰州文獻》學術指導委員會

（按姓氏筆畫为序）

江慶柏　金良年　茅家琦　華學誠　徐　雁　畢飛宇

程章燦　楊九俊　魯國堯　劉玉才　顧　農

# 總序

泰州古稱海陵，漢初（公元前一一七年）置縣，晋末（公元四一一年）設郡，南唐（公元九三七年）建州，始稱泰州。

泰州濱江近海，物阜民豐。漢唐以來，糧鹽並舉，商貿繁榮，爲溝通南北的重要港口城市。

泰州素爲文教昌明之邦。唐初立州學，北宋建貢院，明清開學政試院，産出大批科舉優秀人才。

泰州自古人文薈萃。走進泰州的，從范仲淹、富弼、陸佃，到孔尚任、吴讓之、蔣春霖，都留下深遠影響。走出泰州的，從張懷瓘、胡瑗、施耐庵、王艮，到李清、吴嘉紀、柳敬亭、黄龍士、李鱓、鄭燮、劉熙載、李詳、梅蘭芳、高二適，都在各自領域爲中國文化作出巨大貢獻。

泰州遺存的文獻也很豐富。僅據《江蘇藝文志》所載，便有二千七百餘種，涵蓋經、史、子、集的方方面面。其中，尤以明清時期爲夥，占到百分之九十九以上。這當中不排除由於種種原因，致使元以前的一些著述湮没無聞，但明清兩代，確是泰州文化的繁盛期。在這些文獻中，如《書斷》（張懷瓘）、《水滸傳》（施耐庵）、《王心齋先生遺集》（王艮）、《宗子相集》（宗臣）、《陋軒詩集》（吴嘉紀）、《板橋全集》（鄭燮）、《藝概》（劉熙載）、《李審言文集》（李詳）、《黄龍士先生棋譜》等，在中國文化史上都有重要地位和深遠影響。

與此同時，對鄉邦文獻進行整理的也代不乏人。自宋至清，周氏（周麟之等）、宫氏（宫偉鏐等）、陳氏（陳應芳等）、徐氏（徐鳴柯等）等都曾致力其事，爲泰州留下了許多寶貴的文化財富。清嘉道間，鄉人夏荃編輯《海陵文徵》二十卷、附録十二卷，《海陵詩徵》十卷。民國初年，曾任江蘇省省長的鄉人韓國鈞歷經十餘年編成《海陵叢刻》計二十三種六十六册。

二〇一一年九月召開的中共泰州市第四次代表大會，提出了建設文化名城的任務。爲此，中共泰州市委、泰州市人民政府決定編纂《泰州文獻》。這是泰州有史以來對本土文獻最大規模的整理和彙編。它對於保存、利用、研究和開發泰州的歷史文化，尋繹泰州獨特的地方文化價值，爲泰州文化建設提供歷史人文資源，意義重大。

爲了保證編纂工作的順利進行，市委、市政府專門成立了工作委員會、編纂委員會和學術指導委員會。工作委員會由市委、市政府領導和相關部門負責同志組成，負責對編纂工作的領導和協調。編纂委員會由相關專家、學者組成，具體負責《泰州文獻》的編纂出版工作。學術指導委員會由江慶柏、魯國堯、程章燦、茅家琦、華學誠、徐雁、金良年等國内知名文史專家組成，負責對編纂工作的指導和把關。

編纂工作按如下幾個步驟進行：（一）進行文獻調查，建立文獻檔案；（二）精選有代表性、有學術價值的作品影印出版，選目由編纂委員會和學術指導委員會共同審議確定；（三）編輯出版《泰州文獻總目》。

《泰州文獻》分爲四輯：

第一輯『官修舊志』，收録泰州地區現存所有官修地方志。

第二輯『地方史料文獻』，收録泰州地區歷代重要的筆記和史料。按内容又可分爲史地類：收録有關泰州歷史地理方面的著作，包括小志、專志、雜志等；政情類：收録有關泰州政治、經濟等方面的著作；文教類：收録有關文化、教育、圖書館等方面的著作。

第三輯『家族文獻』，收録泰州地區重要的家譜、家傳、家集與名人年譜。按内容又可分爲家乘傳記類：擇要收録泰州家族譜牒中的譜序、家規、家訓、箴言、族約、族記、祠田記、塋田記、雜記、著述等資料；家族總集類：以家族姓氏筆畫爲序。

第四輯『泰州文存』，收録泰州地區作者的詩文著作及其他代表性著作。按内容又可分爲學術論著類：收録泰州作者的經史雜著；文集類：收録泰州作者的詩文集；地方總集類：收録泰州作者的詩文合集。

考慮到《水滸傳》、《封神演義》（《辭海》云『一説陸西星作』）、《檮杌閑評》（學界多謂李清所作）等小説流傳甚廣，版本豐富，故不再收録。其他如堪輿、術數類著作，泰州人撰泰州地區以外的地方志、地理志類著作，一般性的彙編、摘鈔類著作，亦不予收録。

《泰州文獻》原則上收録現轄區内的作家作品。但從尊重歷史出發，泰州學派創派人物、明代思想家、哲學家王艮，平民詩人吴嘉紀等人，歷史上均屬於泰州地區，對泰州地區具有深遠的文化影響，他們的作品亦予收録。

前人給我們留下了豐厚的文化遺産，我們既要加以珍視和傳承，更要在前人的基礎上，創造出無愧於今天這個偉大時代的新篇章。這是我們更重要的使命，讓我們爲之努力。

《泰州文獻》編纂委員會

二〇一三年十月十八日

# 凡例

一、《泰州文獻》（以下簡稱《文獻》）分爲《官修舊志》、《地方史料文獻》、《家族文獻》和《泰州文存》四輯。

二、《文獻》收録範圍原則上爲現行政轄區内作者的著述和與泰州有關的重要著述，但考慮到歷史上曾屬於泰州地區的人物，如泰州學派的代表人物王艮、平民詩人吴嘉紀等對泰州文化深具影響，對他們的作品亦予收録。

三、所收著作成書年代限於一九四九年以前。

四、《文獻》所收著作，以學術價值、使用價值較高爲原則，適當兼顧版本價值。

五、《文獻》以影印方式出版。如有蠹損、殘缺、漫漶不清處，原則上以相同版本予以補配，以保證完整、清晰。

六、《文獻》對所收每種著作均撰寫提要，置於該著作前面，以方便讀者瞭解作者生平、主要内容、學術價值等。

七、《文獻》除保留所收著作原有頁碼外，均新編頁碼，每册頁碼自爲起訖。

八、《文獻》最後一册編有書名索引和作者索引，以方便讀者使用。

# 目録

# 明清泰州入學全案

佚名 編

《明清泰州入學全案》三卷，據泰州圖書館藏手抄本影印。

費氏棣花山館藏書。陸銓《泰州公私藏書考略》記載道：『清泰州人費履堅、費錫申父子爲藏書家，有「費氏棣花山館藏書」印，費錫申喜手抄書置於家塾。』未知此本是否爲費氏手抄。據內容記載的時間，分爲兩部分。前爲明代從萬曆四十年（一六一二）至崇禎十六年（一六四三）期間歷届江南督學考選、録取泰州地區生員的詳細名録。所記第一位督學是熊廷弼。後一部分爲清順治二年（一六四五）至光緒十一年（一八八五）歷届江蘇學政考選、録取泰州地區生員的詳細名録。記載情況比明代更爲詳細，包括歲考等第、科考等第、拔貢考試録取人員，歲考和科考分别録取的生員以及每次考試的試題、時間、主考的學政、考試變化情況等。明代部分的記載在第一册的前半部分，抄録人冠名《明泰州入學案》；清代部分的記載題爲《國朝泰州科歲試等第入學案録》，第三册封面題簽爲《泰州學册》。

（顔　萍）

明泰州入學案

萬曆四十年壬子督學熊廷弼字芝岡湖廣江夏

籍南昌人丁酉解元戊戌進士 十月十一日科考

色莊者乎 行之以忠

科入三十六名

陳爾善　強有為貢補　儲君陞　顧名登　徐拱宸補訓導

張應徵貢補　孫守紳　丁嗣庚　周宰臣貢補　湯相

丁名海　黃呈理補　王之棟補　紀杰然　韓魁

李乘龍　馬廷翰　黃大綸　任中鳳　阮毅

張日昌　崔一甲　章佐聖貢補　王化　黃吉補





壬子

張伯鯨

副戴恩

癸丑會

劉宏宇

徐燿（甲子戊辰） 崔一科 傅應鸞（貢補） 淩榮祖 王象謙（補）

顧士衡 陳天經 宋士璋 周宗述 沈法曾

李復先

萬曆四十三年乙卯督學 黃　字

進士　人 六月十一日歲考

歲入三十五名 使乎使乎 且子食志乎食功乎

張懋學 張元調 鮑躍龍 劉際春（撥補） 盧又弼

黃參元 李曄 金鼎昌 儲一唯 單嘉謨

潘大倫 胡京 朱天輿 俞朝鑾 陳應桂

乙卯副 陳王度

顧天球　劉　翼　周士美　姜士龍　凌承乾
張元屏　陳繼昌（補拔）　錢惟清　李繼曾　周官度
韓濬如　潘昌歷　周文鳳　蕭有律　文日新
凌大猷　周名揚　黄之秀　楊令人　楊　芳（補貢）

萬歷四十三年乙卯督學黄　十二月初八日科考
何為其莫知子也　敢問崇德修慝辨惑
科入二十九名
李昌允　方　清　曹寅亮（素）　曹寅素（亮）　王繼儒
陳允晟（補貢 江浦教）　鮑起龍　錢日新　陳夢日（補貢 拔）　徐文蔚
韓瑞徵　袁　凱　沈述曾　張幼良（補貢）　張遇清

丙辰會
劉萬春
張伯鯨

凌漢章　王象漸　凌國靖　楊日新（一作楊昺）　王　煜（一作煌）

金一麟　周文豹　馬良驥　曹必達　童兆岳

吳道昌　儲元坐　宋懋功（歲貢沛縣教）　丁日升

萬歷四十六年戊午督學　駱　字

人　九月十九日歲考

歲入三十六名　繹之為貴說而不繹　滕文公為世　一節

崔之一　潘榮祖　陳洛（補）　王相呂（丙戌副丁貢會）　錢士瑾

葛嘉生　周士哲　顧自新　沈日章　陳應文（補貢）

徐時遴　王象泰　劉之藻　王廷佐（一作佑）　紀乘龍

戊午

宮繼蘭

袁懋官貢補　潘日炯　錢廷佐　王秉乾　吳中和
張應龍　陳應科　王克君　紀攀龍　王泉恒
周之豐　杜嘉禎　李　菁　顧天叙　吳　昝
周宏錫　徐允文　沈復曾　儲　堪癸酉丁丑　楊令譽貢補
周文熙

天啓元年辛酉督學　毛一鷺字凌雲浙江遂安

人甲辰進士四月二十七日科考

科入三十六名　匿怨而友其人　三句　城非不高也　四句

徐天植　戴爾昌　曾從先　朱　霞　杭汝楫

辛酉

王相説

戈允禮 雲南人

徐我達 丙戌 丁亥 益陽典　陳大道　劉懋賢 補 丁卯　湯　奇　沈兆隆

何文隆　孫　蘭　周之鎬　朱　芾　韓　烺

凌萬欽　徐　質　黄光斗　何大受　杜嘉餘

單乾徵 一作 乾祉　陳三恪　沈元美　陸龍御　劉日晉

張裔秀　王　爌　周震暘　楊日益　陳元鼎 補 貢

阮裔俊　李偕春　沈日升　劉贊化　陳兆生

陳語羽明

天啓二年壬戌督學毛　六月二十九日歲考

歲入三十五名　厚也高也

壬戌會
王相說
戈允禮

潘　乹　韓　煒　黄兆鹿　徐日昇　盧文肇
彭啓新　劉芳聲　徐元吉　陳見龍　潘昌裔
潘之駒　戚啓相　沈日靖　嚴　儒　陳弼明
董有誼　趙九賓　夏景暉　何大道　杜維翰
陳賁明　陳宏謨　謝炳光　馬廷弼　葛允芳
胡振宗　曹國英　王一相　田　鎡　曹之燦
黄美甲　丁成可　劉斌曲　顧懿宗　丁日宣
孫　字

天啓四年甲子督學
人　三月初十日科考

甲子
徐燿
劉一誠
黃太元
乙丑會
黃太元

科入三十九名　君子之中庸也

俞鐸(補壬午壬辰)　何烺如　余奕芳　孫郁(補貢)　俞釪(戊子)
陳凝祉(補拔辛卯)　王乹　張日遷　潘昌第(補貢縣丞)　繆玉鳳
趙璉　孫枝暢　俞朝鉉　何如階　顧天任
俞應賓　朱瑋　何文華　王孫騏　常維新
黃雲龍　曹建　杜長炌　趙玉賓　何斌
李又白(補貢)　戴皇恩　沈錫陽　顧必達　張國柱
李主敬　吳熙明　徐天工　陳允昺　袁懋一
何大啓　曹寬　李天隆　吳鈞

天啓六年丙寅督學　周　字

人　五月初六日歲考

夫子之得邦家者　其生色也

歲入二十五名

李嘉允（戊子 己丑 順德府）　杜永昌　夏光彝（補貢 南陵教）　袁元發　張星

沈復陽　顧天申　夏光弼（補貢 池州教）　徐拱極　黃爾銘

孫宜用　虞汝翼　顧天瑞　卜履吉　范式

淩芝秀　唐日昌（補貢）　蔡日躋　黃爾鑰　馬觀國

淩秉純　黃鈺　許國臣　章士傚　張鼎（補）

是年開援捐例十七名

天啓七年丁卯督學　陳保泰字　福建惠安

人癸丑進士 十月初九日科考

科入二十五名

儲元勲　繆恩榮　儲　域　孔允儒　季來之壬午

張岳瑞補拔　李懋修　周景頤　阮時宜　沈繼楨補改曾

丁卯

紀廷薦

劉效賢

戊辰會
徐燿

儲德莊　潘懋德　阮咸宜　丁行可　黃兆鶴
劉鏡　周郃　易惟元　張應嘉　儲均
崔之瑞　黃鍪　黃鏘　田顯吉　辛丑 己卯　張幼怡
李懋芳字　浙江上虞

崇禎二年己巳督學
人癸丑進士十二月初九日歲考
一者何也
歲入四十二名
李天玉　吳道一　田毓芝　戚　藩　徐　俞
顧廷鑣　張廷瑞　宮偉鏐壬午 癸未 檢討　劉芳華　焦豹文
楊尚元　陳欽祖　張應璧　周文郁　管聲聞

庚午
張份
吳纘姬

顧景鈜　袁志續　翟熊兆　淩法祖　李振藻

游汝楫　金國珍　陳嘉言　沈繼陽　李肇慶

徐咸受（貢補）　沈毓陽（補）　沈傳曾　周咸寧　鄧　林

柳　介　余　賡　崔之二　俞　鈴（補）　劉名甲

袁宏道　劉砥成　楊震亨　陳受祉　錢世弼

戈必昌（亦作府學）

崇禎四年辛未督學李　閏十一月二十四日科考

科入三十五名　師摯之始　非所以內　三句

張念修　劉永思（貢補）　劉國柱　陳應昌　萬　統

張　晉　劉錫極　楊爾時(補丁酉)　萬　化　王礪品(補貢)

徐用璽(尔玉 入清朝不試)　王言綸　劉芳達　吳之雋　張應斗

劉大渭　朱淑熹(補辛卯)　潘榮宗　凌國禎　顧一誠(補)

王孫騊　黃柱元　弘元鼎　單元豐　徐晉明

冒西庚　陳允暹　韓齊彥　杜昌期　吳家駒(補)

朱天申(補貢)　陳際明　朱廷宣(通判)　蔣天羽(癸酉甲戌)

崇禎五年壬申督學　甘學濶字　四川隣水

人己未進士九月二十六日歲考

歲入二十八名　旅酬下爲上

翟從孝　田大年　孫宜相　王之翼　王來賓

顧有名　陳繁祉　周友謙　袁懋琦　戈世科

儲　鏡　周　祚　儲　圻　孔天縱　華　封

李天璧　丁日乾乙酉　周　鼎　翟　舒　練　偉

淩秉寅　韓齊名　王相亮　顧　清改補亮眉　張以任

徐　麟　阮百宜　戴天錫補

崇禎六年癸酉督學甘　三月　日科考

科入三十名　賜也爾愛其羊　射夫既同　二句

杜林麓　黄兆禧　楊日藻　謝譜新　薛大伸

癸酉

儲　堪

蔣天羽

甲戌會

蔣天羽

楊世英　王家鼎　李自新　張　蕃　袁懋弼

韓　麓　劉一巖　徐我選　凌秉詮　紀萬憲

陳以曾　黃　灝　陳文璧　張幼學補丙戌　蕭鳳儀

王　筠　呂　律　許光震補甲午乙未　儲　新　陸　雝

李玉樹　許國安　王爾極　黃　標　袁懋同

倪元珙字三蘭浙江上虞

崇禎八年乙亥督學

人壬戌進士　月　日歲考

歲入　原缺兩案此從順治十一年以前有等次無案者補入

金國瑞補貢　傅　商補貢　陳　沼　黃　鏻　桂　爍

孫廷瑞　劉大澂　尤懋學　徐思魁（起）補　童希舜
劉芳澤　邢之迴貢補　戈廷掟　唐文思　翟熊飛
王孫驄　許爾掟　周燦　周文燦　王家瑞補
王焻　黃聖錫　陳顯祉　王熊兆補　凌遠
顧國珍補　孫廷揚　張唯　王斌　劉懋勛辛卯

崇禎九年丙子督學倪　月　日科考

科入

黃震龍　李龍允　沈旌召　朱維翰　葉裳
顧楫湘　阮維烈貢補　葉棠　蔡孕環

丁丑會
宮繼蘭
儲堪

崇禎十一年戊寅督學亓卞之偉字　山東萊蕪人壬戌進士　月　日歲考

歲入　名　朋友之交也　德也

杜°維甫補　紀°萬鵬補　王孫驃　崔°之四補捐中書安普兵巡道　徐蒙求

崇禎十二年己卯督學卞亓　月　日科考

科入二十三名　必也射乎

徐士修　翁　磊　王雍鎬　許士琦　徐士佩

劉斯漢　田毓藻（補）　凌　峻　宋　淮　桂　煌

張　化　鮑堪生　張文遠（一作達）　陳忠靖（補　丙戌丁亥　刑科給事）　紀廷銓

己卯 田顧吉 副宮偉鏐

黄如憲 周行 張俊 王相徵 金蘭友

王相宜 朱璣 張一儕

府學五名 黄琮 劉允成 戚葵 沈淇

徐觀光

崇禎十三年庚辰督學張鳳翮字陝西城

固人乙丑進士 月 日歲考

歲入二十二名 子聞之曰太宰知我乎

方苞補 宋沆貢補 孔用周貢補 顧天泰 李拔卿補拔建昌府通判

王漸陸 楊元齡貢補 儲象嘉 盧經 李德懋

劉芳忠（一作宗） 沈嘉禾 盛 化 沈憲曾 黄 榜
張應雷 易 東（補貢，辛卯副） 顧名倫 儲 鐮 徐士俠（一作士傑）
徐受璽 陳士俊
府學七名
黄 雲（騎射） 黄 清（騎射） 唐純臣（騎射）
陳瀛步 陳后喻 陳嘉謨 王相周
崇禎十四年辛巳按院代督學張懋爵字修其 山西汾陽
人辛未進士 月 日科考
科入二十九名 泰伯其可謂至德也已矣
馬河圖（補貢） 顧自修 淩國昌（補貢，改繼曾） 鮑爾鼎 陸 垣

壬午

季來之

俞　鐸廩

宮偉鏐己卯副

黄　周　繆　楨　何　岳　李　玉　陸°°舜甲午補甲辰

薛懋勳　梅　鹽　盛°修補　王相光　黄孟浩

杜長英　陳汝弼　朱崇熹　繆夢洛　韓城溥

儲　鏊　徐嗣溥　黄金淮　黄兆龍　黄　靖

劉斌殿　吳琪芳　王象泰　黄　沆

崇禎十六年癸未督學宗　宗敦一字淩霄四川

敘州人辛未進士四月二十七日歲考

歲入二十六名　見不售如探湯　姑取之而姑與之

周　卯　冒天庚　周　祐　曾　亨　何　開

癸未會

宮偉鏐

吳九璵　凌必達　宋之琦（補貢）　陳　琦　盧　纂

陳　瓚　陳文琦　葛　晉　繆夢爵（崇祀鄉賢）　韓士覲

葛　升　楊延英（一作廷英）　儲　增　王萬安　黃　球

左鳴球　黃　錦　張拱樞（景辰）（府首十三歲）　劉斯濚　袁澤續

趙汝梅

府學四名

陳錫周　吳　鎏　張爾雅　黃　霖

# 國朝泰州科歲試等第入學案録

順治二年乙酉督學御史陳名昌言字道莊山西澤州人前甲戌進士　科考

一等生員十九名　十二月初二日考　何事於仁必也聖乎　道在邇而　一節

（乙酉）陳忠靖　張幼學　易°東　金國瑞　夏°光弼

（丁日乾百卌二名）李嘉允　夏°光彝　方　苞　單元豐　傅°商

徐我達　吳家駒　何烺如　何　開　俞　釬

劉大渭　吳九嶼　戴爾昌　阮時宜　每名賞銀一兩八錢

二等生員二十六名

唐日昌　陳羽明　陳文璧　袁懋官　陳　沼

王孫驃　顧　清　管聲聞　宋之琦　周　祚

丁日乾中　黃兆鶴　湯世英　常履泰　張廷瑞

田大年　劉永思　錢日新　黃　鏻　周　邠

桂　燦　紀萬鵬　曺　亨　繆夢爵　孫廷對

劉大澂　每名賞銀一兩二錢

三等生員十五名

沈復陽　尤懋學　周　祜　凌必達　張　昺

李天壁　王相光　何文隆　徐起魁　童希舜

趙九賓　凌　峻　劉芳澤　邢之迴　凌繼曾

每名賞銀叁錢

優行生員一名　繆肇敏　照一等賞銀

科入三十名十三考謂武盡美矣　盈科而後進放乎四海

翟啟大　儲上金　俞允琦　王龍飛　楊振英

徐　鈺　周維祚　劉　漢　韓　棨　陳九疇

王　熊　陳允昌　曹　遴　翟　林　沈　鰲補貢

韓齊李　陳士龍　金文昺　陳元翰　何起蛟

李亦文　夏日東　張　房　黃　駿　陳忠亮補

管聲噐　周維熹　陳　飈補貢　桂　烱　錢允升

丙戌　恩科
徐我達二十一名
王相呂三十九名
張幼學廪六十三名
陳忠靖廪九十一名

順治三年丙戌督學陳　歲兼科考十二月　日考
一等生員十九名　必不得已　去兵　地道敏樹　廬也
方　苞　祀用周　陳凝祉　宋之琦　顧　清
張　昴　阮時宜　儲象嘉　徐我達中　周　祚
夏日東　陳忠靖中　管聲聞　王相亮　錢日新
楊世英　傅　商　陳見龍　吳九嶼　每名賞銀一兩八錢
二等生員二十六名
吳道一　韓齊李　陳應昌　張　房　沈　鰲
戈廷捷　夏光彝　陳士龍　許士奇　朱淑熹

丁亥會
陳忠靖
徐我達
副王相呂

楊爾時　常履泰　凌必達　華封　吳之雋
夏光弼　曹遴　田毓芝　易東　繆思榮
戴爾昌　王相呂中　周維祚　唐文思　瞿熊飛
曹亨　每名賞銀一兩二錢

三等生員前八名
王熊　俞釬　李亦文　周邠　韓棨
沈復陽　杜長炌　王孫驄　每名賞銀叁錢

優行生員一名　李嘉允　賞銀叁錢

歲科並入三十四名二十六名考　已冠下龔水土　特載　大國五年　五句

又出未冠題　顔淵喟然嘆曰　是猶弟子　師也，

王涵貢補　王汝礪　唐世駿　杜紹詩　常豫泰

丁祥初　單元卿　江飛濤補　樊九功　鮑宗生

張坦　宋濬　劉應華　王大任補拔　潘江

王孫馴庚子兆流県　柳州　徐銓　陳志紀丁酉補已亥翰編修　王孫騄

袁宗黄　王孫駒　繆肇蔭　劉應麒　潘陸

陸之績　韓士良　黄河澄　周世熙　張映培

楊俊　黄留授　丁資乾　馮嶙

順治五年戊子督學上下江分差各一員御史蘇名銓字季公直隸交州人

前丁丑進士　科考二月初十日考

一等生員二十名　君子博學於文　二句　若火之始然　二句

陳凝祉　王礪品　吳九嶼　孫廷對　凌必達

楊爾時　李亦文　孔用周　金國瑞　楊元齡

錢日新　陳顯祉　王熊兆　常履泰　繆肇敏

凌繼曾　易　東　朱淑熹　王　熊　王雍鎬

每名賞銀一兩八錢

二等生員三十五名

曹　亨　周　祚　方　芭　繆夢輅　周文燦

戊子
李嘉允二十九名
俞　釬九十五名
黄　鐈八十名
己丑會
李嘉允

李嘉允中　劉大渭　朱崇熹　曺　遴　吴之儁
沈　鰲　許爾捷　俞　釬中　田毓藻　張　鼎
陳志紀　儲　鏡　王大任　馬河圖　邢之迴
周　燦　陳忠亮　陳　颸　王孫驄　王家瑞
黄河澄　陳應昌　儲　鏊　黄　標　徐咸受
朱天申　江飛濤　顧名掄　鮑淙生　王孫驃
每名賞銀一兩二錢
三等生員十五名賞紙
陸　舜　徐我選　何起蛟　劉允思　王　焻

陳士龍　王相亮　許士奇　陸　坦　裘懋官
田毓芝　徐起魁　徐文蔚　陳見龍　柳　州
優行生員二名　黃聖錫　王礪品　照一等賞銀
科入二十五名廿日考　儀封人請見　舜爲法於天下
吳之令　陸　合　喬承璜　周企旦　潘友韓
王孫驂（補己酉宜黃県）　喬　岱（補貢）　薛一薛　田毓英　石維崙
袁爾欽　張世良　王相鼎　丁　新　吳先登
楊繩祖　韓　炁　王玉芝　丁行乾　夏　正
劉藻徽　陳忠純　韓　樞　潘友范（捐臨湘知縣）　儲　鍪（捐孔目）

順治五年戊子督學蘇　歲考九月　日考

朋友之饋　一節　孟施舍之　二句

一等生員二十名

易　東　陳凝祉拔　王家瑞　王熊兆　朱淑熹

朱天申　金國瑞　沈　鰲　田毓藻　孔用周

凌　峻　沈毓陽　楊元齡　黄　標　戚啟相

管聲嘒　顧名掄　劉懋勛　徐嗣溥　黄　靖

每名賞銀一兩二錢

拔貢

陳凝祉科首歲二廩生

二等生員三十五名

朱崇熹　徐蒙求　陳以曾　凌　遠　袁澤續

王相光　陸　合　錢日新　王相亮　吳道一
黄留授　萬　化　劉大渭　宋懋功　韓齊李
黄兆隆　管聲聞　俞允琦　顧國珍　孫廷揚
周　邠　杭汝楫　黄參元　鮑爾昺　許爾提
何　開　顧堯眉　桂　燦　張　昺　張　唯
周友謙　潘　江　丁資乾　丁行乾　凌國楨
每名賞銀一兩一錢
三等生員十五名賞紙筆
徐起魁　陳志紀　王　斌　張應斗　田毓芝

陸　坦　虞汝巽　黃　周　陳顯祉　徐士傑

戈必昌　黃孟浩　張　蕃　朱廷宣　劉　嶶

優行二名　徐嗣溥　易　東　照一等賞銀

歲入三十名十二月廿三日考　以與爾鄰里鄉黨乎　天下之賤工也至良工也

唐日宣補貢　劉　伸　俞　潢捐補貢　張拱微　于之夔

徐德宏　阮民宜　陸　雲　申維岳　黃　湘

李天白　黃　偉　韓凝樹補　王令光　李鶴齡

陸煥文　周廷獻　紀　翰　許　我　許國柱

李三聘　潘　嵋　虞大來　蔣　昭　袁士路

丁元會　王子龍　楊夢魁　郝又隆　申自天

寄學一名　繆震吉　改學一名　程國泰

順治七年庚寅督學御史李名蔭嵩字嶶居河南永城人丙戌進士　歲考八月日考

一等生員二十名　視其所以　三句　自得之則　六句

喬岱　徐起魁　馬河圖　劉仲　沈復（毓）陽

凌繼曾　金國瑞　何開　吳之令　袁澤續

丁行乾　王大任　張拱樞　周文燦　丁資乾

陳琦　繆肇敏　薛懋勛　唐日昌　李天白

每名賞銀一兩二錢

二等生員三十五名

許士奇　陳文琦　丁　新　杜長炌　紀廷銓

陳忠純　何大啓　黃震龍　夏日東　俞　潢

于之夔　李罷允　劉永思　顧國珍　黃　標

孫廷揚　吳之雋　盧　經　管聲聞　王　熊

沈旌召　劉　漢　王　樹　夏光弼　郝又隆

朱廷宣　陳顯祉　王相昂　黃兆隆　錢日新

黃　錦　葛　晋　周　邠　王　焻　朱維翰

每名賞銀一兩

三等生員三十名

袁元發　阮時宜　楊爾時　何起蛟　淩　峻

黄　周　葉　裳　張應斗　盛　修　王相亮

桂　烱　沈　鰲　俞允琦　周　祜　黄　駿

唐日宣　華　封　袁懋猘　顧楫湘　阮維烈

王孫駒　蔣　照　張應壁　顧名掄　朱天申

儲　圻　孫　郁　邢之迴　陸　合　夏　正

每名賞銀叁錢

優行生員一名　韓凝樹　照一等賞銀

行有餘力　如智者若禹之行水也

歲入三十名九月初十日考

| | | | | |
|---|---|---|---|---|
| 李樹聲 | 陳　仁 | 徐瑞璽 | 黃　嵋 | 張　麋 |
| 李天機 | 紀日章 | 陳伯龍改日晥 甲午乙未副中書 | 袁爾教 | 紀廷柱 |
| 薛之英 | 吳昌黼 | 冒先庚 | 郁　袒 | 朱扶上丁酉安義県 |
| 張國琪 | 陳志襄捐貢州同 | 周之麟 | 卞　偉 | 徐　美 |
| 盧茂績 | 曹士瑋 | 繆名箕 | 俞　瀔捐中書 | 黃　灝 |
| 黃河汾 | 儲兆熊 | 黃　巘 | 陳　啓 | 張道乾捐中書 |

寄學二名　張邦裕　徐　球

順治八年辛卯督學御史李名嵩陽字雲增河南封邱人前庚午舉人　科考正月廿八日考

一等生員二十名　斯民也　一節　禹稷當平世　一節

陸　舜　凌繼曾　徐起魁　顧國珍　陳　颺

許光震　鮑湛生　戚　葵　王　樹　虞汝翼

袁懋官　楊繩祖　夏日東　夏光弼　黄　嵋

梁淑熹中　曹　亨　張拱樞　葉　棠　曹　遴

每名賞銀一兩八錢

二等生員三十七名

辛卯
劉懋勛 四名
朱淑熹 一百六名 廩
副 易東 廩
陳凝祉 北榜 拔貢 名
壬辰會
俞鐸 翰 庶吉士

丁行乾　黄鏻　陳忠亮　李亦文　吴之雋
唐日昌　顧名掄　何開　周維禧　周祚
沈毓陽　喬岱　劉嶶　唐文思　陳允昌
翟林　陸之續　王熊　劉允思　金國瑞
王相徵　黄標　袁澤續　周邠　潘友韓
李寵允　陳忠純　陸合　沈復陽　陳志紀
楊爾時　王孫駒　徐蒙求　陳顯祉　徐授璽
潘江　韓縈　每名賞銀一兩二錢

三等生員前十名

蔡孕環　劉懋勛中　江飛濤　孫廷對　宋之琦

陳應昌　徐咸受　田毓藻　戴爾昌　吳家駒

每名賞銀叁錢

優行生員二名　唐日昌　馬河圖　照一等賞銀

科入二十七名二月十六日考　未也居吾至也愚　將之楚　二句　又大題子曰伯夷叔齊

三章　王孫賈治軍旅　淵淵其淵　陳賈曰王無患焉　此物奚宜至哉

張琴癸卯癸丑中書　陳烈大收　劉鉉吉補　沈喬生補拔貢肅州道　葛雲大收

張天成大收　李錫卿　張又華大收　丁令典補　宮昌宗補拔中書

錢日升　王光辰　杜遠馨大收　顧天真　吳山

葉楨 陳詩 桂熳 王湛 劉巘

唐日致大收 陳夢寀補 陳忠赤 王錫組 張爾牧一作康

宮夢仁己酉北庚戌會元福建巡撫官 劉尹

府學一名 吳崇先補拔中書

順治十年癸巳督學工下江合一員御史楊名義字崑嶽山西洪洞人前戊辰

進士 歲考

歲入

黄瑄 袁懋修 劉崇斆 劉懋贄補貢 陳志咸從十一年後等第彙增入

順治十一年甲午督學内院　石名申字仲生直隸灤州人丙

督學自此改内院銜　戌進士　科考七月　日考

一等生員十三名　中人以上二句　子之持戰　詩三

江飛濤　王家瑞　沈喬生拔　杜維甫　顧堯眉

拔貢沈喬生科三

張琴　田毓藻　王孫馹　周祜　袁宗黄

儲　圻　米天申　曺　亨　每名賞銀一兩八錢

二等生員三十九名

陳夢寀　桂　烱　陳忠純　俞允琦　夏日東

黃　瑄　袁爾欽　唐日宣　翟從孝　常履泰

丁令典　陳文璧　王孫驂　喬　岱　劉芳宗

徐蒙求　桂　熳　徐瑞璽　薛懋勛　陸　合

陳　飈　張文達　楊元齡　繆肇敏　喬承璜

陳忠亮　劉　尹　李寵允　俞　潢　陳志紀

陳顯祉　許光震中　陳伯龍中　朱扶上　張道乾

俞　瀫　宋　濬　黄今淮　劉鋕吉　每名賞銀一兩二錢

三等生員二十名

韓凝樹　邢之迴　陸　雲　陳　烈　韓　樞

王相徵　李錫卿　郝又隆　于之夔　黄　鏻

宋之雋　丁元會　張　昀　瞿啓大　袁懋修

馬河圖　杜遠馨　瞿　林　黄　緯　陳應昌

每名賞銀叁錢

優行二名

米天申　王礪品　照一等賞銀

科入三十四名十二名考　素以爲絢兮　則何如曰不可

甲午
陳伯龍百十八名
許光震廩百二十七名
副宮開宗新生
北榜陸　舜廩貢
乙未會
許光震
副陳伯龍

陳廷贊　周世昌　宋　瑤　潘紀宗　周　獻
張　乾　韓夢錫　王于宣　張　紳　顧　旭
黃又石　景運昌　徐　璽　俞允琬　顧國璜
楊　濱補　李九臯　徐　清　陳志遵　陳志敏
翟光黼　周　旦　張　琮　沈拔萃　羅秉俊
陳　國　劉虞吉　陳忠貞　宮開宗甲午副　王錫綬
錢光國　陳　璋　袁爾鉉　田　鉉丙午

府學

順治十二年乙未督學提學道張名能鱗字玉甲號瑞庵順天大

督學又改提學
道銜

興人丁亥進士　歲考八月初二日考
主忠信　已者　登大山而　爲水

一等生員二十二名
王　樹　孔用周　楊爾時　陳夢寀　陳志紀
沈毓陽　李天壁　夏光弼　張　昺　俞允琦
袁爾鉉　喬承璜　張　琴　華　封　沈復陽
朱維翰　常履泰　楊　濱　田毓藻　徐起魁
徐蒙求　劉鉉吉　每名賞銀一兩八錢

二等生員三十六名
陳應昌　陸　合　顧堯眉　金國瑞　曹　亨

凌繼曾　韓夢錫　鮑爾咼　黄　靖　陳　飈

郁　袒　張應斗　張　琮　李天白　張拱樞

周　祜　劉　巖　陳廷贊　韓凝樹　張拱黴

張　乾　周企旦　邢之迴　何　開　周文燦

桂　烔　王相宜　李天機　陳文璧　陸之續

周之麟　劉懋贊　陳忠赤　宫　　　俞　潢

李寵允　每名賞銀一兩二錢

三等生員十五名

劉崇斅　喬　岱　管聲嘼　杜遠馨　鮑淙生

徐咸受　俞　瀫　袁澤續　陳忠貞　徐我選

朱崇熹　陳志咸　徐授璽　黄又石　陳顯祉

每名賞銀叁錢

優行二名　唐日昌　米天申　照一等賞銀

歲入三十九名十四日考　鑽之彌堅　夫馬有所倚

韓光振　韓齊愈　繆璉補　王　鄰　王一經補壬子

陳　朝補貢　劉懋寬補　陳繩科　邵月鍊　徐六璽

曹　遇　童乾吉　陳忠耿改瑶笈補加貢壬子副　朱　健　鮑沁生

潘　桓　夏之楨一作徵　劉惠吉改元京補　何文藻　凌　峋

陳咸吉　宫象宗捐貢靈璧教　楊瑚璉補恩　徐毓乾　管聲遠

陳忠讜　徐壯輿補貢　朱　鑑　陸昌齡捐大冶県丞　朱　璐

府學四名

朱銘璐球　朱銘昺　張士顯捐貢　黄德溢

竈籍一名

徐發大

順治十四年丁酉督學張　科考十二月　日考

一等生員二十名　有一言而　節　天之高也　二句

吳家駒　陳　朝　顧一城　王一經　顧堯眉

陳　洛　陳忠亮　宋　沆　俞　潢　張拱樞

王　樹　楊　濱　李錫卿　張　琴　宫開宗

陳志紀中　孔用周　劉崇斅　陸　合　曹　遇

每名賞銀九錢

二等生員三十六名

宋之琦　陳　颷　楊元齡　劉懋贊　劉懋寬

韓凝樹　張又華　吳之雋　曹　亨　劉惠吉

傅　商　馬河圖　紀萬鵬　鮑爾喁　田　鋐

陳文琦　陳顯祉　陳志敏　陳　烈　喬　岱

袁爾鋐　華　封　薛懋勛　戴尔昌　朱扶上中

劉　尹　劉鉉吉　陳忠純　張道乾　繆夢爵

丁酉

楊爾時二十七名廪

朱扶上八十名附

陳志紀九十六名廪

巳亥會

陳志紀翰庶吉士

俞　瀫　陳忠耿　徐我選　張　房　袁澤續

許尔捷　每名賞銀六錢

三等生員前十名

楊繩祖　宮象宗　王子龍　李天機　淩　遠

周之麟　田毓蓀　王相徵　徐起魁　王熊兆

科入二十五名 十九日考　悠也　天子一位　二節

葛　震　方　山　儲淳金 貢補　周　智　陳履祉

繆　尊 貢補　田　鐸　陳日覲　黃　衍　田時化

陳應奎　朱允彝　陞　修 補　盧文耀　羅秉忠

劉儀吉　田敬錫捐中書陞郎中　喬國璽貢補　袁　璐　蔡孕琦捐貢

朱銘贊　鄧彭齡　鄒嘉謨　陳仲驥　戈天允

府學二名

俞　演貢補　王淳修

順治十七年庚子督學提學道胡名在恪字念蒿湖廣江陵人

乙未進士　歲考五月二十日考

不知禮　二句　君子之言　存焉

一等生員十六名

儲淳金　盛　修　陳　朝　夏光弼　王孫馭中

馬河圖　劉鋐吉　田　鐸　劉惠吉　田　鋐

周　祜　王孫駿　喬承璜　宮昌宗拔　李天機

拔貢

府　宮昌宗

吳崇先

庚子
王孫駜 二十三名
副陳純祉
王　堯

王　隣　每名賞銀九錢

二等生員二十九名

孔用周　淩繼曾　俞　潢　楊瑚璉　韓凝樹

田毓蓀　張　乾　徐瑞璽　陳忠亮　唐文思

張岳端　王　樹　阮時宜　陳應奎　張天成

鄒嘉謨　鮑尔昺　楊　濱　丁　新　王礪品

羅秉俊　俞　演　張　琴　陳志咸　張道乾

陳　啓　周之麟　陳夢寀　黄　雲　每名賞銀六錢

三等生員前十名

顧自修　周　燦　儲　境　俞　瀫　陳文琦

徐毓乾　陳文璧　潘紀宗　韓　麓　潘友韓

每名賞銀一錢五分

優行二名

宫象宗　唐日昌　照一等賞銀

歲入

宋　瀧　曹　端　黄　瀕　吳　鉉　王　鵷

王　藻　夏之徵（癸年後等第案增入）

順治十八年辛丑督學胡　科考 六月初二日考

一等生員十九名　可以贊天 二句　尊賢使能 二句

王　樹　王一經　王孫駿　沈　鰲　陳夢寀

盛　修　俞　潢　楊　濱」陳　朝　淩繼曾

韓凝樹　杜維甫　孔用周　儲淳金　俞　澂

陸　修　張拱樞　馬河圖　儲象嘉　每名賞銀九錢一分

二等生員三十一名

黃　琯　繆　璉　桂　熳　唐世駿　吳之雋

辛丑會

田顯吉

周燦　鮑湛生　紀文昺　黃標　宮開宗
劉懋贄　喬承璜　袁璐　劉惠吉　張文達
宋灌　繆肇敏　黃偉　徐壯輿　王斌
方山　黃震龍　繆夢軺　陳履祉　陳繁祉
傅商　周之燦　陸昌齡　陳忠亮　喬岱
陳颷

三等生員前十名

李天白　戴天錫　崔之二　朱允儀　田敬錫
宋瑤　徐蒙求　沈旌召　羅秉忠　丁新

科入十五名 九日考 知至而后意誠 學則三代共之

沈嘉植 補拔 清河教 張道中 補 杜履祥 補拔 張世爵 補 壬子副 張令儀

葛大宗 張堪 樊嘉祚 孫書 盧允申

劉卜謙 潘晏 宫龍宗 胙州同 潘禹新 王一諤

府學一名

許培

康熙二年癸卯督學上下江合一員提學道孫名允驥字淵溪福建南安人乙未進士三月 日歲科並考

一等生員十名　天下家國　三句　一者何也　已矣

喬國璽　繆璉　韓凝樹　喬承璜　俞潢

顧堯眉　俞演　方山　儲淳金　鮑爾禺

以上共賞銀九兩

二等生員三十七名

劉懋寬　王孫驂　杜履祥　王熊兆　常履泰

陳忠純　單元豐　周祜　楊濱　孔用周

陳　朝　張琴中　吳之雋　杜維甫　馬河圖
徐　美　宮開宗　傅　商　黄　嵋　繆夢爵
田敬錫　張　湛　陳　瓚　陳仲驥　宮龍宗
王　樹　陸昌齡　繆夢輅　黄　衍　周之麟
宮象宗　朱崇熹　丁元會　陳志咸　黄　標
田毓英　袁宗黄　共賞銀二十二兩二錢

三等生員前十名

王一經　盛　修　陳　國　李天白　潘友范
申自天　劉　尹　卞　偉　薛一薛　李三聘

癸卯
張琴三十三名
甲辰會
陸舜八名
丙午
田鉉五十四名

歲科共入十五名廿日考　人一能之　夫我乃行至戚戚焉

沈星緯貢補　徐紹孫巳酉　張豸　朱世楷　朱安上

潘度　徐蕃蔭　蔡蔚　葛昺　倪楚棟

朱志熹　黃宮檀　郁德純　繆汧補　劉芳樹

府學二名　許昌祚　張崇儒

康熙七年戊申督學提學道梁名儒字宗洙漢軍鑲白旗人乙未

進士　歲科並考二月　日考

一等生員十名　子曰晏平仲一節　策　論

陸修　張道中　陳忠耿　王孫騶中　金國瑞

韓凝澍　唐日宣」　徐紹孫中　陳　瓚　喬國璽

以上共賞銀九兩

二等生員三十七名

李天機　楊　濱　程國泰　黄　灝　戚啓相

丁令典　韓光振　周　祚　曺　遇　周　祜

陳　颷　蔡　尉　朱允彝　宫象宗　王礪品

周廷獻　繆　璉　劉儀吉　周世昌　黄　標

陳忠純　沈嘉植　陳夢寀　張　堪　何起蛟

顔堯眉　朱世楷　孫　書　劉芳樹　張映培

劉惠吉　黄雲　盛修　陳仲驥　袁爾鉉
許爾提　田鐸　共賞銀二十二兩二錢

三等生員前二十名 賞紙

陳見龍　袁爾欽　阮時宜　薛懋勛　桂爍
陳洛　王錫組　顧自修　王樹　吳鉉
韓麓　王焜　樊嘉祚　傅商　張拱樞
王一經　汪飛濤　唐日昌　宋之琦　楊元齡

歲科共入十五名 十旨　百里奚不諫　維其有之是以似之

杜光先 補癸酉 庚辰　王孫騠 補辛酉 鹽城教　袁爾偉　朱以儀　徐麗壁

己酉

徐紹孫 附 三十名
王孫驂 廪 六十二名
副
葉蔭生
北榜
宮夢仁 三十四名

庚戌會

宮夢仁 元

田鶚 補改鳳 陸湄 補 陸與齡 陳叔鶯 陳仍 補捐貢

俞楷 陳志諶 捐貢 江山雋 宮鴻曆 補 陳一臣

府學五名

錢國源 儲澐 補貢 含山教 永福県 劉蕃吉 徐振

徐爾來

康熙十年辛亥督學提學道簡名上字文選號謙居四川巴縣人

舉人 歲科並考四月 日考

一等生員十二名 子貢曰我不欲 一節 有如時雨 五句

杜光先 楊瑚璉 沈嘉植 王樹 丁令典

王一經 中 陳颺 喬國璽 杜履祥 劉懋贄

沈星緯　王大任

二等生員四十七名

田毓藻　繆　浒　黄又石　徐壯輿　葛　雲

桂　炯　張　堪　杜遠馨　顧自修　楊　濱

朱銘賛　袁爾鉉　張拱微　黄宫檀　周廷獻

葛大宗　劉懋寬　宋之琦　景運昌　韓凝澍

周之麟　張尔枚　田　鶚　宫象宗　邢之迴

黄　濒　徐蕃蔭　盛　修　袁爾偉　張天華

潘　度　黄　錦　夏日東　陳　仍　陸　湄

壬子

王一經 八名 廩

副 陳瑤笈

張世爵

癸丑會

張琴

喬承璜　王孫騠　戚葵　孔用周　宮鴻營

黄嵋　潘晏　王相光　陳文琦　何文藻

蔡蔚　朱以儀

三等生員前十名

張道中　張豸　冐先庚　朱志熹　唐日宣

王一諤　吳山　朱鑑　張世爵 副　翟啟大

歲科共入十五名 十二考 鼓瑟希鏗 而歸 搏而躍之

徐思孫　何俊　徐鉉　劉渾金　張斯範 貢補

鄒宜　陳所知　錢國泰　王漢 補　朱光岳

周　駿　曹竑綱補　繆肇甲補捐貢　宮友鹿原名鴻歷，補乙酉丙戌翰林修　呂其音

府學四名

朱玉綸　繆　渭　陳忠致　秦上達

康熙十四年乙卯督學提學道盧名二球字天玉浙江定海人戊戌

進士　歲科並考五月　日考

一等生員十五名　觀過斯知仁矣　天之高也星辰之遠也

杜維甫　丁令典　陸　渭　盛　修　陳　仍

繆肇甲　陸　修　張道中　宮友鹿　何　俊

張世爵　繆　尊　陳之襄　王礪品　王孫驥

二等生員四十一名

楊瑚璉 張拱樞 徐肚輿 方　山 王　樹
張　堪 馬河圖 陳　烈 張又華 繆　璉
王　熊 陳應奎 袁尔鉉 宮象宗 陳文琦
朱以儀 陳　朝 王　隣 曺竑綱 韓凝澍
潘友韓 儲淳金 錢國泰 田毓藻 周文燦
王　漢 朱銘瓚 劉芳樹 薛懋勛 阮時宜
唐日宣 劉惠吉 朱　璐 王相光 盛　化
潘　嵋 翁　磊 宮鴻謩 陳叔鶱 周　燦
潘　晏

三等生員前十名

陳所知　王一諤　黄又石　葛　震　朱安上

盧允申　沈嘉植　繆　汧　田毓英　王　鶚

歲科共入十五名初四日考泰也雖違衆　射有似乎君子

王慶衍補　華金輅　杭　昺　朱士模貢補　文名世補

朱光岱　陸祖襄貢補　李善省　繆夢庚　孫開緒

朱學堯　吳儒宗　張　㢘　宮懋義捐州同　朱光昷捐貢

府學五名

朱　琬　蔡　觀　吳　濤　陳世縉

陸芝齡

康熙十五年丙辰督學提學道解名幾貞字蘭石陝西韓城人壬辰進士　歲考二月　日考

一等生員十三名　其次致曲　二句　遵先王之至平直

杜光先　徐壯輿　楊瑚璉　王孫驥　陳颷

王相光　張世爵　陳烈　潘友韓　陸祖襄

宮友鹿　杭昺　宮象宗

二等生員四十名

朱士模　王藻　陳廷贊　陸修　儲淳金

繆尊　曹鉉綱　韓凝澍　陳文琦　徐瑞壘

丁令典　陸　渭　徐蕃蔭　朱以儀　周　駿
張道中　王礪品　繆　璉　張拱樞　淩繼曾
葛　昂　杜履祥　顧一城　金國瑞　陳應奎
宮鴻營　馬河圖　周　祜　喬承璜　袁爾偉
何文藻　薛懋勛　王慶衍　孔用周　盧允申
杜維甫　宮懋義　邢之迴　呂其音　張邦裕

三等生員前十名

張文達　文名世　夏日東　王　熊　朱光嵒
劉卜議　盛　化　戈天允　儲上金　蔡孕琦

歲科共入十五名十四日考　宜民宜人　爾為爾我至我側

陳厚耀補乙酉丙戌翰編修　儲碩補貢　王而確補恩　唐麟翔癸酉癸未　潘廷相補

儲寧金補貢　王鴻藻補內廷教習　趙最良　朱銘彝　沈賓陽

田喬生補　易之炳　陳世魁　俞之騄　繆震孫補

府學五名　顧崧補貢　陸祖緯　宮鴻鉽　施宗諤

田治

康熙十六年丁巳督學提學道邵名嘉字瞻兩浙江富陽人乙未進士

歲考十月　日考

一等生員十五名　子曰南人　全章　經德不回

王孫駿　曹竑綱　王鴻藻　劉惠吉　杜光先
王　漢　陸　修　繆肇甲　繆　尊　米士模
張　乾　趙最良　田毓藻　丁令典　朱學堯

二等生員四十二名

張又華　李天機　韓夢錫　曹　遇　陸祖襄
王相光　潘廷相　儲淳金　文名世　凌繼曾
繆夢庚　張拱樞　沈賓陽　朱以儀　陳厚耀
華金輅　杭　昺　王慶衍　儲寧金　周　祜
黄又石　王　鄴　王而確　徐壯輿　田喬生

劉懋寬　袁爾偉　葛大宗　王　樹　張　堪

唐日宣　江山雋　陳　朝　陳應奎　鄒　宜

張世爵　張　秉　宋之琦　宮友鹿　吳儒宗

繆震孫　宮鴻譽

三等生員前十名

張斯範　儲　碩　蔡　蔚　宮象宗　郁　祖

杜維甫　尤懋學　朱士楷　錢國泰　劉儀吉

歲入四名 旹考　長一身有半　吾力足以至輕重

繆颺言　周恭先補貢　李長泰補　陸嵩齡

府學二名　孫掄（丁卯州教）　繆瓚

康熙十六年丁巳督學邵　科考七月　日考

一等生員十三名　湯之盤銘一節　凡有四端至始達

陳朝　杜光先　王樹　杜履祥　陸祖襄

周恭先　宮鴻營　張世爵　朱士模　儲碩

陳厚耀　王鴻藻　曹玹綱

二等生員三十名

唐日宣　儲寧金　繆尊　朱以儀　王鄰

繆汧　劉惠吉　王孫騠　繆夢庚　曹遇

徐壯輿　王　漢　袁爾鉉　周　祐　喬國璽

繆肇甲　李長泰　張道中　劉懋寬　朱銘瓚

儲淳金　喬承璜　張　堪　王慶衍　繆颺言

宮友鹿　張　秉　劉渾金　陸嵩齡　顧一城

三等生員前十名

俞之騄　陳所知　陸　湄　陸與齡　方　山

王于宣　陸　修　丁令典　顧　旭　王孫駒

科入四名酉考　仁能守之至守之　上次食八人

柳　汁　張之易戊午[illegible]　丁　宏　米　光崛山補捐中書

戊午
張之易 九名新生

府學一名　黄泰來

捐納十三名

馬俊 貢補　繆同　冒最 補　陳爍　葉志生

王而栗　徐廷彦　秦京　崔爾悅　戈吉士

劉自清　劉曰旦　高幹侯 補

前督學劉名果字木齋山東諸城人己亥進士未終俟選田接任

康熙十九年庚申督學提學道田名雯字綸霞山東德州人甲辰

進士　歲考 十二月　日考

一等生員十五名　子曰羣居終日一節　孟子曰附之以韓 一章

陳厚耀　儲寧金　王孫駿　儲淳金　劉惠吉

田毓藻　徐壯輿　文名世　張斯範　陸　修

杜光先　儲　碩　繆震孫　王　樹　冒　最

二等生員四十二名

唐日宣　朱銘彝　周　駿　王鴻藻　張世爵

田喬生　陸祖襄　宋之琦　曹竑綱　陳　飈

繆　同　韓凝澍　馬　俊　袁爾偉　沈　鰲

張又華　潘廷相　趙最良　李長泰　袁尔鉉

徐瑞璽　朱銘瓚　李天機　丁　宏　程國泰

陸嵩齡　繆　尊　葉志生　易之炳　葛大宗

繆夢庚　夏之徵　孫開緒　王相光　徐思孫
吳儒宗　鄧彭齡　凌繼曾　喬承璜　高幹侯
柳　汁　張　堪

三等生員前十名

秦　京　朱光岱　朱光嵒　江山雋　王而碓
田　鐸　羅秉忠　申自天　丁元會　戈吉士

歲入四名廿八日考　由也好勇　二句　昔者文王之治岐也

儲武金　袁爾倬　陳厚植補　陸　遠

府學一名

程遇泰

竈籍一名　　陳玉林補

捐納四十二名

羅興縉　徐　沂　顔巳生　張光宗　張　綱捐貢

謝尚絅　周　露　陳新政　朱士豹　孫祚昌

潘朝幹　沈端誼捐貢　練　繡　謝夢爵　丁從禮

陳忠俞　顧元勳　劉龍光補　戈尚義　儲　潮

程應鵬　方鳴鳳　丁嗣尚　陳　統　張天易捐貢

劉指溥　錢國潤　文名遠　張　鎔　鄭之叔

陳世琦　戴天英　林元甲　樊成勳　朱嘉政

黄書禾　顧長清　陸相　黄枚　陳仔府同
陸仁　陳肇新

康熙二十年辛酉督學田　科考十二月　日考
一等生員十四名　或曰以德　全章　奮乎百世之上奮乎百世之下聞者莫不興起也
王樹　繆尊　杜光先　王孫驥中　冒最
張世爵　馬俊　文名世　陸修　劉懋寬
王而確　楊瑚璉　張斯範　朱光巒
二等生員三十名
儲淳金　田毓藻　王鴻藻　朱士模　陳厚耀

辛酉

王孫騠　廪十六名

李長泰　黄又石　韓光振　盛　修　朱以儀

顧國璜　田喬生　韓凝澍　劉惠吉　凌繼曾

徐廷彦　潘廷相　喬國璽　杭　昺　周　駿

繆颺言　儲宰金　曹竑綱　袁爾鉉　葛大宗

吴儒宗　王　鄰　周之麟　繆震孫　陸祖襄

三等生員前十名

張　堪　宋之琦　王相光　繆夢庚　徐壯輿

儲　碩　張拱樞　繆　同　徐毓乾　高幹侯

科入十五名十名考　必也射乎　十二月與梁成　覆　以友輔仁

徐禹鎮補貢　俞之驊補貢　湯　莘府首　王令上　楊　濬補州首

劉　琯補　陳厚仁　戚之翰補　單　迥補貢　潘夢旂

盧懋震　薛奇芳補貢　俞　楨州同　陳　休捐監　陸祖游補貢

府學四名

單　遴補　張　霦癸酉　朱鴻業　朱秀升

捐納十四名

宮必端捐補貢　黄九清縣丞　黄山孫州同　黄九洛　金　鏡

陳　軾　田燕生　朱紹齡捐貢　朱懋寧　陸祖淵

陳　蘐　王徵鸞　盧一鯨　劉之澄補貢

康熙二十一年壬戌督學提學道趙名崙字閬仙山東萊陽人戊戌進

士 歲考十月 日考

一等生員十六名 季氏使閔一節 庶人以旃 三句

陳厚耀 張世爵 徐禺鎮 淩繼曾 田毓藻

薛奇芳 沈鰲 劉之澄 單迴 高幹侯

儲寗金 袁爾倬 米士模 田燕生 宮友鹿

陳肇新

二等生員四十三名

王令上 戚之翰 儲武金 潘夢旂 文名遠

張斯範 周恭先 袁尔鉉 繆尊 盧文耀

潘廷相　周　祜　朱紹齡　楊　濬　方　山
杜光先　劉　琯　陸　仁　繆　浒　張又華
張　乾　劉惠吉一作允京改名　張拱樞　宫鴻營　陳　休
吕其音　陸祖游　王相光　徐麗升　錢國泰
孫　書　丁　宏　丁令典　繆飈言　陸祖襄
陳　颸　潘禺新　宫必端　陳　仔　潘　晏
儲淳金　黄書禾　曺竑綱

三等生員前十名

田喬生　沈賓陽　劉龍光　徐廷彦　李長泰

俞之騂　何　俊　杭　昺　朱士楷　張　堪

歲入十五名初四日考　賤貧而貴德　有為神農至之勝

張紹先　唐日章　王孫駢補貢　景　星壬午副　米　霞補

鄧昜采　王鳳藻補貢　徐　朗　陳睿生補　王傳任

田　鰲　陳堯銓　王　待　金甌卜補　陳遠臻巡察御史

府學二名　馮士騊　俞　梅丙子癸未翰編山西主試

捐納四十名

米　治補拔　繆繡宸　張士元　徐　駿　凌　雲補貢

陳　緯　陳　綬補捐中書　陸振孫　俞之柯捐監　俞之枚

許維熊　陳家悅　馮兆先　宋淑　宋元夢禮舞教

宋兆乾捐貢　周光烈　朱緒　吳摶　陳時清補貢

王宗沛　繆銓　陳宏祚　陳嘉祚　朱漢倬

朱恂　俞維楨捐貢　徐之愷　朱璉　朱泓

朱淳　朱霞標　陳覲光　田國珩　蔡衮

滕朱祚　田崑生　劉廷相　陳牧　張偉業

捐納府學一名　宮懋勇捐貢

竈籍三名　宮任寅　王家望補貢　金時蘭

康熙二十二年癸亥督學趙　科考八月　日考

一等生員十七名　子曰吾未見剛　一節　國君進賢　一節

陳厚耀　徐冯鎮　李長泰　田一鳳　徐壯輿

宮必端　劉龍光　儲寧金　唐日宣　劉琯

宮友鹿　方鳴鳳　朱紹齡　儲淳金　田毓藻

陸祖游　陳宏祚

二等生員四十名

王　樹　羅興縉　王令上　金甌卜　馬　俊

單　迴　王鴻藻　陳睿生　劉之澄　楊瑚璉

戈名世　凌　雲　杜履祥　李天機　周恭先

楊　濬　田喬生（燕）　王孫駢　喬國璽　張又華
張紹先　孫開緒　陳　飈　張世爵　劉元京
冒　最　繆震孫　吳　搏　宮鴻譽　陳新政
陳　休　張士元　朱　治　丁從禮　俞維植
朱　泓　陳家悦　陳　䕶　陳時清　陸　相

三等生員前十名

凌繼曾　米士模　楊　濱　林元甲　方　山
王　鄘　唐日章　朱士楷　杜光先　繆　同

科入十五名共考　九人而已　養弟子以萬鍾

俞之駿補　王于度州首　胡林玉　陳厚祜　童之泌補

繆　晃補貢婺源教　余名世　姚又崇　沈改龍翔　默補癸巳恩　單　述

薛士第　魯　史　黃　玠補府首　張　洙癸酉雲陽県　陳士睿

府學五名

柳　喬　王崇悅　陳　闓　張　庶兼

張　符驤甲午辛丑翰庶吉士

康熙二十五年丙寅督學禮部侍郎李名振裕字醒齋江西吉水人庚戌進士上下江合一員

歲考十月　日考

一等生員十六名　文武之政　四句　湯使人以至聘之

陳厚耀　米士模　薛奇芳　繆　晃　俞之駿

自此督學改稱學院官銜大小隨改不拘翰苑居多

陳綬　俞之驊　繆震孫　徐壯輿　陳厚植
陸祖游　周恭先　儲碩　田一鳳　沈默
繆汧

二等生員四十一名

王侍　朱治　丁令典　冒最　韓凝澍
方山　唐日章　潘夢旂　楊瑚璉　唐日宣
潘朝幹　繆尊　黄玠　杜履祥　陳朝
華金輅　徐昺鎮　劉琯　鄧蕌采　楊濬
劉芳樹　繆同　王鄘　王而確　王相光

陸　遠　陸祖襄　潘廷相　王　樹　宮必端

袁爾偉　劉之澄　王鳳藻　張光宗　戈名世

沈星緯　喬國璽　繆颺言　鄒　宜　王傳任

陳　颴

三等生員前十名

滕朱祚　朱　泓　盧一鯨　劉龍光　柳　汁

丁　宏　徐　驂　戈尚義　李錫卿　陳厚仁

歲入十五名十三日考　有父兄在　行之　學者亦必　誨人

韓　敏補恩　楊　淮補壬午　宮呂鴻鈞　鮑　鎔補　鮑思修

朱曾祚　喬來鳳　徐　樂貢補　顧南金　田開運州首補

孫貽謀補　繆　沅乙酉己丑探花刑侍提督學院　王而磋　丁　善　韓文燦

府學二名　俞　舟　宮懋諒戊子　府首張二白未進後改灶籍入

竈籍一名　王　圯

康熙二十五年丙寅，督學李　科考在儀徵縣十月　日考

一等生員十六名　君子和而　二句　堯舜之仁　三句

田喬生　楊　淮　冒　最　儲寧金　徐壯輿

戚之翰　王慶衍　王鳳藻　田開運　唐麟翔

陸祖游　楊　濬　黄　玠　陳睿生　丁　宏

徐禹鎮

二等生員四十名

繆震孫　繆　尊　陳厚耀　陸祖襄　沈　默

蔡　衮　鮑思修　沈星緯　潘廷相　王令工

田燕生　米士模　華金輅　文名世　唐日宣

俞之駿　劉之澄　繆　同　潘朝幹　王傳任

余名世　陳厚植　薛奇芳　周恭先　朱曾祚

繆　晁　鮑　鎔　王　侍　韓　敏　朱　治

宮鴻鈞　劉　瑄　儲　碩　田一鳳　陸祖淵

陳　䕶　陳　綬　陳新政　陸嵩齡　黃書禾

三等生員前十名

丁令典　俞之驊　孫開緒　喬來鳳　陳厚祜

喬國璽　張斯範　陳　軼　王于度　杭　雋

科入十五名初五日考　子貢賢於至宮牆　由平陸之至喜曰

成宏業　周宏任　徐芸孫　滙熈補丁酉辛丑改名解邁　徐　碧

張大成　阮亮采補　徐　雋　顧　詮　劉之渤補

陳我堯　華　晃　陸繩孫　張道隆　吳儒儀

府學二名

王子望　劉之濤府首補

丁卯

孫　掄四十三名

副張　彪

竈籍一名　繆　翔　此案未曾州試

康熙二十八年己巳督學鴻臚寺少卿高名裔字素侯順天宛平人丙辰進士　歲考在儀徵縣八月　日考

一等生員十六名　志士仁人　二句　夫舜惡得　二句

陳厚耀　唐日宣　儲　碩　田開運　周恭先

文名世　劉　琯　楊　濬　金甌卜　華金輅

俞之驊　易之炳　王鳳藻　唐麟翔　繆　尊

朱紹齡

二等生員四十一名

周宏任　楊　淮　王　樹　繆　旻　鮑　鎔
馬　俊　繆　同　俞之駿　田燕生　繆颺言
王慶衍　凌　雲　宮必端　韓　敏　王孫騈
丁令典　陳堯銓　繆　汧　薛奇芳　羅興縉
阮亮采　田喬生　方鳴鳳　沈　熙　儲寧金
胡林玉　陳　綬　杜光先　鮑思修　劉之澄
陳厚植　楊瑚璉　余名世　張　洙　單　迴
華　旻　曹　遇　陸振孫　陳時清　陸繩孫
吴儒儀

三等生員前十名

柳　汁　儲武金　顧　銓　沈賓陽　陳　飈

陸祖襄　顧南金　劉龍光　王　隣　陳睿生

歲入二十名 十七日考　人未有自致者也　他日由鄉之任　二句

鄭天麟　黄　坦　吳開宗 補　戚夢舒 補　凌　岱

王而文　單　暹 府首　吳肇選　徐鳴曦 補　劉廷儀

唐麟書　方　敬　陳家豫　朱繼雲　韓　潮

宮懋言 補丙子癸未　沈　煐　繆世偉　陸籛齡 捐貢　俞　煒

府學二名

俞　輅 州首　繆隨孫

竈籍三名　鄧　浩癸巳恩科　陳　鑑　沈　寅欽取公安知県

康熙二十九年庚午督學高　科考五月　日考

一等生員十七名　親親之殺　三句　非所以内交　三句

劉　瑄　周恭先　儲寧金　戚之翰　陸祖襄

繆　尊　吳開宗　繆　晃　王鳳藻　唐日宣

顧南金　劉之澄　戚夢舒　張光宗　王傳任

張　綱　王　樹

二等生員四十三名

劉龍光　宋士模　陳厚耀　王孫駢　徐鳴曦

繆　同　陳　綬　田開運　沈　熙　王　隣

儲淳金　朱　治　陳堯詮　楊　淮　唐麟翔

陳　軑　吴肇選　冒　最　金甌卜　周宏任

陳厚植　韓　潮　鮑　鎔　陳睿生　徐禺鎮

杜光先　陳家豫　凌　岱　宫（呂）鴻鈞　宫必端

楊瑚璉　鄭天麟　王慶衍　繆　沅　陸祖游

鮑思修　田一鳳　朱　恂　盧一鯨　陳厚祜

單　暹　宫懋言　吴儒儀

三等生員前十名

王而文　儲碩　楊濬　黄坦　易之炳

陳嘉祚　羅興縉　柳汁　曹遇　朱霞

科入二十名十二日考　維石巖巖　夜氣不足以存

杭蕃（補乙酉）　周順民　常有光　王孫驤　王晉原（補癸卯恩科解元）

陳之任　袁灝　顧永祥　陳嘉謨　袁季駿

翟銓　王譽處（丙子）　沈之標　曹振彬（補丙）　王佐

王雲　韓晫　繆溥（捐監）　趙宏蔭　何起麟

府學二名　繆世奕　戈為鉞　州府首俱施震鐸未進後八案進

竈籍二名　薛又桓（補）　潘濤

康熙三十年辛未督學翰林院檢討兼左春坊左贊善許名汝霖字時庵浙江海寧人壬戌進士 歲考十月 日考

一等生員十九名 曰令之成人 一節 吾未聞枉 一節

米士模 陳厚耀 王鳳藻 王孫駢 楊濬

杜光先 沈熙 韓敏 米治 馬俊

劉琯 杭蕃 薛奇芳 陳時清 韓文燦

童之泌 宮懋言 陳厚祜 楊淮

二等生員三十九名

鮑鎔 王晉原 潘廷相 沈默 徐樂

徐壯輿　蔡　衮　吴開宗　儲寀金　陳睿生
陳　朝　文名世　方　敬　羅輿縉　王　雲
唐日宣　王而確　戚夢舒　田一鳳　陳之任
凌　雲　繆　沅　陳堯詮　曹振彬　陳厚植
張道隆　姚又崇　方鳴鳳　孫貽謀　唐麟翔
朱　霞　張大成　陳家悦　繆繡康　田開運
陸繩孫　潘朝幹　金甌卜　俞　煒

三等生員前十名

繆　尊　王徵鸞　易之炳　王令上　金　鏡

華金輅　單　迥　徐廷彥　劉之澄　單　暹

歲入二十名廿日考　詩云潛雖伏矣四節　摩頂放踵

顧　瀛（補貢）　潘廷琛　李兆騏（癸酉副）　張　開（補貢）　潘廷瓚

陳　纘（補癸卯恩拜）　楊　硯　袁而冕　徐之鈁　許率祖

馬　廷　黃鶴鳴　柳兆龍　徐莊鑄　王孫驍

成　名　姚曰俞　梅　里　陸大宗　沈士能

府學三名　宮懋勤　戴文炳　史　泓（一作灶籍一名）（癸酉庚辰）

竈籍三名　張二白（二）　徐　滋（本姓刘）　易攸周（入江都）　張有祺（灶籍）

入江都縣學一名張有祺　（州首沈維藩未入後次一案進）（廟黃在中入江都學）

康熙三十一年壬申督學許　科考

一等生員十六名　非禮勿聽　二句　孟子曰舜之飯　一節

陳厚耀　陳時清　田開運　顧瀛　王孫騈

陳厚植　徐壯輿　劉之澄　王晉原　沈　熙

董之泌　陳睿生　繆　尊　王徵鸞　俞之柯

馬　俊

二等生員四十二名

沈　默　孫貽謀　馬　廷　朱士模　唐麟翔中

王令上　劉　琯　常有光　文名世　繆　晃

周宏任　俞之驊　繆　同　徐　樂　姚曰俞

潘朝幹　潘廷相　王　佑　周恭先　曹振彬

戚之翰　喬來鳳　杜光先中　李兆驥中　朱　霞

朱曾祚　潘廷瓚　楊　硯　蔡　衮　陳家豫

韓　敏　田一鳳　儲寧金　成　名　宮懋言

陳厚祜　陳　緯　吴儒儀　俞之枚　俞　煒

張士元　陸嵩齡

三等生員前十名

徐禹鎮　陸祖褱　王而文　王　侍　韓　潮

癸酉
杜光先 九名 康
唐麟翔 四十一名
張 洙 四十三名 附
張 霙 五十八名
副 李兆驥
北榜
史 泓 三十名 作南榜

王孫驤 張 乾 米 治 潘廷琛 周順民
科入二十名 十三日考 寬柔以教至不倚強哉矯 則將摟之乎
徐宗毅 吳亮士 州首 徐夢溶 ○王傅顔 補 李 寅
○顧殿颺 補 ○許昌祖 補 ○爻 鍹 補 癸巳恩 陳謙生 ○仲禺龍 補 甲辰
陳 遵 顧永楨 沈維藩 府首 △仲彭年 補貢 錢 鴻
邢豊芑 丁 祺 杜鳳基 孫鳳翼 ○黄元焯 捐監
府學二名 ○俞之樞 捐貢 宮懋信
竈籍五名 張 顒 唐 盛 江 英 李宏沛
李 洽

康熙三十四年乙亥督學兵部右侍郎張名鵬翮字運青四川遂甯人庚戌進士 歲考七月 日考

前任御史邵名嗣堯字九纖猗氏人庚戌進士未終役選張接任

一等生員十八名 順乎親有 二段 孔子進以 有命

張開 顧瀛 楊濬 王孫駢 鮀[鮀]鎔

繆冕 田燕生 陳時清 王譽處 杭蕃

張世爵 徐鳴曦 陳纘 王鳳藻 柳兆龍

馬廷 王傳顔 楊瑚璉

二等生員三十六名

繆繡宸 劉之澄 朱士模 沈熙 徐壯輿

薛奇芳　金甌卜　孫貽謀　陳　遵　陳睿生
王　雲　李　寅　楊　淮　胡林玉　王令上
徐　朗　米　治　俞之驊　韓　敏　王慶衍
韓文燦　戈　鍹　陳厚植　許昌祖　潘朝幹
田開運　沈維藩　梅　里　徐之鈁　吴開宗
儲　碩　陳之任　韓　潮　劉　琯　丁從禮
張道隆

三等生員前十名

鄭天麟　王而確　邢豐芑　繆　同　方鳴鳳

戚之翰　曹振彬　陳嘉謨　沈　煐　陸祖襄

歲入二十名廿八日考　見其二子　以告　孰不為事一節

繆　呂補貢　郁　琮　許　瑎　許元慶　韓光起

陳　銓　卯　巍　張　宣補貢　王　昂　儲璜瓏

潘偉業　張　寅　劉之澇補辛卯　儲象澄　沈維垣

單　邁　景際英　黃　采補　童　銓　趙志越

府學二名　黃　閣　楊師震府首　州首張鵬未入次兩案進

竈籍四名　黃允成　王宗洛　張汝上　張　魁本姓金

康熙三十五年丙子督學張　科考二月　日考

一等生員十六名　見而民莫至尊親　樂之實　一段

陳　纘　朱士模　繆　晃　王孫騈　潘廷相

顧殿颺　張　開　陳睿生　田開運　宮懋言中

凌　雲　曹振彬　成　名　徐　碧　劉之澄

顧　瀛

二等生員三十八名

徐壯輿　鮑　鎔　朱　緒　繆　呂　盧一鯨

潘　晏　王慶衍　常有光　仲禹龍　劉　琯

袁季騄　俞之驊　田喬生　劉之滂　王而文

丙子

宫懋言（新補四十四名）

王譽處（七十五名）

北榜

俞　梅（十名）

蘇亮禮

韓文燦　王　佐　劉之渤　卯　巍　唐麟書

方鳴鳳　儲　碩　沈維藩　許率祖　蔡　袞

丁　祺　王徵鸞　郁　琮　戈　鍹　田燕生

陳時清　周恭先　徐鳴曦　儲象澄　王　喁

李　寅　徐喁鎮　張紹先

三等生員前十名

戚之翰　羅興縉　陳家悅　趙志越　徐之舫

陸振孫　陳家豫　王令上　沈　熙　王　雲

科入二十名（初一日考）　不如林放乎　子産聽鄭　一章

朱賡南　鮑淳（貢補）　許殿颺　李長祥　楊尹生

莫猶文　劉靖（府首）（恩補）　徐景義（戊子補）　韓燿　王家楚

楊中元　張誠學　杭霆萬　單翀　俞燦

章士錦（貢補）　周召　沈賜東（補）　劉之煒　張焯（本姓竇紹興人）

府學二名　張學濬　蔣驥（一作鏾）　此案未州試

竈籍四名　盧涵　袁從周　侍震　楊适

入江都縣學二名　朱珏（甲辰）　黃在中（改希聖）

康熙三十七年戊寅督學禮部左侍郎張名榕端字樸園號子大河南

磁州人丙辰進士　歲考八月　日考

拔貢

朱　治　廩生歲二

一等生員十九名　子曰書云孝乎　四句　孔子登東山　二句

顧　瀛　朱　治拔　宋士模　孫貽謀　陳　纘

田開運　王晉原　張　宣　俞之驊　仲禺龍

戚夢舒　黄　枚　田燕生　曹振彬　楊　淮

蔡　袞　繆　吕　金甌卜　陳時清

二等生員四十七名

王　待　潘朝幹　薛奇芳　劉之澄　錢　鴻

陳厚耀　張世爵　王鳳藻　陳堯銓　袁　灝

沈之標　陸大宗　杭　蕃　張　倬　周恭先

繆　晃　馬　俊　徐鼎鎮　潘夢旂　鮑　鎔
張　開　沈維藩　劉龍光　周宏任　易之炳
翟　銓　徐鳴曦　王　雲　文名世　柳　汁
潘廷相　儲寧金　劉之滂　徐　碧　張斯範
繆　同　凌　雲　方　敬　戈　鍹　馬　廷
陸　遠　陳　軾　王孫駢　韓光起　王　佐
郁　琮　沈維垣

三等生員前十名

陳　蘐　凌　岱　張　寅　楊中元　徐　朗

童銓　俞煒　韓文燦　鄒宜　王隣

歲入二十名十七日考　與朋友共至信之　女有餘布

陳御驄補　沈維翰　宮夢樹癸巳恩副　田範疇　張崧

朱兆麟　徐之鈺補　張鵬　王适　張所緼

張秦鑑府首　俞颺　陳寶補項貢未考　陳烺　盧濬

宮懋政　陳儀舜捐監　黄朝棟　俞樵　陳震復補

府學　鄧宗文

竈籍三名　張四維補　儲元吉宜共人　鄧南陽

州首李瀛未入次案進

康熙三十八年己卯督學張　科考六月　日考

一等生員二十五名　子曰仁遠一節　所以動心　合下節

鮑　淳　徐之鈺　顧　瀛　文名世　徐　樂

劉之渤　唐麟書　劉之澄　楊　淮　鮑　鎔

孫貽謀　陳厚耀　朱士模　戚夢舒　顧殿颺

沈　默　劉之湧　沈維藩　童　銓　黄　枚

常有光　周恭先　儲　碩　黄　坦　徐鳴鎮

二等生員五十五名

張紹先　陳　銓　陳時清　陸大宗　薛奇芳

徐鳴曦　丁　祺　韓　敏　仲昺龍　王晉原
吳亮士　楊中元　黃　采　沈　熙　鄭天麟
徐之鈁　易之炳　田開運　黃鶴鳴　金甌卜
沈維翰　韓光起　陳　纘　宮懋政　戈　鍹
淩　雲　田燕生　俞　樵　張斯範　繆　晃
王　昺　張　開　陸　遠　陳　軼　馬　俊
陳　遵　王而確　王孫駢　朱　霞　陳之任
盧一鯨　潘夢旂　繆　呂　王　雲　王鳳藻
田範疇　蔡　袠　繆世偉　張　宣　阮亮采

朱曾祚　陳　馥　姚又崇　儲寧金　徐景義

三等生員前十名

柳兆龍　陳謙生　王孫驤　徐宗毅　陳　寶

陳　烺　莫猶文　袁季驂　張　崧　郁　琮

科入二十五名　我之大賢與　蘊之爲德行

朱泰交府首　李　瀛　劉士駒　李堯階　繆上遴

林　邃　張之駿　盧　騏　徐樞電　俞⑧焯辛卯

楊　瀛　桂　坤　鮑賡頌　王廷相　韓　諤

王　濯　朱鴻烈　朱德訓　陳偉績　蔡　褒

一　己卯

張　翥三十五名江都人

皇上南巡恩廣五名

徐義補　袁蓮　程玉柱　杜圯授　沈鴻謨

府學三名

蔡褒　單文　袁毓開　州首陳伊旭未入次三案進

竈籍三名

劉正一作貞　萬斌同州　于寗

自此案及下四案次題改小學論

康熙三十九年庚辰督學太僕寺少卿張名泰交字泊谷山西陽城人

壬戌進士　歲考十二月日考

一等生員十九名　子曰泰伯一句　齊人有一妻全章

顧瀛　梳蕃　劉靖　陳御騘　李瀛

陳纘　沈熙　徐鳴曦　陳時清　張所蘊

王佐 俞焯 戈鍹 劉瑄 楊淮
王晉原 張開 孫貽謀 沈默

二等生員四十名

鮑鎔 沈維藩 陳堯詮 章士錦 徐冉鎮
鮑淳 徐之鈺 陳烺 黄玠 吴亮士
張世爵 王鳳藻 劉之渤 趙志越 沈之標
徐樂 王而確 王傳顏 易之炳 凌雲
徐禹 韓諤 馬俊 張宣 單邁
俞之驊 陸遠 方敬 徐景義 顔南金

庚辰會
杜光先九名
史泓

田開運　張斯範　儲寧金　顧殿颺　胡林玉
繆　呂　劉龍光　金甌卜　潘　晏　文名世

三等生員前十名

潘廷琛　單　迴　鮑賡頌　唐麟書　薛奇芳
許元慶　潘廷相　張　乾　成　名　田燕生

歲入二十名　不待三至多矣　舉世賤清素　二句

朱躬甲　陸大理　陳時彥　陳載坦　解　錦
楊　沅　汪茂實　王宏祚　唐元舒　童振猷補
江　暹　張秉程補　朱泗濱　潘蔥源　徐　濯

邵　治　景于鳳　陳德昌　陳厚積　陳　采捐貢

府學二名　朱秉奇　繆　霖補貢　（州首陳伊旭未入次二案進　府首陳庭訓次案進）

竈籍四名　張赤霞補貢青陽教　錢志璜補貢碭山教　袁爾淵　馮　澐

康熙四十年辛巳督學陞大理寺正卿張　科考十月　日考

一等生員二十二名　心正而后身修　曰梓匠輪輿　一節

沈　熙　顧　瀛　戚夢舒　孫貽謀　戈　鍹

沈　默　王傳顔　杭　蕃　楊　淮中　陳　纘

陳　銓　李　瀛　田開運　陳厚耀　俞之驊

許率祖　顧殿颿　許昌祖　曹振彬　劉士駒

潘廷琛　仲彭年

二等生員五十名

陳時清　方鳴鳳　許殿颺　王鳳藻　沈之標

田燕生　韓　諤　徐　義　王令上　陳堯銓

儲　碩　繆世偉　童　銓　吳亮士　陳御驄

柳兆龍　劉之渤　沈維翰　金　鏡　陸大宗理

王　侍　韓光起　韓　潮　朱曾祚　卯　巍

唐麟書　潘廷瓚　李　寅　張　開　汪茂實

王宏祚　徐景義　劉　靖　王　佐　朱躬甲

壬午

副楊　淮廩五十一名

景　星

陳　緯　徐禹鎮　徐之鈺　潘蕊源　陳時彥
陳　寶　景　星中　陳載坦　凌　岱　徐莊鑄
鮑　鎔　邵　治　沈維藩　劉　琯　解　錦

三等生員前十名

單　迴　徐鳴曦　陳之任　俞之柯　王　禹
張　宣　王孫驤　朱鴻烈　仲禹龍　常有光

科入二十名廿日考　當是時也內無怨女　我知

顧　京　宋之維　儲象清　凌夢蓮　張　縠
童秉鐸　徐　仁補　施振鐸　朱桓熊　許男爵

韓　禔　張　銓　馮宏綸　朱圖南府首　陳庭訓

童　鐸　李振采　李光祖　俞廷棟　唐　炎

府學二名　李宗耳補　朱開仕貢補　州首陸淮未入次案進

竈籍三名　周志彤　繆　涵　梅嘉枚

康熙四十二年癸未督學翰林院侍講學士張名廷樞字景峰陝西

韓城人壬戌進士　歲考十二月日考

一等生員十九名　植其杖而至而立　夫義路也至是門也

顧　瀛　徐禹鎮　徐景義　文名世　陳時清

沈賜東　繆　晃　陸大理　黄　采　沈賓陽

癸未會

唐麟翔三名

俞　梅十三名

宫懋言十八名

章士錦　許昌祖　俞之驊　陳　采　陳時彥
韓　敏　唐麟書　劉之渤　劉　靖

二等生員四十名

王於度　徐　義　陳厚耀　杜圯授　劉　琯
劉之澄　陳堯銓　劉之澇　儲　碩　韓文爍
張紹先　張　宣　沈維藩　沈　熙　卯　巍
沈維翰　田開運　鮑　淳　翟　銓　袁季騵
王傳任　凌夢蓮　王　佐　韓　諤　方鳴鳳
顧殿颺　袁　灝　徐　樂　陳　護　徐夢溶

潘　晏　戚夢舒　王　侍　王宏祚　戈　鍹

王慶衍　仲禺龍　陳　纘　張之駿　王鳳藻

三等生員前十名

沈　默　劉之煒　陳御驄　陳厚仁　李　瀛

儲甯金　俞　焯　朱　霞　王　濯　王晉原

歲入二十名（廿名考）　賜也爾愛其羊　吾既無以教化子孫　二句

繆　楚（補貢）　邱家相（補丁酉癸丑）　吳子植　張　扆（補）　顧禺梅

薛同方　陸　淮　徐　敬　周啓藩　丁其繁

崔之琄　馬士驤（補）　潘鳴鳳　陳伊旭　陳書原

俞元煌　黄廷掄　俞　煜貢補　沈日晟　馬凌斗

府學二名　黎　純府首　胡永孝　州首陳　紘未入後改書次四案進

竈籍二名　周宏穀　沈昌孫

康熙四十三年甲申督學張　科考十月　日考

一等生員二十二名　吾少也賤　合下節　孟子曰附之以　一節

顧　瀛　田開運　沈　熙　陳時清　陳　纘

沈賜東　徐　仁　許昌祖　王家相　繆　吕

沈之標　徐禺鎮　沈　默　黄　采　馬　俊

徐景義　莫猶文　戈　鎧　王傳顔　文名世

乙酉
杭　蕃二十五名 廩
陳厚耀二十七名 廩
北榜
宮友鹿九名 廩貢
繆　沅七十三名
丙戌會
陳厚耀
宮友鹿

俞　焯　孫貽謀

二等生員五十二名

顧永祥　儲　碩　俞之騂　劉龍光　張　扆
王鳳藻　陳　軼　陳御驄　仲禹龍　卯　巍
許率祖　許元慶　蔡　褒　陳　緯　柳兆龍
陳　采　繆世偉　李振采　繆　楚　章士錦
李長祥　王　禺　宮夢樹　徐樞電　王孫騈
周啓藩　姚又崇　鮑　淳　盧　濬　黄朝棟
韓　敏　王晉原　劉　靖　陳堯銓　陳厚耀中

陳　銓　許男爵　仲彭年　俞　爍　徐　義

阮亮采　潘鳴鳳　童　銓　李堯階　張　宣

劉之澇　俞　煒　俞　棋　潘蔥源　唐元舒

俞之柯　劉之澄

三等生員前十名

袁季駿　徐　樂　田燕生　解　錦　張　崧

張所蘊　袁　灝　顧　京　鮑　鎔　陳嘉祚

科入二十名十八日考　金重於羽者　延聘登遣卒於京師

陳　縉　徐　琦　張　音　孫　健補　陳浮梅補乙卯乙未副

袁　任補　徐　錦　凌杏林　王秀洙補　張元謙
杜夢白　朱品奇　湯紹敬　王　禎　黄書香
黄晋奕　何位三　繆　傑　黄　溥　韓兆聯
府學三名　徐鳴佩　高繩武州牧　劉之澐州首
竈籍　蔣可存　府首田疇未入後改世沐次乙案進
入江都學一名　程繩祖
入儀徵學一名　鄭　揖後復本姓張

康熙四十六年丁亥督學東宫講官左春坊左諭德兼翰林院修
撰魏名學誠字齋禮山西蔚州人壬戌進士　歲考十一月　日考

一等生員二十一名　盖曰天之所以為天也　鄉黨莫如齒

顧　瀛　劉之澇　袁　任　陳御驄　劉　靖

王晉原　許率祖　沈　默　許昌祖　鮑　鎔

張　開　鄭天麟　張　音　徐景義　陳　纘

徐　琦　孫貽謀　俞之驊　王傳顔　繆　呂

韓　諤

二等生員四十六名

俞　焯　俞廷棟　周宏任　戚夢舒　薛奇芳

儲武金　朱鴻烈　劉之澄　趙志越　陳厚仁

童秉鐸　徐　義　邵　治　潘夢旂　袁季駸

徐　仁　杭霆萬　李　瀛　黄　采　田開運

李長祥　成　名　徐鳴曦　徐禹鎮　喬來鳳

陳德昌　陳時清　馬　俊　阮亮采　鮑　淳

陳浮梅　陳堯銓　儲寧金　薛同方　張　毅

陸　淮　陳之任　崔之瑁　馮宏綸　張所藴

張　宣　沈　熙　黄朝棟　周順民　黄鶴鳴

宫夢樹

三等生員前十名

郁　琮　杜圯授　繆　晃　陳時彦　陳　采

陳　銓　劉之渤　王孫駢　王家相　繆世偉

歲入二十名 十一日考　必先利其器　昔者文王之治岐也

王鍾嶽 補項貢未考　單　雲 補　陳之楫　劉　晨　陳虞再 補

繆　宫　李長祚　王毓洙　洪　曉　陳朋豫

邵　浴　黄康莊　高　詣　孫貽訓 補　曹　部

繆　梓 丙午　莫世枚　韓　露 補加貢　管汝梅　紀文鼎

府學二名　紀　愷　陳澤宏　州潘志源未入府首陳書

竈籍三名　劉元震　馮嘉魚　楊　雋　李葆真 入江都

康熙四十七年戊子督學魏　科考閏三月　日考

一等生員二十四名　故君子語　載焉　獻子之與　友矣

顧　瀛　繆　楚　徐　義　陳堯銓　劉之湧

陳　纘　陳　緯　沈　默　李　瀛　俞之驊

王晉原　鮑　淳　陳虞再　徐鳴曦　張　宣

邵　浴　黄　釆　戚夢舒　王秀洙　陳御驄

方鳴鳳　繆世偉　田開運　高　詣

二等生員五十六名

徐　仁　單　邁　張斯範　杜圯授　方　敬

戊子
徐景義 四十名 廪
北榜
宮懋諒 附貢
己丑會
繆 沅
殿試探花

許昌祖　金甌卜　張秉程　王孫駢　王傳顏
韓　敏　吳亮士　俞之杖　邵　治　張　開
盧一鯨　仲鼎龍　俞　燦　李堯階　沈　熙
張紹先　朱曾祚　⊗徐景義 中　戈　鍹　孫貽謀
陳家悅　宮夢樹　陳時清　繆　梓　陳　采
儲寧金　劉龍光　陳厚積　馮宏綸　童　銓
阮亮采　繆　宮　劉　靖　王鍾嶽　王家相
馬　俊　單　雲　俞　煒　劉　晨　俞　樵
曹振彬　繆　呂　卯　巍　徐　朗　孫　健

朱　泓　鮑　鎔　曺　部　羅興縉　韓　露

黄朝棟

三等生員前十名

王令上　陳家豫　王慶衍　徐昺鎮　丁　祺

韓　諤　袁季駿　許辛祖　陳　遵　柳　汁

科入二十名 二十日考　不誠無物　子何以其志為哉

此案取坐號四十條要去一半另發案招覆

袁發桂　仲蜀巖 辛卯 陳之琮　文　藻　徐　澐

謝嘉謨　易　璽　李擴鉅　徐渚星　繆為楠

李　閎　胡士昺　陳與立　陳　楨　薛名方

徐　洵　梅祖真州首　解宗尹　徐魁澤補　陳玉藻

府學二名　嚴濟寬捐貢　朱　樹　府首王麗斗未入次四案進

竈籍　季　鏞　楊豐苞苞一作圯

入江都學一名　卞大鵬本姓宮補拔知縣

康熙四十八年己丑督學右春坊右中允兼翰林院編修充國史館纂

修官楊名中訥字端默浙江海鹽人辛未進士　歲考十一月日

一等生員二十六名　舜有臣五人兩節　晉人以番　奇諫

顧　瀛　陳浮梅　陳時清　仲彭年　鮑　淳

張　展　孫貽謀　張　開　黃　玠　單　雲

童振猷 陳虞再 俞焯 劉之滂 沈賜衷
劉之澄 戚夢舒 陳御驄 梅祖眞 沈之標
王鳳藻 徐義 孫健 俞廷棟 陳采
韓露

二等生員五十名

劉龍光 王傳任 朱霞 王孫駢 陳楨
顧永祥 許男爵 潘廷琛 李瀛 馬淩斗
張所蘊 徐禺鎮 許率祖 王楨 唐麟書
徐渚星 韓潮 陳震復 周順民 俞之枚

邵　浴　陳　纘　劉　晨　仲咢龍　凌杏林
戈　鍹　徐　碧　單　迴　陳載坦　張　崧
徐魁澤　薛奇方　陳　銓　凌　雲　徐　敬
繆　楚　徐芸孫　成　名　袁　蓮　陳堯銓
曹　部　徐鳴曦　繆　同　孫貽訓　陸　淮
盧　祺　劉之渤　繆　傑　金　鏡　陳之琮

三等生員前十名

許昌祖　童秉鐸　胡林玉　王毓洙　韓　諤
丁繁其　朱　泓　王家相　王晉原　蔡　褒

歲入二十名十三日考　孔子於鄉黨　三節　君臣有義

宮殿對庚子副州首　陳書府首補貢　王言　崔巖　單霨

張文成補戊午涇縣教乙丑副　吳儒清辛酉辛未　朱棨　陸大燦　楊士標

康衢　徐佑　凌鵬　陳厚德　繆世宏

李夢槐　張鯤　俞椿癸巳恩副　繆琬原名楠丁酉副甲辰正　黃祁

府學二名　杜陵　蔡滋州同　陳曾入江都

竈籍四名　盛紹　王凱　陳晉本姓任興化人丙午己未徽州教　喬國璉

府州首徐之璜未入次三案進

康熙四十九年庚寅督學日講起居注官左春坊左諭德兼

翰林院編修張名元臣字懋齋貴州銅仁縣人丁丑進士

補行　科考二月　日考

一等生員二十五名　柴也愚　二章　天子之卿　二句

王家楨　章士錦　仲彭年　仲鼎龍　沈　默

陳　書　張文成　梅祖眞　陳載坦　孫貽訓

李　瀛　陳虞再　韓　敏　沈　熙　解　錦

宮殿對　陳家悅　王鳳藻　童秉鐸　王傅顔

張　音　徐　洵　陳玉藻　薛同方　俞　椿中

二等生員六十八名

黃　采　徐　義　張　宣　王秀洙　杜圯授
陳厚德　單　爵　吳亮士　蔡　褒　邵　治
王鍾嶽　孫　健　戈[8]鎧中　楊士標　王傳任
繆　呂　凌　雲　丁　祺　沈之標　朱　棨
王毓洙　成　名　徐魁澤　陳震復　邵　浴
朱　緒　錢　鴻　張秦鑑　朱　泓　張　開
李光祖　徐之鈺　袁　蓮　崔　巖　黃朝棟
施震鐸　王令上　朱　霞　徐　敬　湯紹敬
劉　晨　田範疇　繆世宏　徐　濯　潘廷琛

卬　巍　紀文昺　沈日晟　何位三　王宏祚
凌　鵬　王　雲　單　邁　許男爵　張元謙
洪　曉　陳伊旭　張　鯤　程玉柱　黄　溥
黄　玠　陳庭訓　袁　任　俞　煒　陳厚積
易　璽　李擴鉅　繆　晃

三等生員前十名

張　鵬　潘夢旂　李夢槐　徐鳴曦　凌夢蓮
韓　諤　周順民　朱泰交　喬來鳳　王　待

科入二十名 初三日考　夏后氏以松　二句　今夫奕之爲數　一節

辛卯
俞　焯二十三名附
仲蜀巖附四十二名
劉之澇四十九名廩
北榜
田廣運四十七名
壬辰會
田廣運欽賜

朱昂仕　崔之鵬　田掄元　丁宏仁州首　沈時發
唐　恕壬子補　汪　湄補　韓　鰊補拔　陳秉憲府首　陳傅綸補貢靖溪教
陳　綖　沈　均補貢蒙城教　陳開疆　田世澤　陳虞際捐貢
曹宏仁　陳為炳　郭　喬　章士錄　米東啓思南府
府學二名　蔣　畯八　吳　驥西
竈籍二名　錢青選　姜　培

康熙五十二年癸巳督學左春坊左庶子兼翰林院侍讀加三級
胡名潤字京蒙湖廣通山人辛未進士六月　日歲考
一等生員二十二名　繳如也　周人百畝而徹

癸巳恩科
二月鄉試
戈　鎧 三十四名 廪
劉　浩 七十三名 五經
副 俞　椿
宮夢樹
北榜 沈　默 八名 廪貢
宮　雖 北貢

王傳顏　張文成　仲禹龍　薛奇芳　俞之驊
阮亮采　黃　采　徐　義　徐禹鎮　俞　煜
章士錦　劉之澄　王晉原　單　雲　王傳任
繆　呂　韓文燦　王鳳藻　孫貽謀　董振猷
鮑　淳　劉之渤

二等生員四十五名

陳　書　俞元煌　李　閎　唐元舒　田燕生
陳書原　俞　颺　韓　敏　康　衢　徐之鈺
仲彭年　沈賜東　楊士標　唐　炎　王家相

邵　治　田世澤　俞　燦　張　鯤　曺振彬
景于鳳　陳伊旭　陳　楨　袁　任　沈維藩
吳亮士　淩　雲　黃　祁　邵　浴　韓　鍊
李振采　王孫騈　陳厚德　朱　緒　許殿颺
張　宣　顧　京　朱鴻烈　沈之標　劉　晨
蔡　褎　單　霨　徐　碧　韓　謣　王鍾嶽

三等生員前十名

丁　祺　俞　煒　繆世宏　許昌祖　紀文禺
易　璽　解宗尹　陳虞際　劉龍光　繆　晃

歲入二十名初九日考　子曰道聽　一節　相泰而驕　一段

金　璘　繆　賓　張品邁州首　陳　達　楊士楫

丁夢桂　黄鳴和　徐大强府首　劉夢元貢補　朱正芴

繆　隆　李　墨　胡士豫　王宗瑞　徐朝炳

孫元瑜　徐　璟　洪　紘　儲時澄　徐宗仁

府學二名

汪　岱補　吴志臯

竈籍三名

金承武　袁敦雅　盧　捷

康熙五十三年甲午督學胡　科考三月

一等生員二十四名　或困而知之　若夫潤澤之　二句

陳　寶　楊士楫　王鳳藻　徐鳴曦　黄　采

康　衢　俞　颷　顔　瀛　單　霨　沈　熙

張文成　陳　書　汪　湄　王晉原　單　雲

童秉鐸　仲沔龍　徐　洵　王傅顔　陳虞際

繆　楚　沈　均　王家相　薛奇芳

二等生員六十七名

繆　賓　丁宏仁　陳伊旭　韓文燦　許昌祖

黄康莊　鮑　淳　俞　燦　陳時清　朱品奇

仲彭年　陳厚德　唐麟書　張　宣　徐宗仁

甲午北榜
張符驤百三名
乙未會
宮　雎

徐之鈺　朱圖南　徐大强　董振猷　張開
徐樂　陳廣再　阮亮采　俞煜　宮殿對
陸大燦　劉之煒　俞煒　陳銓　朱霞
顧永祥　曹振彬　凌雲　洪綋　徐義
江暹　孫貽謀　繆晃　陳浮梅　韓敏
馬士驤　陳堯詮　王鍾嶽　顧冉梅　陳遵
張品邁　趙志越　紀文冉　陳興立　沈賜東
袁任　潘廷琛　陳達　錢鴻　繆隆
金璘　丁夢桂　劉夢元　李墨　王宗瑞

徐　璟　徐朝炳　胡士豫　黄鳴和　孫元瑜

儲時澄　朱正笏

三等生員前十名

顧　京　單　迴　劉士駒　劉　晨　吴亮士

張　銓　韓　捷　胡士喁　湯紹敬　曹　部

此案取坐號三十五條覆去十五條號 科入二十名廿日考　孔子於鄉黨一節　王若隱其　二句

朱　振　朱引年　徐鳴暉　儲乃穀補恩合肥教　程盛修庚子庚戌順天府尹

徐之璜　王麗斗州首　唐元演　繆　枋安陽知縣　儲潢璠

俞　炳　文　治　繆百朋丙辰恩副　張　方補貢天長教　陸　進府首

程　儀　戈　澍　孫元琯　陳　綋　顧大紳

府學二名　張　褱　陳明祚

竈籍三名　趙宗抃　徐文在補　單厚載

此案新生准送科舉

康熙五十四年乙未督學國子監祭酒余名正健字惕齋福建莆田人丁丑進士　歲考七月　日考

一等生員二十四名　不以禮能　禮何　一遊一豫　二句

張秉程　陳　纘　孫貽訓　黄　采　沈　昀

王晉原　繆世偉　孫　健　徐　濯　曹　部

王家相　顧　瀛　章士錦　陳虞再　陳厚德
張文成　陳家悅　汪　湄　陳載坦　陳　烺
孫貽謀　許昌祖　王孫駢　徐　義

二等生員四十六名

徐大強　劉之渤　杭霆萬　劉　晨　陳玉藻
陳　銓　許殿颺　韓　鰊　陳　寶　孫元瑜
邵　治　陳　縱　韓　敏　俞之驊　王傳顔
田掄元　王鳳藻　沈賜東　徐鳴曦　陳時清
沈　熙　黄鶴鳴　易　璽　仲禺龍　郁　琮

馬士驤　鮑淳　陳堯銓　文治　丁其繫

王雲　程儀　張開　張展　王秀洙

俞燦　徐樂　陳伊旭　繆呂　方敬

繆楚　繆傑　陳虞際　吳亮士　沈維藩

陳傳綸

三等生員前十名

陳達　張詮　楊尹生　顧京　陳家豫

解宗尹　陸進　韓露　王傳任　梅祖真

歲入二十名莫旨考　恥躬之不逮也子曰以約　此其大畧也

張興宗拔貢　潘　秀　沈時成補　丁元音府首　田世沐

張之璐　金　渠　儲宏慶　陳　縝貢補　何冊騘補

袁廸堪　陸大展　梅　林　張　澍　顔　釬補辛酉副

徐　澍　陸大成　張大南　陸介玉州首補　沈　暄補

府學二名　楊　森補　景于龍

竈籍三名　金顯周貢補　翟肇元　丁萬寬

康熙五十六年丁酉督學詹事府左春坊左中允兼翰林院編修

林名之濬字象湖號　福建惠安縣人丙戌進士　補行

科考五月　日考

一等生員二十四名　子曰吾說　一節　王曰否吾　一節

王鍾嶽　王家相中　章士錦　陸介玉　陳傳綸

王孫騂　張　開　繆　楚　吴儒清　田範疇

陳　寶　徐　義　黄　采　孫貽謀　韓　敏

徐　琦　韓　鍊　繆　枋　張文成　劉　靖

沈　均　繆　吕　王鳳藻　凌　雲

二等生員七十一名

戚夢舒　孫貽訓　繆　梓　陳時清　仲彭年

許昌祖　謝嘉謨　張元議　陳堯詮　劉之渤

董振猷　陳浮梅　張　宣　鮑　淳　阮亮采
王秀洙　繆世偉　盧一鯨　汪　湄　徐　樂
袁　任　沈　暄　李　閎　易之炳　李　瀛
丁其繁　陳厚積　儲乃穀　張興宗　顏禹梅
解宗尹　成　名　繆百朋　程盛修　徐朝炳
陳庭訓　陳載坦　康　衢　洪　紘　許殿颺
胡士禹　張　鵬　袁迪堪　馬　廷　單　邁
韓　諤　陳虞際　繆　傑　張　音　戈　澍
徐之鈺　紀文禹　陳　楨　顏　釬　沈賜東

周順民　徐鳴暉　文　藻　陳虞再　王宗瑞
孫　健　徐鳴曦　俞　燦　徐　洵　袁　灝
顧　京　繆　冕　陳家悅　邵　浴　丁夢桂
李夢槐

三等生員前十名

儲宏慶　陳　縝　陸振孫　金　璘　陳震復
徐莊鑄　童　銓　沈時發　丁元音　楊士標

科入二十名廿日考　子曰飽食　三句　闇然媚於　二句

戴喬璉補　宮煥文丁酉 癸丑 通政司　葛　棟　周郁文　沈之柟

丁酉
王家相六名 廩
宮煥文五十六名 新生宮夲
副 繆琬
北榜
沈解遴八名北闈 滄州熙秕
宮燿亮

夏智達府首 李澄補拔 繆沂 柴肇基 黃道
劉望陵 陳夢鰲 沈維祺 陳鈺 楊滮捐貢
繆溶 王九鵬州首補拔已酉 袁繼逢 朱順年 仲觀
府學二名 田心潮 陳傳華
竈籍四名 夏瑚 周至德 陳詩 王洪
入如皋學一名 冒輝祖後移本州

康熙五十七年戊戌督學翰林院檢討謝名履厚字坤侯雲南昆明人己丑進士 歲考十一月 日考
一等生員二十五名 致中和 宰我曰以 一節

陳虞再　章士錦　韓　露　沈　均　王鍾嶽
陳　書　崔　巖　黄　采　陳厚積　張文成
陳堯銓　徐　洵　顔　釬　徐　樂　許昌祖
陳　烺　吳亮士　徐　琦　唐元凱　王麗斗
仲昂龍　陳傳綸　王鳳藻　仲彭年　張　開

二等生員五十一名

許率祖　孫貽訓　王傳顔　陳　寶　潘鳴鳳
曹振彬　童　銓　張　宣　季擴鉅　王毓洙
解宗尹　湯紹敬　袁廸堪　王宏祚　李　澄

許男爵　儲潢璠　王九鵬　梅　林　汪　湄
易　璽　潘　秀　阮亮采　王　适　陳　達
沈維藩　張興宗　陳伊旭　陳　銓　丁元音
李　瀛　朱品奇　陳載坦　童秉鐸　張所蘊
夏智達　宮殿對　胡士昂　金　璘　邵　治
劉　靖　俞之驊　孫　健　劉之渤　盧一鯨
韓　敏　曹　部　陳時清　陳　纘　沈之標
童振猷

三等生員前十名

陸介玉　淩　雲　何冊驄　高　詣　顧大紳

繆　沂　柴肇基　繆為楠　謝嘉謨　繆百朋

歲入二十名岀日考　明則動　皆有聖人之一體

汪大呂捐貢　張　翼　俞元烺　徐　山補　崔　嶽

唐嘉珽補貢癸酉　鄧掌文　黃先聲補　徐宗孺捐貢　嵇三鳳補貢

周　楷　陸　召　繆　暘　楊薦鶚　戴上德

仲　素　陳之梅　吳儒度補貢　陳傳一　俞士烺吉安府判

府學二名　繆　嶷一作齡　張應泰　州單與府首朱德謨未入

竈籍三名　劉青照　趙　德補　朱穎脫

康熙五十八年己亥督學謝　科考十一月　日考

一等生員二十一名　子曰君子博學　一節　望道而未之見

陳虞再　沈　均　王晉原　陳時清　徐　琦

顔　釬　王鍾嶽　繆　楚　許昌祖　徐宗孺

洪　紘　徐　洵　陳震復　陳傳綸　陳　纘

童秉鐸　張秉程　曹振彬　施震鐸　楊　瀧

韓　諤

二等生員七十三名

陳載坦　朱　霞　黄先聲　張　宣　洪　曉

庚子
程盛修四十名
副 宫殿對
北榜 李四載

劉靖　邵浴　章士錦　孫貽訓　程盛修中
韓敏　陳達　劉之渤　儲乃穀　王九鵬
黄采　袁灝　張文成　夏智達　徐之璜
韓捷　韓露　陳堯銓　王鳳藻　卯巍
宫殿對中　王毓洙　陳家悦　汪渭　鄧掌文
陳寶　徐大强　李瀛　仲禺龍　馬廷
邵治　崔巖　吳亮士　李閎　許率祖
陸進　徐樂　張方　王傅顏　孫健
淩雲　文藻　戈澍　陳浮梅　戴上德

張　音　陸介玉　許男爵　張所蘊　陳　書
汪大呂　陳厚積　王傳任　章士録　仲彭年
陳書原　柴肇基　沈維藩　吳儒清　沈賜東
曹　部　成　名　景于鳳　紀文昂　謝嘉謨
王秀洙　崔　嶽　陳傳一

三等生員前十名

袁廸堪　程　儀　徐魁澤　徐樞電　張紹先
凌　鵬　張　銓　李光祖　陳　縝　張　鵬

科入二十名先晉考　然後君子　直之

徐士龍　徐　瑀補　朱雲錦州首　丁　勷　滕　湘
陳　鑌　居　敬　易名臣　張　樸　丁書玉補貢
徐述夔戊午　王　嶼　韓　典　陸　廉　陳傅禮補
繆　霦　陳克昌廣豐知縣　繆　檈己酉欽賜　宮煥采補加貢甲子乙丑明通涇縣教　譚廷泰

府學二名

仲　鈺府首　陳汝楫捐貢

寵籍三名

楊日光　崔　輻　鄧思發

康熙六十年辛丑督學翰林院編修鄭名任鑰字魚門　歲考六月

一等生員二十五名

升車必正至親指　是故明君至身飽

韓　鰊　張文成　徐之鈺　張　方　顧　瀛

辛丑會
張符驤
沈解遴

陳　纘　顔　釬　徐　義　王秀洙　張秉程
陳時清　張品邁　陳厚仁　陳傳綸　童秉鐸
汪　湄　劉　靖　夏智達　沈時成　黄　采
陳　寶　王鍾嶽　鮑　淳　繆　楚　仲彭年

二等生員六十四名

沈維藩　張　宣　陳　綎　宮焕采　孫貽訓
徐魁澤　陸　進　沈　均　王傳顔　徐之璜
徐之鈁　袁發桂　張興宗　俞　煜　陳　縝
陳　達　朱品奇　陸大爍　陳虞冉　繆　呂

許昌祖　康　衢　王晉原　陳書原　曹振彬
繆世偉　唐　恕　繆　枋　戴上德　陳厚積
章士錦　俞廷棟　王毓洙　王孫騑　陳堯銓
吳儒度　陳傳一　邵　浴　韓　提　江　遲
繆　梓　易　璽　朱　緒　徐宗仁　劉望陵
沈時發　張　鵬　汪大呂　張之璐　楊士標
陳朋豫　陳克昌　儲乃轂　童振猷　徐鳴曦
唐嘉珽　陳玉藻　繆　溶　高　詣　阮亮采
陳載坦　儲潢璠　徐　澐　繆百朋

三等生員前十名

李　閎　陳浮梅　戈　澍　丁元音　李擴鉅

馬　廷　張　開　袁　任　陳開疆　陸介玉

歲入二十名十五日考　他日又獨立二句　舜生於諸馮

陳　端府首刑外　劉承堯　韓　鰲　沈龍彝　施　惠

徐之銓　劉師寬　周　彥　許　可　曹　鉞

劉令億　馮宏仁　胡香齡　陳之善　陳　悅

王　倬　薛夢麟州首　劉竹苞　宮厚學捐貢　周之冕捐貢

府學二名

高咢吉　黃鸞和

竈籍三名　周　行　金　定　楊蘭芳

康熙六十一年壬寅督學鄭　福建侯官人丙戌進士　科考七月　日考

拔貢

韓　鰊　歲首科七廪生

一等生員二十二名　子擊磬於衛一節　然則舜如二節

徐之鈺　汪　湄　王晉原中　顔　釪　仲彭年

唐　恕　韓　鰊拔　徐魁澤　劉　靖　米　霞

陳　寶　劉夢元　孫　健　陳時清　張文成

陳　書　王秀洙　王鍾嶽　章士錦　陳震復

張　鵬　繆　楚

二等生員八十一名

陳廣再　宮煥采　徐鳴曦　張　開　吳儒度

曺　部　沈賜衷　沈　暄　許昌祖　王九鵬

高　詰　張　樸　俞廷棟　陳傳綸　徐　山

張　宣　沈之標　沈維藩　徐之銓　王傳任

張秉程　陳玉藻　陳　端　薛夢麟　陳　悦

劉承堯　解宗尹　張　翼　張大南　胡香齡

邵　治　繆百朋　宮厚學　吳儒清　汪大呂

俞元烺　鮑　淳　繆世宏　童秉鐸　陳傳一

繆世偉　湯紹敬　戴上德　劉望陵　陳載坦

黃　采　邵　浴　陳　銓　徐樞電　沈龍彝
曺　鉞　周之冕　王　待　許率祖　張　音
潘　秀　陸介玉　田世澤　劉師寬　丁　祺
滕　湘　張　銓　黃康莊　張品邁　繆　呂
陳厚積　陳浮梅　季擴鉅　徐　義　唐嘉珽
丁書玉　王　倬　儲潢璠　繆　沂　童　銓
徐　樂　儲乃穀　成　名　韓　鰲　朱昂仕
陳　鑕

三等生員前十名

陸大成　薛同芳　陳堯銓　繆霦　李閎

施惠　文藻　葛棟　施秉鐸　袁任

科入二十名（共百考）　可與適道　二句　吾為之範我馳驅

崔爾極　王衣德　宮煥光　程雲衢　俞塏

康年　劉國棟　江光璞　韓鯤　唐元凱

冒光裕　韓鶴　韓世溥　洪贊（州首）　馬留

徐子慕　王凝　王家柱　張樹　陳懷仁

府學三名　米起躍（府首捐貢）　章岂（補）　陳文起（捐貢）

竈籍三名　唐震兆　周見休　王湛露　（入江都）團志敏

令
上登極特
恩院試

雍正元年癸卯督學内閣學士法名海字淵若滿州鑲黃旗人甲戌進士

在常州府江陰縣考十月廿七日考

入學七名　不曰堅乎　合下節　合而言之道也

王正　黃偉補　李郁　宮煥綸補庚午　陳震暘捐貢

錢爲竹　米樹奇補

雍正二年甲辰督學法　歲考十月初二日

一等生員十八名　色思溫貌思恭　故由由然　二句

徐山　汪湄　陳虞再　儲乃穀　劉靖

鮑淳　戴上德　陳書　徐樂　陸介王

癸卯恩科

四月鄉試

王晉原解元廪

陳纘六十名廪

北榜

繆集二十名官參

張秉程　徐鳴曦　王秀洙　陳傳綸　胡香齡

徐　義　董振猷　徐魁澤

二等生員四十五名

張　鯤　孫元琯　陳廣際　梅祖俞　張　宣

韓　捷　唐嘉珽　曹振彬　繆　隆　梅　里

仲彭年　張　樸　丁書玉　黃　采　王鍾嶽

李　澄　陳　悅　黃　道　儲宏慶　沈時成

謝嘉謨　李　閎　孫　健　阮亮采　劉之渤

劉國棟　米　霞　黃先聲　張興宗　許　可

張　銓　繆　楚　王　嶼　王毓洙　黄鶴鳴

袁　任　沈　均　徐　琦　唐　恕　凌　雲

章士錦　沈賜衷　陳　寶　張　開　俞　煜

三等生員前十名

陳與立　汪大吕　陳震暘　顧永祥　唐麟書

宫焕綸　沈維祺　程　儀　陳　纁　陳家豫

歲入二十名初九日考　楚書曰楚　利哉　惡莠恐其亂苗也

周蔚文　劉育渠壬子癸丑武功渠　桂　崙　王大興捐　劉令畧

宫二酉　潘　采　李　靖一作進　儲　澂　陳傳闓

甲辰補正科
何本思四十九名儀徵籍
繆　琬七十九名丁酉副
北榜
仲禹龍康貢
朱　玨江都人
法學院未終局
選丙戌臚傳
俞名兆晟又未
終後復選
鄧院接行科考

袁　恒　季紹庭　梅　靖　單　露　易純臣補
潘元奇　陳之越　繆爲楹　丁宏智　江　上
府學二名亦作灶籍四名　袁桂芳　金恒英　州首俞孫灼府莫世惠未進
竈籍二名　夏庶蕃　劉曰都

雍正四年丙午督學詹事府少詹鄧名鍾嶽字東長山東東昌人
辛丑狀元　補行科考五月十四日　自此分江安省各設一員
子貢問友 一節　好善優於天下
一等生員二十名
李　澄　沈　均　吳儒度　崔　巖　儲乃穀
王毓洙　朱　振　王大興　潘　秀　宮二酉

陳傳禮　繆梓中　宮焕光　陳虞再　唐　恕
張興宗　陳　績　陳傳綸　程雲衢　沈龍彝

二等生員七十二名

汪大吕　楊士標　童　銓　季擴鉅　黄先聲
高　詣　潘鳴鳳　謝嘉謨　黄　采　凌　雲
張秉程　唐元演　戴上德　陳虞際　丁書玉
王衣德　單　露　繆百朋　陳傳一　徐鳴暉
韓　捷　張大南　陳　達　劉夢元　儲　𣪘
周　楷　王秀洙　陳震復　李　閎　易　璽

丙午
繆梓 五十名官參
陳晉 灶籍興化人
北榜副
宮懋傳
丁未會
繆集

葛棟 孫健 張樸 徐鳴曦 施惠
童秉鐸 劉靖 柳兆龍 孫元琯 宋之維
徐山 儲潢璠 周蔚文 陳紘 宮享學
陳懷仁 陳之善 劉育棨 唐嘉珽 沈時發
陳鑌 易名臣 徐魁澤 劉承堯 戈澍
劉師寬 韓鶴 徐朝炳 康衢 王九鵬
米霞 仲彭年 徐樂 章士錦 徐宗仁
陳護 吳儒清 朱昂仕 滕湘 俞煜
王倬 徐子慕

三等生員前十名

洪綋　鮑淳　徐述夔　黃偉　陳厚仁

唐元凱　陳之琮　曹鉞　徐義　許率祖

科入二十五名（廿日考弟者所以至興讓　大夫一位　覆瑚璉也）

劉育杰（己酉、庚戌潞安府）　朱玉琮　萬鄭（州首補貢奐山教）　唐叔封　朱綬

程燿　卲震　王山斗　潘元麟　繆為鑾

張沅　繆繼祖　江淮　周高翔　沈中興

丁樂（補庚辰恩科）　戈奠淮　童焜　卯岡　錢志易

繆百揆　高鳳翥（福州府判）　羅周　仲世用　鄧人文（補）

從此上下江分為兩院廣額五名永為定例

府學三名　王而錦　徐本理學師子華亭人　任　治　府首仲位未入改躍進

竈籍三名　孫掄元　王可曜　錢青田補

此案新生俱送科舉

雍正六年戊申督學鄧　歲考六月十五日　陞侍講學士

一等生員三十名　凡為天下　二節　疆為善而已矣

王九鵬　張秉程　宮煥采　陳縝　繆　呂

王秀洙　徐鳴曦　張興宗　徐　義　李　郁

沈　均　陳　韄　陳玉藻　黄先聲　戈奠淮

黄　采　俞　燦　唐　恕　沈　暄　陳傳綸

章士錦　曺振彬　仲彭年　繆檑　韓鶴
張文成　繆世偉　陳興立　張銓　梅祖真

二等生員六十二名

徐之璜　王言　童鐸　吴儒度　黄偉
劉國棟　劉育杰、顔釬　宮焕綸　鮑淳
丁書玉　周高翔　儲乃穀　徐宗仁　成名
董振猷　嵇三鳳　卯巍　袁灝　萬郯
唐嘉珽　單露　劉靖　繆沂　陳書
田世沐　徐之鈺　朱玉琮　江光樸　沈之標

張　宣　陳厚積　俞元烺　陳　烺　陸　廉
繆繼祖　徐宗孺　張　方　陳書原　周郁文
陳傳一　童　銓　韓　典　田範疇　潘元麟
劉師寬　繆百揆　劉夢元　陳　楨　戴工德
孫　健　阮亮采　徐　琦　陳　寶　潘鳴鳳
張　翼　俞　煜　米　霞　張品邁　徐魁澤
謝嘉謨　孫元琯
三等生員前十名
梅　靖　陳伊旭　徐　樂　朱　振　唐麟書

解　錦　丁　勳　俞廷棟　金　璘　胡香齡

歲入二十五名五日考　質諸鬼神而無疑　許子必織至農夫哉

李士俊捐　徐申翰　戚念劬　徐　泌貢補　沈兆基

田　畯　趙麟詔　朱仲友　凌　越　陳大儒捐貢

俞　然　陸贊玉　陳　鑾戊午　袁企昂　張紹齡補

仲　躍府首　王守謨　田玉瓚　繆百昌　王　嶷

解元良　仇　芳州首　丁奎璧　宮煥中　儲懋勳

府學四名　陳　松　陳之華貢補　沈　增　徐邦翰

竈籍三名　練汝昌　崔　雯　童　樞一作董樞

雍正七年己酉督學鄧　科考五月二十日

自此科考次藝改經策

一等生員十九名　樂道人之善樂多賢友

宫焕采　徐鳴曦　唐嘉珽　繆沂　王秀洙

唐恕　陳玉藻　劉育槼　劉育杰中　萬郊

劉靖　徐魁澤　王九鵬拔中　顧京　沈均

陳懷仁　朱樹奇　戈澍　季擴鉅

二等生員七十五名

陳緽　丁書玉　吴儒度　儲乃穀　張秉程

陳傅綸　袁企昂　繆百揆　陳鑌　戴喬璉

拔貢
王九鵬歲首補科十三
府學拔貢
卞大鵬本姓宮泰州人
己酉
劉育杰附二十一名
王九鵬五十九名新拔
欽賜舉人
繆　橒

沈龍彝　張文成　陳載坦　袁廸堪　宮二酉
繆　橒欽賜舉人　湯紹敬　仲　躍　王毓洙　朱　霞
陳　書　陳大儒　嵇三鳳　丁元音　崔爾極
季紹庭　徐朝炳　趙麟詔　孫元琯　繆百朋
易純臣　黃先聲　徐　泌　田玉瓚　俞　塏
李士俊　單　露　張　銓　單　霨　沈之標
陳厚積　王宏祚　章士錦　徐　義　李　郁
楊士標　成　名　潘元麟　繆百昌　黃　采
張品邁　王　正　繆為鑾　繆　呂　仲彭年

劉夢元　丁奎璧　潘鳴鳳　吴亮士　朱振

陳傳禮　周之晃　童銓　王衣德　劉竹苞

沈暄　汪大吕　丁勷　張宣　黄道

徐述夔　陳傳一　陳鈺　徐之銓　徐宗孺

三等生員前十名

馬廷　王倬　孫健　施震鐸　徐子慕

戴上德　田畯　許可　朱順年　張大南

科入二十五名以合考　區以别矣　主司城貞子

沈成垣　宫煥業丁卯　陳瑄補庚寅恩科　樊壎　錢穀補貢

陳爲仁　易知　丁起仁　儲宮　張榮春

周朝煌　方策　高琳潯州知府　錢青蓮　韓銓

朱銳補貢旌德教　程雲慶補　朱冊鳳　許望倫　陳音捐貢

朱伯孝　葉承基　繆寬　黃先疇補　黃山補

府學四名　陳泰　沈光祖　蔡峻德　朱昊補貢

竈籍三名　金礪　盧在中　彭貫　入江都二名易沅易湘

此案新生俱送科舉　州首陳志樞未入

雍正八年庚戌督學詹事府正詹張名廷璐字葯齋安徽桐城人

戊戌榜眼　歲考十二月初旬

一等生員二十六名　子曰歲寒　二章

沈　均　張秉程　錢　穀　宫煥綸　李　澄

陳傅綸　朱顒年　譚廷泰　陳　縝　唐　恕

朱　霞　陳傅一　馬士驤　嵇三鳳　易純臣

陳玉藻　程雲慶　周朝煌　王秀洙　唐嘉珽

徐子慕　俞　塏　仲　躍　孫元琯　高鳳翥

黄　采

二等生員五十二名

王山斗　繆繼祖　張文成　黄先聲　易名臣

戈　澍　陸贊玉　梅　林　江　上　丁書玉

凌　越　張之璐　繆　沂　陳虞際　陳　鈺

吳亮士　宮煥采　陳　鑾　張　銓　唐元凱

洪　贊　劉之渤　陳　寶　戴喬璉　繆百揆

宮煥光　朱品奇　繆世偉　錢青蓮　劉　靖

陳　瑄　徐之璜　陳　音　吳儒清　高　詰

儲懋勳　陸介玉　葛　棟　陸　進　田玉瓚

徐　樂　儲乃穀　張元謙　丁夢桂　楊士標

金　璘　繆　楚　徐述夔　馬　留　萬　郕

張興宗　曺鉞

三等生員前十名

陳達　何冊驄　文藻　朱樹奇　季紹庭

丁起仁　鮑淳　謝嘉謨　張鵬　徐義

歲入二十五名（初四日考）　山梁雌雉　則可以祀上帝

朱景軾　葛紘　俞°壎（項補貢 未考）　翟錞　陳志樞

宮在暘　蕭上達　曺宣　王大組（府首）　黃萬祿

夏昺　張渤　韓肇全　陳士著　陳°珽（補貢）

單敏　陳道光　潘嵋　陸°漸（捐貢）　童振綱

庚戌會

程盛修

劉育杰

方作梅州首　王方嶶　張光成　袁嶷　陸龍

府學四名

楊彪二　田麟書三　馬驤　沈仔補

竈籍三名

周超補　姜樞　金恒傑

雍正九年辛亥督學張　科考十月廿四

一等生員三十二名　必得其壽　培之　策士習

李澄　萬邲　顔釬　徐泌　張秉程

張方　朱顒年　宮煥綸　黃先聲　張興宗

朱振　宮煥業　陳鑾　宮煥采　徐義

朱景軾　陳書　宮二酉　湯紹敬　丁樂

易純臣 王大組 唐嘉珽 韓肇全 陳 縝

俞 墺 陳 瑄 章士錦 陳廣際 錢 穀

米 霞 朱伯孝

二等生員七十七名

施 惠 陳志樞 嵇三鳳 張 銓 張文成

單 邁 孫元琯 王守謨 戴工德 胡香齡

卬 巍 陳玉藻 陳書原 韓 鶴 徐迷夔

儲懋勲 洪 贊 徐子慕 陳大儒 丁 勷

陳震復 卲 震 柳兆龍 江 上 王秀洙

張渤　繆繼祖　陳傳綸　張樸　徐山
王毓洙　程雲慶　宮煥光　黄先疇　陳鈺
繆沂　戈澍　田玉瓚　陳達　陳綋
繆呂　潘元奇　朱鋭　王山斗　吴亮士
單霨　陳士著　周朝煌　丁起仁　徐魁澤
繆暘　譚廷泰　唐恕中　陳珽　劉夢元
徐之銓　袁恒　康年　俞煒　錢為竹
程雲衢　馬留　周之冕　繆楚　張鵬
解元良　繆為鑾　劉承堯　張榮春　曺鉞

陳懷仁　儲宮　朱綬　宮在暘　季紹庭

黃道　葛棟

三等生員前十名

劉望陵　繆寬　戴裔璉　陳音　徐朝炳

樊壎　仲素　劉育桀中　王倬　徐宗孺

科入二十五名十一月初四日始可與言至殷禮吾能言之則取之左右逢其原

滕解頤　景讓州首補貢　汪嶠　黃毅　徐涵

柳念祖　張禹書補貢　錢志書　儲鵬九　劉今億

吴遵旦　高廩　孫元璣　易巖　潘光第

壬子

唐　恕廩五十一名

劉育桀附八十九名

夏遵達　丁詩　仲擢（府首）　丁禮　王璘

錢華　陳銑　王方康　呂同勗（學師子武進人）　陳睿

府學四名

金宏仁（五）　儲廷棟（補十）　陳於陛（補十七貢建平教）　劉宗厰（廿）

竈籍三名

盧正思　張盈　吳瑜

雍正十一年癸丑督學陞禮部右侍郎張　歲考（七月十七日）

一等生員三十名　天命之謂性　二節　孔子嘗為　一節

陳傳綸　唐嘉珽　陳傳禮　萬鄭　宋樹奇

沈均　沈時晟　錢毅　陳珽　柳念祖

徐述夔　張興宗　胡香齡　梅林　王山斗

癸丑會
王家相
宮煥文
劉育渠

朱　振　黃先聲　徐樞電　陳震復　萬　綋
徐子慕　沈兆基　徐魁澤　陳　鑾　徐　珻
黃先疇　王　正　陳廣際　易純臣　繆繼祖

二等生員六十名

朱景軾　徐鳴曦　徐　泌　徐大强　張　渤
俞　塽　李　郁　崔爾極　陳志樞　丁　樂
錢　華　張禹書　黃　山　張秉程　黃　毅
劉夢元　沈之標　宮煥彩　朱仲友　陳懷仁
鄧掌文　陳　寶　陳厚積　黃　祁　李　澄

田玉瓚　陳　瑄　劉國棟　曹　宣　章士錦
樊　壎　徐　涵　翟　錞　陳　達　陳傳一
馬士驤　高　廪　陳之越　王守謨　戈奠淮
汪大呂　陳　縝　謝嘉謨　文　藻　繆　沂
江　淮　金　璘　陳與立　張所藴　戈　澍
易　巖　滕解願　俞　煜　孫元瑜　解宗尹
汪　嶠　呂同昜　繆百昌　凌　鵬　陳厚德

三等生員前十名

梅　靖　唐元凱　陳之梅　徐　樂　童　銓

印　巍　王　倬　宮煥綸　單　露　夏　嵩

歲入二十五名普考　鬼神之為德至弗聞　晉人以垂三句

王　清　徐用亨　萬　永捐貢　朱強仕　朱　鎔府首捐貢

孫元理　韓文煥補　陳　芾　朱　藹　羅克承補貢

王方楷　劉　治　蔡景洛捐貢　陳景佺　朱鶴年捐貢

丁思誠　丁震呂州首　徐宏祖　夏之時　周高舉

朱　經補　陳舒甲　陳亦輔捐貢　吳　遷　崔爾震補貢旌德教

府學四名　張元鶴二　何　湘六　孫　愷十五　盧　捷十七

竈籍三名　何　琳　夏　銘　瞿肇潤

入甘泉學一名　汪應卜

入商籍學一名　李文斯

雍正十二年甲寅督學張　科考十一月十五日

一等生員十八名　抑末也本　倦馬　策水利

嵇三鳳　張興宗拔　宫焕釆　戴裔璉　唐叔封

米樹奇　馬士驤　繆百昌　黄先聲　王秀洙

丁書玉　李　澄　譚廷泰　陳傳綸　陳　縝

陳傳禮　徐　海　陳震復

二等生員六十三名

程　燿　宮煥業　徐大强　戴上德　沈　均

宮二酉　張文成　陳傳一　王　湞　劉承堯

田玉瓚　劉竹苞　周之冕　張品邁　朱景軾

徐魁澤　柳兆龍　黄　采　儲　敞　方作梅

宮煥綸　錢　殺　唐元凱　仲　素　吕同昜

沈時成　繆為楹　吳儒清　顔　釬　韓　鰲

陳　綋　陳　珽　張秉程　汪　嶠　潘光第

儲乃穀　朱　振　萬　郊　朱伯孝　俞　塽

吳儒度　徐宏祖　葛　棟　繆為鑾　周　彦

朱　綬　單　爵　朱頤年　劉　治　李　郁

丁　禮　陳　瑄　童　銓　陳大儒　丁奎璧

戈　澍　陳　鑾　米　霞　文　藻　鄧人文

陳志樞　夏　昺　宫在暘

三等生員前十名

金　渠　崔爾極　朱　鋭　樊　壎　沈兆基

沈　暄　宫焕光　季紹庭　張禹書　易　璽

科入二十五名　樂亦在其且貴是以長為悦者也

張起鳳　劉廷樹　宫璽扶　楊繩祖補貢溧陽教　孔傳沂

拔貢

張興宗歲十二科二

乙卯北榜

陳浮梅廪貢

戈　法　丁　禾　陸有懷　繆百衢　宮　埧捐貢

劉　潤　周　楠　單克峻　袁在朝捐貢　徐綸綅

莫　鰲　朱振翼　繆述祖　陳　鳴　袁耀祖

黄　安　江鳳詔　朱　禮　單秉忠州首　江　昭

府學四名　陳學洛首　朱景文十一　黄先程十六補貢　卯上智府首廿一

竈籍四名　周　琨　許德鄰　沈鳴鶴　許錫華

乾隆二年丁巳督學禮部右侍郎張　歲考四月

一等生員二十七名　詩云伐柯至為遠　魯之春秋至則史

錢　穀　宮煥綸　張文成　沈　均　何冊驄

朱　鋭　顔　釬　俞　塽　丁書玉　黃先聲

單　敏　韓　銓　戴上德　陳　縝　丁震呂

宮懋信　陳虞際　宮二酉　程雲衢　陳　鑌

曺　宣　冒光裕　王秀洙　楊尹生　鄧人文

儲潢璠　陳傳禮

二等生員七十名

丙辰恩科
副榜
繆百朋

金渠　劉令億　唐叔封　儲懋勲　莫鰲

沈兆基　徐鳴曦　陸大成　張品邁　袁在朝

宮煥業　沈中興　單霨　俞煜　朱鎔

儲乃穀　韓鶴　戈澍　景讓　宮煥中

江昭　劉夢元　唐嘉珽　徐珻　陳厚積

葛棟　萬永　馬士驤　江淮　徐大强

孫元琯　張光成　張秉程　戴喬璉　周朝煌

朱玉琮　方策　陳鈺　吳霈青　王家瑞

黃偉　陳傳一　徐泌　凌越　羅克承

馬留 俞然 張榮春 丁詩 劉師寬
王清 徐鳴暉 宮煥光 沈時成 張元謙
俞塏 嵇三鳳 曺部 袁嶷 張樸
朱燦 徐之銓 江光樸 戈法 沈之標
陳懷仁 繆百衢 劉潤 韓鰲 張起鳳

三等生員前十名

陳震復 陳達 周彥 樊壎 徐子慕
文藻 王正 陳鑾 周之冕 潘光第

歲入三十二名 以思無益 其地同樹至肥磽

今
上登極特
恩廣七名

王　郊　儲廷柱（補己卯）　翟繼璜　李宸瑜（府首捐貢）　陳景傳
陳虞庚（捐貢）　徐紹元　汪大中　田元辰　潘肇棟
周之德（捐貢）　季鼎泰　張　傑　陸　立　沈念祖
陳學琦（補阜甯教）　韓文焯　翟景璜　朱玉琨　沈開仕（補）
景　塏　方國寶　邱希聖　劉育李　林一經
宮福曾（補）　王　憲　徐　愷（補）　宮燿奎（補貢江甯府訓導）　陳友夏（補貢辛卯）
楊廷樞　張師載　州首張長科未入丁艱後改夢圖崔歲進

府學四名

吳爲勇（五 補拔乙酉）　沈志尹（十二）　繆　芝（廿）　陳學敬（廿五）

竈籍三名

杜明德（補己卯建平県）　朱德潤　崔修易

入儀徵二名　團　晉　吳德耀

乾隆二年丁巳督學張　科考十一月

一等生員十九名　五畝之宅　二段　策吏治

俞　塽　張文成中　崔爾震　宮燿奎　吳儒度

張秉程　馬士驤　陳　鑾中　沈　暄　宮煥綸

張禹書　儲廷柱　易純臣　何冊驄　唐嘉珽

黄先聲　陳　書　宮煥業　丁書玉

二等生員九十名

袁企昂　王　憲　崔爾極　韓肇全　吳儒清

陳學琦　張榮春　戴上德　汪嶠　陸進

孔傳沂　譚廷泰　黃穀　柳念祖　邱岡

米銳　萬郯　單秉忠　徐用享　易知

宮福會　季紹庭　丁勷　陳傳禮　周之冕

丁震呂　王家柱　張樸　王秀洙　唐元演

徐愷　劉育李　儲乃穀　黃安　湯紹敬

韓文煥　沈念祖　徐魁澤　徐泌　章士錦

陳傳一　陳達　梅林　王湑　陳景傳

曹鉞　王璘　朱玉琮　王正　周朝煌

繆　寬　黃　山　徐士龍　戈　法　易名臣
徐朝炳　徐之銓　劉　治　王方楷　宮煥中
馬　留　韓　銓　李宸瑜　單　敏　陳震復
張大南　錢　毅　朱　綬　徐綸綏　楊廷樞
陳厚德　劉　潤　沈兆基　顏　釪　王　郊
張　鵬　陳　縝　單　霨　柴肇基　莫　鰲
宮煥光　程雲衢　繆百揆　張　澍　潘　嵋
陳　鈺　戴喬璉　陳懷仁　黃　道　俞　然

三等生員前十名

上
皇太后徽號
恩廣七名

戊午
張文成十二名廪
陳　鑾十三名增
徐述夔十四名附

陳虞際　陳　鑌　陳虞庚　唐元凱　樊　壎
田元辰　錢志書　儲鵬九　蔡景洛　汪大中
女器也曰何器也　此天之所奪也
科入三十二名
宮燿晟入北籍改名柳成癸酉大挑県　徐綸綬　劉令畧　杜鳳翥　劉育棠
易　晉　儲廷楷　蔡景泗府首捐貢　陳學瑗　仲　潢
許　春　韓黌文　楊光祖　李元鏡　陳　塘
陳　名　李　雲　儲　衮　蔡田硯補貢　朱玉球
田軒翥　錢爲震　李　垣　宮瑞曾州首捐貢　黃景雲
葉　雯　黃河清　仲嘉猷　朱大儒　宋企周捐貢

王曰誥 貢補 陳道原

府學四名 劉善長 田琪 潘肇相 捐貢 徐位均

竈籍三名 杜鴻軒 陳兆虎 補 郭治

乾隆四年己未督學禮部左侍郎劉 名 吳龍 字 紹聞 江西南昌人癸卯進士 歲考 十月

稗諶草創之 二句 稼穡匪懈

一等生員二十名

李澄 陳縝 黃先聲 陳珽 丁樂

己未會 陳晉 晉子任大椿己丑傳臚

副 陳浮梅

楊繩祖 丁震呂 萬郊 丁書玉 張紹齡

曺宣 陳友夏 王秀洙 繆百昌 吳儒度

宫焕綸 吴儒清 唐嘉珽 顔 釪 徐大强

二等生員六十八名

繆百揆 唐元演 宫二酉 劉育李 羅克承

孔傳沂 米 鋭 黄先疇 單 敏 丁 詩

韓 銓 李 郁 錢志書 王 璘 劉夢元

袁企昂 江 昭 翟景璜 程 燿 宫焕業

王 嶷 張 渤 丁起仁 沈時成 俞 堧

陸介玉 劉育棠 陳傳綸 朱 振 何冊驄

汪大中 康 年 馬士驤 王方楷 嵇三鳳

陳　達　陳傳一　陸　康　朱景軾　鄧人文
沈中興　徐　瑚　黄　山　沈　暄　孫元琯
儲廷柱　杜鳳翥　張　翼　陳志樞　王　嶼
黄　偉　胡香齡　陳　名　譚廷泰　俞　然
戈　澍　朱鶴年　崔爾震　周朝煌　丁　禮
江　淮　陳震復　宫在暘　孫元理　程雲慶
儲乃穀　許　春　徐綸紱

三等生員前十名

劉令修　仲　躍　王　憲　方國寶　劉國棟

田元辰　韓文煒　莫　驁　王　倬　邱希聖

歲入二十五名（二十日考　而衆星共之　舜爲法於天下　二句）

俞　堪（府首補）　徐復隆　陸　鍾　田　端（補）　陳光耀（補）

王孫騤　俞　埧　方國定　黃玉瓚　張貽尊

馬　樟（補貢）　劉育果　許志炳　儲　元　仲　泉

王曰詔（州首）　徐　震　張　焯　鮑　桐　黃毓璣

朱　伸　宮增祜（補捐貢　癸酉副　東流教）　陳　桃　宮　城（捐貢）　韓文焯

府學四名

王運昌　錢宗尹　唐益善（一作蓋）　繆　紳

竈籍三名

何履吉　馮　鐸　王遐昌

乾隆五年庚申督學劉　科考八月

一等生員十八名　故好而知其惡　合下節　其比如櫛　盐政

張紹齡　陳傳綸　陳友夏　萬　郯　陳　珽

徐　珻　黃偉　俞　堪」　朱　鎔　李　澄拔

沈開仕　張　翼　宮燿奎　繆百揆　宮煥綸

陳　綋　唐叔封　嵇三鳳

二等生員六十八名

陸有懷　韓肇全　朱　經　吳遵旦　韓　銓

朱強仕　劉育果　劉育棠　宋　銳　羅克承

陳　達　陳　縝　易　晉　韓文焯　丁　樂

張　方　夏遵達　仲　躍　儲　衮　冒光裕

孔傳沂　楊光祖　仲嘉猷　程　燿　邱希聖

王方薇　朱　伸　章士錦　宮煥業　李元鏡

李　垣　錢志書　王曰誥　陳　名　吳儒清中

王　郊　劉廷樹　俞　塏　張起鳳　丁書玉

徐復隆　沈　暄　柳念祖　吳儒度　王　憲

王　璘　丁　詩　張　樸　徐　震　宮在暘

儲乃穀　程雲慶　張禹書　蔡景洛　楊緢祖

宫二酉 丁起仁 俞 墺 劉育李 景 讓
宫增祜 陳震復 張師載 顔 釪副 周朝煌
崔爾震 唐嘉斑 戈 澍

三等生員前十名

黄玉瓚 袁 嶷 俞 塤 葉 雯 翟景璜
袁企昂 丁震吕 黄 道 仲 擢 鮑 桐

科入二十五名 辛酉考 蓋曰文王之所以爲文也 斯須之敬在鄉人

紀善申 黄曾禧 俞 埥 己卯副 乙酉正 舒城教 陳元勲 吴 州
曹 舉 蔣如岡 黄毓琪 補貢 童志元 府首 李登泰

拔貢
李 澄 歲首科十 廪
府拔
吴爲專 歲首科二 等廪
辛酉
吴儒清 三十七名
副
顔 釪 二名 廪

壬戌會副 吳儒清

施雲標州首 萬 獻 宮國華貢補 李友楠 邱居仁貢補

袁 益 陳 銳 袁 眉 何 崧補 韓允文

蔣 凝 陸友信補分東台 劉育臯恩補 孫漪漣 宮 申

府學四名

陳世滋四 謝 鎮十 史夢魚十四 童懋芳廿五

竈籍四名

崔祖德 周 述 周 瑋 李桂芳

乾隆八年癸亥督學內閣學士兼禮部侍郎開名泰字敬菴滿洲

正白旗人甲辰進士 歲考六月

一等生員二十名 子曰南人一節 則有慶慶以地 千耦其耘 二句

徐 泌 沈 均 陳學琦 儲乃穀 丁書玉

前任侍郎張名廷璐桐城人未終選閣學劉名藻山東荷澤人鴻博又未終復選開接任

丁震呂　陳傳綸　楊光祖　葛　棟　儲廷柱
楊繩祖　單　敏　譚廷泰　俞　然　張　方
宮增祜　宮煥綸　丁起仁　潘肇棟　易　晉

二等生員六十六名

孫元瑜　張師載　朱　鋭　陳　珽　周朝煌
陳　名　萬　鄭　錢志書　朱　鎔　沈兆基
徐　塏　陳元勳　韓　銓　馬　留　張光成
曹　舉　仲　素　蔡田硯　方國寶　景　讓
唐嘉珽　許　春　方國定　徐之銓　周　楠

仲嘉猷　劉師寬　王曰詔　徐　珻　汪　嶠

李　郁　陳之善　田　端　沈　暄　凌　越

沈時成　吳儒度　周　彥　江　淮　瞿　錞

陳學瑗　何　崧　儲懋勳　黃先疇　黃先聲

黃毓琪　曹　宣　易名臣　袁在朝　嵇三鳳

丁　勸　丁　禾　丁　樂　劉　治　田元辰

袁　眉　王秀洙　陳虞際　韓肇全　陳傳禮

羅克承　王曰誥　朱强仕　陳　達　宮燿奎

宮煥業

三等生員前十名

孫漪漣　陳之越　潘光第　儲廷楷　俞堧

程　燿　朱　綬　儲　元　韓　鰲　陳友夏

歲入二十五名 初十日　何爲其然也　五句　我善養吾　合下一節

李觀光 補　孫在渭　宮煥融　唐　濯 補　易相臣

繆熾昌 捐貢　孫　泗　蔡田禮　朱孔碩　徐　方

姜師望　許名顯　儲　集　繆之洛　宮震基 補癸酉銅陵教開平縣

沈　堅　張武甯　張　灌　潘　耘　黎開曙

陳　景 府首　吳爲王　紀喬華　宮乘軺 改名王超 丁卯靖江教泰州州　李　果

府學四名　王大義　宫詹（補加貢鳳陽教）姚夢麟　陳霖

竈籍三名　崔嵩　開彬　姜倬

州首譚宗游未入後尹科進

乾隆八年癸亥督學開　接行科考六月

一等生員十八名　多聞擇其　二句　永錫爾極　水利

俞堧　景讓　蔡田硯　邱居仁　曹宣

王曰誥　徐珻　羅克承　丁樂　陳學琦

徐泌　吳儒度　易純臣　宮震基　陳斑

李郁　朱振　李垣

二等生員六十二名

唐嘉珽　宮煥綸　劉竹苞　宮煥融　楊尹生
田　端　陳　瑄　翟　錞　陳傳綸　宮福曾
俞　然　周　楷　譚廷泰　張紹齡　朱　靄
楊光祖　俞　堪　徐　愷　王曰詔　韓　鰲
韓　銓　嵇三鳳　錢爲震　汪大中　王　清
沈　均　紀喬華　柳念祖　馬　樟　王衣德
宮　申　徐之銓　黄曾禧　繆　沂　錢　穀
徐　涵　許名顯　陸　進　儲乃穀　丁　禾

韓肇全　萬　獻　潘光第　孫元瑄　仲嘉猷
唐　濯　吴　州　丁震吕　韓允文　俞　埥
徐　方　王秀洙　黄　鰲　邱希聖　陳志樞
徐復隆　黄景雲　朱　鎔　周之德　鄧人文
王　正　儲廷柱
三等生員前十名
宫增祜　程雲慶　陳學瑗　戴裔璉　李元鏡
沈　暄　宫焕光　施　惠　黄毓琪　宫焕業
科入二十五名先日考　無爲而成　盡也　操則存

甲子
宮煥采七十一名官太康貢
乙丑會副
宮煥采
張文成

陳學海　朱謙服　陳鴻禧　俞　垂運同德清縣　邵志相
張　帆　陳曰璉　儲原慶　陳虞典　張雲漢
錢志堯　楊　鑅補分東台　陳　豊　繆之濂捐貢　葛如棠
徐　璠　阮　浩　潘必達　張　著　徐元樾
王　前　張蔚文捐貢　繆　楷　陸葆元　姜自新
府學四名　王　鍌　繆蓮舟補分東台　童　烇補　紀慶甲
竃籍三名　朱德懋　周　禮　練鳳昌
入泰興縣一名　陸　浣

乾隆十一年丙寅督學國子監祭酒崔名紀字南有號君玉山西

蒲州人戊戌進士　歲考

一等生員二十一名　故栽者培之　二句　爲政不難　四句　以御賓客　二句

徐　泌　戴裔璉　陳　珽　陳學琦　宫震基

唐嘉珽　丁震吕　嵇三鳳　陳　瑄　易純臣

俞　堧　孫在湄　丁書玉　孫元琯　黄曾禧

羅克承　陸友信　儲廷楷　陳傳綸　陳友夏

宫增祜

二等生員四十名

儲廷柱　景　讓　俞　堪　吴儒度　韓肇全

唐　濯　楊繩祖　葛　棟　王曰誥　俞　堉
宮燿奎　譚廷泰　宮煥綸　何　崧　俞　垂
施雲標　張光成　宮璽扶　季登泰　沈時成
宮國華　米　銳　繆百昌　紀善申　宮乘輅
韓文煥　徐子慕　徐　琋　王　正　錢　穀
萬　鄴　單　敏　陳鴻禧　宮二酉　朱　振
韓允文　康　年　繆　沂　陳學瑗　戴上德

三等生員前十名

宮煥光　張　方　朱　伸　宮在暘　蔡田硯

翟景璜　楊光祖　唐叔封　黃景雲　易晉

歲入二十五名　公西華曰由也　二段　海内之地　三句

徐爰立州首　劉灼　仲鶴慶補 壬申解元 甲戌 卯州州　張元韞貢補　俞增

陳方珣　侍朝庚午 庚辰 翰庶吉　葛維煦補拔 蒙城教　仲浦　唐翼龍

吳爲健　何駿　李濚　周士濟分東台 補貢　王謨府首

高瞻　張夢圖　繆永垣桂林府 同知　陳紹　潘素

劉元禮　黃寶綸　施純　黃曾祚　陳押桂

府學四名　王春　陳煥　李夢庚補　徐廣

竈籍三名　季鐸補　馮映奎　杜曲入儀 徵　團智

乾隆十二年丁卯督學工部右侍郎尹名會一字元符直隸博雅人甲辰進士　補行科考三月

一等生員十六名　强恕而行　二句　誕先登于岸

張元韞　李宸瑜　黄山　嵇三鳳　唐濯

陳瑄　唐叔封　田端　王衣德　繆沂

許炳志　徐泌　韓文焕　黄毓璣　黄寶綸

儲廷楷

二等生員三十名

宫焕融　黄玉瓚　張帆　王曰誥　黄曾禧

丁震呂　俞　塽　陳傳禮　蔡田硯　徐　愷
楊光祖　施雲標　周士濟　鄧人文　方國定
宮煥綸　黄毓琪　仲　擢　李元鏡　黄　瑴
景　讓　仲　浦　徐爰立　丁　樂　羅克承
楊繩祖　陳　珽　宮二酉　程雲慶　徐　珻
宮增祜　唐嘉珽　劉育泉　以上三名月課取附二等末送科舉

三等生員前十名

黄　偉　孫元琯　何冊驄　朱景軾　孫　泗
姜自新　儲廷柱　蔣　凝　李觀光　宮國華

丁卯 宮煥業五十一名官參
北榜 宮王超即乘軺百六十二名
科入二十五名昔考 子罕言利 無思不服此之謂也
周 詩州首府補 王 裴 張宗孔 仲士解 劉 樞
孫喬年補戊子辛丑蘇州教 紀鳴琮 繆 綸 王夢紀 徐本中
蔣 楨 吴元善 鄒廷松補捐貢 張興緒 呂起仁
張亢中 陳傳誾 宮重禧 沈遇霖 姜含光
譚宗游 張德揚捐貢 葛宗窗捐貢 沈 壬 陳士模
府學四名 吴紹祖 華 國 蔡 山 易 祺
竈籍三名 練羅理 楊 棟 宗 煥
乾隆十四年己巳督學兵部右侍郎莊名有恭字滋圃廣東番禺

人己未狀元　歲考五月

一等生員二十五名　君子之道焉可誣也　有楚大夫於此

俞　塽　邱居仁　周　詩　羅克承　宮增祜

宮國華　陳　瑄　儲廷柱　孫喬年　葛維煦

景　讓　楊　鑠　姜師望　韓肇全　徐元檝

陳友夏　易相臣　唐叔封　施雲標　俞　堉

王　郊　黄毓琪　宮煥融　嵇三鳳　黄景雲

二等生員四十六名

儲懋勲　陳學瑗　陳　珽　沈遇霖　何　駿

萬　郊　丁思誠　譚宗游　丁震呂　黃曾禧
徐　泌　王守謨　宮璽扶　李觀光　張紹齡
林一經　萬　獻　繆　楷　朱　鎔　潘　素
許名顯　陳道光　許志炳　戴工德　張光成
王　謨　劉　治　宮在暘　何冊驄　唐　濯
馬　樟　黃先疇　俞　堪　黃　山　易純臣
吳爲健　楊光祖　王孫騤　沈念祖　周　楷
唐嘉珽　何　崧　徐　涵　宮震基　丁　禮
鄒廷松

三等生員前十名

施　純　柳念祖　戴喬璉　高　瞻　沈　壬

韓文焯　儲原慶　王　璘　陳傳禮　王衣德

歲入二十五名初三日考　過也人皆　仰之　則有慶

邵世鏞　王棟才　丁裳雲　董榮遐　潘麟角

陳昌言　朱　鴈　顔德馨　陸　鯤補　張　浦

陸　珣補　劉元剛　沈　佑　錢之煥　潘　果府首

宫晉颺州首庚信恩長治縣　李　寅　杜林孫理問　儲　才　葉振飛

陳學璟　劉得仁　夏　穎　俞元燮　韓文煌

府學四名　周　鎬四　陳　濬乂補上元教　易兆葵十一　陸岐陽十四

竈籍三名　張兆蘭首　馮兆蔚五　馮黄左九

乾隆十四年己巳督學莊　科考十月　日考

一等生員二十名　茍爲無本一節　錢法

景　讓　宫增祜　丁　樂　周　詩　仲鶴慶中

黄先疇　宫國華　丁書玉　邱居仁　汪大中

宫晉颾　吴儒度　楊光祖　嵇三鳳　丁震吕

陳　琎　繆之洛　陳光耀　萬　郯　儲廷柱

二等生員三十名

羅克承　施　純　王衣德　徐子慕　錢　毅
田　端　陳　縝　蔡田硯　張光成　潘　果
宮重禧　沈　暄　陳　瑄　儲　宮　徐　泌
俞　堪　戴上德　唐　濯　王　清　黃　偉
黃景雲　儲　才　陳友夏　張紹齡　程雲慶
宮震基　沈開仕　顏德馨　孫喬年　易純臣

三等生員前十名

邰世鏞　侍　朝中　楊　鑠　戈　澍　許志炳
仲　浦　鄧人文　周高舉　王　裴　陳學瑗

庚午
侍 朝附五十一名
宮煥綸九十八名 官奏 廩
辛未會
吳儒清百七名

科入二十五名初九日考 陳司敗問一節 子之君將 勉之

單曾祺 王 熒府首 郁咸甯 王廷選 戴 佪

仲 式 孫佩蘭 孫 登 陳家齊 朱玉璣

陳傳璘 宮履基州首 庚信恩常山縣 陳 驄 陳十思 朱玉立捐貢

冒穎達 陳作賓 韓文燿 陳安策捐貢 程紹啓

謝 楠 朱衣點 仲 煒 季時泰 楊蕃錫

府學四名

吳黃理 周 京 劉 憲 宮兌基

竈籍三名

陳映學二 王家仁三 房鴻業十

乾隆十七年壬申督學通政使司通政使雷名鋐字一貫號翠庭

壬申
皇太后萬壽
恩科二月鄉試
仲鶴慶 解元 新補

福建寧化人癸丑進士　歲考五月

一等生員二十六名　臨大節而不可奪也　充實而有光輝之謂大

景　讓　宮增祜　羅克承　葛維煦　儲廷柱
陳　瑄　繆　沂　杜鳳翥　仲嘉猷　丁　樂
宮震基　宮二酉　錢　穀　宮國華　陳　景
戴　侗　韓　銓　陳志樞　陳友夏　黃曾禧
黃毓琪　嵇三鳳　丁震呂　張光成　陳昌言
陳　綋

二等生員五十名

曹宣
俞堪
葉雯
宮晋颺
陳光耀
繆百昌
李寅
王曰誥
王湇

王郊
戴上德
韓文焯
陳鴻禧
黃先疇
楊鑠
王方薇
陸友信
戴喬璉

蔡田硯
邱居仁
周士濟
單曾祺
宮燿奎
黃玉瓚
潘肇棟
儲宮
黃毓璣

丁書玉
陳作賓
顏德馨
楊繩祖
朱銳
陳學瑗
沈開仕
繆永垣
張无韞

俞墺
陳珽
張紹齡
劉育臬
孫喬年
黃景雲
紀善申
繆百揆
崔爾震

徐復隆　鄧人文　李元鏡　江　淮　沈時成

三等生員前十名

錢志書　陳傅禮　周　詩　孫在湄　徐本中

蔡田禮　韓肇全　潘必達　施　純　儲廷楷

歲入三十名　不使大臣怨乎不以　且子過矣

周必魁　梅觀成（補貲）　周鎬京　宮爲坊（補拔甲午）　劉文俊

沈成沅　朱　樹（補貢）　劉　芳（補恩貢）　潘兆奎　王際昌

繆永煦（捐貢）　陸　繡　孫　露（補丹徒教）　朱廷錫　韓文藻

張應詔（補己卯）　韓文杰　葉厚福（捐貢）　徐學夔　陳　閎

皇太后萬壽

恩廣五名

徐文毅　王鳴清　朱　岱　孫　磐　陸　鎮

王　懿　宮培元　宮　炯　王夢登　季京泰州首

府學四名

宣　悅二　李壯猷四武生復入文生補貢　陳錫爵　朱玉麟廿四府首

竈籍三名

唐光陞五　華　袞七　申蘭馨十

入商籍一名

李玉芊

乾隆十七年壬申督學雷　科考十月

一等生員二十名　君賜食二節　積貯

張紹齡　陳友夏　葛維煦拔　鄧人文　宮燿奎

景　讓　陳　瑄　程雲慶　宮增祜副　劉育臯

丁　樂　楊繩祖　孫　露　鄒廷松　儲廷柱

易純臣　仲　擢　陳光耀　邵志相　黄　山

二等生員三十名

梅觀成　陸　珣　陳　珽　陳傳閬　仲　式

儲　才　陳　紘　徐元檝　周　詩　孫　泗

繆永垣　丁書玉　邱居仁　孫喬年　俞　堜

宫震基中　朱　鋭　王　湇　黄毓琪　韓文焯

李　瀠　李　郁　易　晉　施　純　黄景雲

朱廷錫　王　炎　周鎬京　郜　震　宫晉颾

三等生員前十名

蔡田硯　黄先疇　錢　穀　周必魁　沈　暄

徐學夔　紀善申　沈成沅　陳志樞　崔爾震

科入二十五名　關雎之亂　夫世祿滕固行之矣

吴學政　許汝炎　丁肇俊　韓　煦　沈成渭府首補 癸卯乙卯 嚴州教授

高獻可柳州府判　繆啟仁　李　瀅　徐　焜　繆在極

花　圻　周壽朋　袁　杍　李元登　盧開綬

黄河源　繆代琦欽賜丁卯副 癸酉正　楊廷謨州首　桂天根丁酉 如皋教　繆永圖

王　恕　韓賡揚補　陳　裕　陳作羹　沈　梓補

癸酉

唐嘉璉三名 歲貢

宮震基三十三名 官泰康

北榜

程嗣裘六十七名 官鄖縣 南皿

宮柳成百四十五名 北貝

副

宮增祜廩貢

甲戌會
仲鶴慶 百六名

拔貢
葛維煦 歲四科 三廩

府學四名 朱彭對 首 宮燿儀 九 何廷對 十一 管覲光 十六

竈籍三名 王廷墉 又壬午副 劉夢龍 三 吴 昭 八

考貢第一場 顔淵曰願 二節 取諸人以 一節 經解問木瓜 一章

第二場 策五經源流 論無欲則靜虛動直 判事應奏不奏

乾隆二十年乙亥督學內閣學士兼禮部侍郎夢名麟字瑞占

滿洲正藍旗人乙丑進士 歲考三月

一等生員十四名 或乞醯焉 西子蒙不潔 惡人

何 崧 儲廷柱 宮國華 黃毓琪 徐爰立

陳 瑄 徐 泌 羅克承 繆永垣 楊繩祖

夏遵達　周士濟　楊廷謨　朱　澍

二等生員十八名

景　讓　李元鏡　張紹齡　李　寅　朱　經

宮爲坊　王衣德　桂天根　唐　濯　王際昌

嵇三鳳　朱衣點　周　詩　陳作賓　張　傑

宮晉颺　鄧人文　宮履基

三等生員前十名

黄曾禧　柳念祖　徐元樾　劉　芳　陸友信

孫在湄　王　裴　黄景雲　俞　塤　張　著

歲入二十五名三月十六日考　山梁雌雉　獸之走壙　鷗也

袁　鑰　袁來章補貢　黄　楷　陳虞岳　王近思

錢家康　吴爲寅　鄧士元　田　耘　蔣　斌補

宫正域　凌懋勲　袁　擢　田又樽　夏　溶分東台補貢當塗教

朱　繡　許朱鎔　于　沼　俞詠圯　陳行仁

葉厚廩府首撥貢　朱　郊　陸錫蕃　金　嶼　丁玉璋

府學四名

王科名三　邱　巖十　梅興芳十五　周應熊十六

竈籍三名

丁萬宏　盧　華　金一德補分東台　州首章成三未入

乾隆二十年乙亥督學夢　科考五月十六日

一等生員二十名　夫子莞爾而笑　來游來歌　二句

張紹齡　韓文焕　俞　塽　朱衣點丁　何　崧

陳光耀　鄒廷松　俞　塤丁　陳　瑄　張元韞

朱　經　黄　山　沈開仕　韓賡颺　宫爲坊

朱　澍　宫國華　唐　濯　沈成渭丁　張應詔

二等生員三十三名

梅觀成　陳友夏　周　詩　繆永煦　徐　泌

韓允文　孫佩蘭　王　清　丁　樂　朱　鋭

繆永圖　儲廷柱　沈　梓　鄧人文　仲嘉猷

錢志書　宮培元　韓肇全　孫在湄　黃景雲
羅克承　孫　泗　桂天根　劉　芳　王曰詰
袁來章　楊　鑠　王　懿　王衣德　陸　珣
陳　裕　陸友信　葉　雯

三等生員前十名

葉厚福　宮晉颺　徐　愷　陳　斑　杜鳳翥
曹　舉　崔爾震　李元鏡　單　敏　唐叔封

科入二十五名九日考　譬諸草木　若崩厥角稽首

劉勃興　房繼齡　黃名逢　陳育姜　朱茂實

許鳴鳳　范　素（分東台補貢）　仲　祉　黃建章　金　科

程敬修　阮　彤　錢波亭　陳孚夏　田　耔

徐宗演　沈　鎔　凌泰巖（補）　繆國泰　繆　晉

李　瑋　陸逢原　俞國泰　繆叢琮（分東台補貢）　繆夔龍

府學四名　仲鴻猷　李獻猷（補貢）　錢光業　劉司爕（庚寅恩薦縣教）

竈籍三名　徐　舫　練　玿　陳蕃初

（州首宮國番、府首宮廷詔俱未入，後改協華進）

乾隆二十三年戊寅督學大理寺正卿李（名）因培（字）鶴峯雲南晉寧州人乙丑進士　歲考（四月初九日考）

一等生員二十名　道盛德至善　其利　孟子之平陸　之士

陳　瑄　宮國華　陸　鯤　宮福曾　黃先疇

孫喬年　劉　芳　王曰詰　朱廷錫　朱　澍

汪大中　王　淯　蔣　斌　繆代琦　潘兆奎

黃　山　江鳳詔　楊繩祖古　范　素　儲廷柱

二等生員四十五名

陳　珽古　徐　愷古　朱　經　陸　鎮　劉育棠

宮爲坊　單　敏　王　謨　陳作賓　袁　眉

孫在渭　李元鏡　朱　鎔　韓文耀　阮　浩

李京泰　朱　鴈　唐翼龍　沈　鎔　張紹齡
葉厚廩　李覲光　楊　鏻　陸　繡　劉育臬
張无韞　高　瞻　徐宗演　儲懋勲　易名臣
陸　珣　王　棐　錢志書　周鎬京　沈成渭
馬　樟　俞　堉　沈　佑　田軒翥　丁　樂
黄　穀　李　寅　錢波亭　丁玉璋　繆之洛

三等生員前十名

邵志相　韓賡颺　儲廷楷　何　崧　鄧人文
繆叢琮　翟　錞　宫在晹　蔡田禮　紀善申

皇上南巡 恩廣
五名

歲入三十名 十五日考 吾弗能已 不悔 冉牛閔子 德行 陰：夏木囀黃鸝 限依字七律

譚　綑　紀桂芳　張　任　黄名達　李　祺

鄭廷勳　張覲揚　高　明　許景琦　陳偉績

陳嘉猷府首　費鶴鳴　譚　綽　陳利姜　俞詠壇

徐基田　張一甯　張廷桂　焦　郁　沈成濯

繆　潛州首　徐　綸　任志尹補貢 欽賜丁卯 江寧府教　陸　壎　章　洪

朱玉如　徐　稷　李又機捐貢　陳克周　易萬選

府學二名　仲王猷芸 捐貢　陸　煌苗　北直移學一名　宮鼎基柳戌子

竈籍三名　錢乘龍　周　榑　崔起煥入儀徵名　團維墉辛卯副

乾隆二十三年戊寅督學李　接行科考五月初二日考

一等生員十七名　子曰君子泰　士矣　所謂伊人二句　策心性經濟之學

丁樂中　馬樟　劉芳古　沈梓　陸珣

劉育泉經解　劉元剛　儲廷柱中　黃景雲　譚綱

俞墺　張无韞　宮培元　楊繩祖古　宮烱

韓文煥　朱鎔

二等生員四十名

陳作羹　宮國華　孫喬年古　羅克承　李祺

繆綸　黃河源　王曰詔　王裘　仲浦

李乂機　黃名達　沈開仕　王　懿　韓允文

張一甯　繆叢琮　宋　澍　朱謙服　張應詔中

鄧士元　俞　埼中　朱大儒　唐翼龍　張紹齡

田軒翥　陳育姜　陳　紹　韓肇全　房繼齡

杜鳳翥　朱　繡　丁　禮　王　淯　陳光耀

宮爲坊　沈成渭　許景琦　沈　佑　周壽朋

三等生員前十名

景　讓　儲　才　朱　伸　朱　鳫　陳克周

孫　露　劉文俊　陳　珽　陳學瑗　陳利姜

己卯
儲廷柱（廩 六十七名）
杜明德（壯廩 六十九名）
張應詔（廩 七十一名）
副俞 埼（附貢 十四名）
庚辰會
侍 朝（五十二名）
鄉恩科
丁 樂（廩 七名）
宮履基（官卷 四十五名）
宮晉颺（官卷 六十六名）

科入二十五名（初八日考） 勇者不懼至未可與立 反其旄倪
幼童題 小人閒居 二句 商籍 未可與權 樹杪百重泉
韓一鵬 張 瑞 陳茂華 陳 雲 季 爕（分東台補）
沈世繩 繆承鈞（幼童補增貢） 陳師理 譚 穀 宮協華（錄遺府首庚子）
周建學（補貢） 徐毓麟 李 祜 陳學山 劉 軾
俞 至（欽賜甲子副） 徐 瀛 王 章 蔡體仁 繆代璟
徐照奎 繆 法 米 學（府七作州首補項貢未考） 羅永春 劉 縉（古）
府學二名 朱守正（古） 向 榮
竈籍三名 金 紹 馮垂緯 崔兆雷

入商籍學一名 李玉瓚捐貢

乾隆二十六年辛巳督學翰林院編修劉名墉字石菴山東諸城縣人辛未進士 歲考三月初六日考

一等生員十二名 然則吾子至於管仲 爲公子裳 流觴曲水限求字

黄玉瓚　高　瞻　韓肇全　黄名達　邵志相

宫爲坊　韓文煥　田　端　劉育臬　宫福曾

易　晉　鄧人文

自此文生歲試改一書一經一詩科試改一書一策一詩例

二等生員三十名

劉文俊取覆　楊繩祖　張廷桂　陳鴻禧　陳克周

張紹齡　金　科　許朱鎔　黃曾禧　李元鏡
沈　梓　郁咸甯　宮國華　韓　煦　徐　瀛
陸　珣　桂天根　朱廷錫　易相臣　凌懋勳
徐宗演　李　寅　袁　錀　王　懿　沈開仕
朱　經　陳　珽　錢志書　崔爾震　韓文燿

三等生員前十名

俞詠壇　何　崧　繆叢琮　朱　澍　宮　炯
朱茂實　潘必達　范　素　蔡體仁　儲廷楷

歲入二十五名　吉考　好剛不好　夫詩　他山之石　二句　雲從石上起　限雲字

自此文童改一書一經一詩例

沈夢麟　朱　晉（府首補貢）　胡　輿　許金聲　俞　坳

葉厚高　繆　紹　王柱元　俞玉堂　陳　文（佾生）

郁咸熙　錢　芳　陳象燿　唐　浤（改溶）　張　位

沈自超　陳振英　葉厚奎　儲　書　陳文藻

陳師弼　陳炳蔚（工林典史結都吏目）　王　聯（補項貢未考）　陳謙光　鄭俠琦（欽賜甲子副）

府學二名

吳伊訓（六補貢）　朱表正（九）

竈籍三名

姜本德（分東台壬子）　陸友德　陳在方

州首王以鉦未入次兩案進

乾隆二十六年辛巳督學劉　科考（六月廿日考）

一等生員十名　管氏亦樹之好　詩學源流　穆如清風限卿字

李觀光　任志尹　王　聯　陳鴻禧　宮協華

孫喬年　繆永煦　沈成渭　鄭倓琦　王　淯

二等生員四十六名

朱　澍　陳　雲　房繼齡　葉　雯　王　炎

朱謙服　朱廷錫　何　崧　陳家齊　俞玉堂

王方嶶　楊　鑠　仲　擢　黄景雲　沈自超

俞　墳　宮爲坊　陸友信　宮福曾　郁咸甯

繆永圖　儲廷楷　袁來章　儲懋勲　朱　晋

王鳴清　朱玉如　沈　梓　楊繩祖　繆叢琮

宮國華　陳振英　徐爰立　譚　穀　朱衣黙

金　科　謝　楠　王曰誥　繆之洛　黄名逢

俞詠壇　紀桂芳　韓一鵬　許朱鎔　黄玉瓚

陳孚夏

三等生員前十名

陳虞典　黄河源　李　寅　胡　輿　宮正域

張武甯　阮　浩　俞　坳　楊廷謨　徐　方

科入二十五名　子之君將　勉之　君子宜之　摩宵鶴數羣 限遥字

壬午副

王廷埔杜府

仲澍　陳詞丁酉　戈賓　陳鍵　周德英分東台補貢

宮謙基　申志書　王翎修　錢夢鑾　俞坊

朱興　紀熊飛　潘煦　朱玉玗　錢登瀛

王犖　張御書改連茹　崔芹　夏大鶴　常士元

朱練白　徐述　曹震國　孫兆蘭　葉厚積府首捐塲大使

府學三名　施伯　陳龍　江彩筆

竈籍三名　郭欽　唐錫輅　錢光德

州首李掄未入次案進

乾隆二十八年癸未督學禮部右侍郎李名因培　復任歲考九月二十日

一等生員二十二名 胃中正 合下節 取彼狐貍 二句 瓦溝初試一痕霜 限輕字

宫鳥坊 陳友夏 孫喬年 王曰詰 朱 晋

陸友信 黄曾禧 紀善申 陳 珽 王翊修

張 瑞 陳 雲 潘兆奎 陳 裕 仲士解

錢 芳 張武甯 羅克承 袁 杼 周士濟

陸 鎮 徐 瀛

二等生員五十名

朱 學古 劉育棠 王 淯 沈自超 李觀光

袁來章古 何 崧 劉 芳 李 祺 宫協華

施純　阮浩　陳押桂　黃毓琪古　陳行仁
田耘　宫二酉　韓文焯　譚綽　唐巽龍
金科　程紹啓　沈成渭　繆叢琮　范素
吳學政　陳鴻禧　宫炯　繆永圖　施雲標
房繼齡　梅觀成　繆永煦　王章　徐本中
徐復隆　繆述祖　周必魁　楊繩祖　朱伸
李元鏡　黃山　葛宗容　陳光耀　馬樟
陳學瑗　王曰詔　杜鳳翥　鄭俠琦　黃玉瓚

三等生員前十名

潘必達　張元韞　宮培元　李　寅　黃　穀

黃名達　袁　櫂　易　晉　張　著　繆之洛

歲入三十名 若考食餼而歸至食氣　麟之子振振公子　冊霞夾明月 限輝字

皇太后萬壽
恩廣五名

王　璋　王以鉦 恩補　李　禴　汪源達　杜明秋 府首分東台

黃佐九 甲午　韓夢李 貢補　宮景鐸 州首補甲寅　陳邦憲 貢補　于　潤 分東台補

繆一峯　吳騰蛟 分東台　韓敬之 補己酉上元教　姜師肱　繆見龍

李嘉猷　趙昇東 分東台補　汪兆敏　馬騰鳳　鄒　煥

陳維馨　周佩蓮 分東台　王　臣　曹　杰　沈汝爲

俞　鍳　顧我鈞 貢補　俞厚城　陸　淦　圍載道 補

府學三名　朱　法　周永煦　陳光夏入儀徵　團　昊

竈籍三名　姜廷佐分東台補貢　曹　明　曹有聲

乾隆二十九年甲申督學李　科考六月廿三日考

一等生員二十名　夫仁政必　不平　兵制　翠屏宜晚對限繼字

王以鉦　孫喬年　黄毓琪　沈成渭　梅觀成

黄佐九　徐宗演　陳鴻禧　蔣　斌　陳友夏

陳　詞　施雲標　陳　瑄　紀桂芳　繆叢琮

楊廷模　王曰語　仲　澍　譚　綱　沈開仕

二等生員四十名

宫福曾　任志尹　凌泰巖　劉文俊　徐復隆
何　崧　王　炎　袁來章　羅克承　俞詠壇
高　瞻　張　瑞　王棟才　紀熊飛　陳學瑗
陸友信　王柱元　陳家齊　紀善申　李又機
張興緒　陳　裕　韓文煥　高　明　王方巖
張　傑　葉厚高　黄景雲　王際昌　朱玉玕
宫嶌坊拔　繆永圖　陳　珽　阮　浩　劉育臬
王近思　宫二酉　施　純　繆　紹　李　掄

三等生員前十名

陳邦憲　陸　珣　陳光耀　徐　愷　王　章

鄒廷松　章　洪　繆代琦　宮景鐸　楊　鑠

科入二十五名 昔考女以子爲 非也 六月莎雞振羽 飛泉漱鳴玉限調字

張　琦　吴爲律　徐長瑱　易維棟　李　禧

朱尚廉　陳　琳改名學甯　徐鳴岡　周泰來分東台　鄧懷恕

周　爍　孫大年分東台　陳紹盛　鄧士甯　桂天培

周　爔補貢江浦教　繆　彩　吴達然　楊履仁分東台補貢滁州教　徐潤光

梅　芬　繆代沅　陳登進佾生　錢　蓉補已亥恩　紀　珣州首

府學二名

張　璁　王　瀛　府首王遐齡未到

乙酉

俞　埼十一名己卯副

吴爲尃二十六名庚申拔

竈籍三名　潘渭占　杜際唐　崔兆元

拔貢

宮禹坊（庚歲貢科二等）

考貢第一場　閔子侍側一節　中心悅而　子也　經解

第二場　山水含清輝　得暉字

乾隆三十一年丙戌督學國子監祭酒曹名秀先字地山江西新建進人丙辰進士在任陞內閣學士兼禮部侍郎　歲考七月晉

一等生員二十一名　子曰君子易事　二章　以祈甘雨　初日照露盤限寒字

徐　愷　蔣　斌　朱大儒　陳　裕　宮協華

朱玉如　孫喬年　凌泰巖　施　純　田　端

葉厚高　戴　侗　馬　樟　張　琦　宮福曾

單曾祺　陳克周　陳　瑄　楊廷模　陳謙光
周士濟

二等生員四十八名

俞　鏊　劉元剛　王鳴清　潘　素　韓　煦
袁來章　黄建章　孫　磐　任志尹　朱　樹
俞玉堂　黄　楷　羅克承　朱　岱　儲　書
王　懿　羅永春　儲　宫　宫景鐸　葉　雯
周必魁　曹　烋　王　湇　鄒廷松　孫在湄
宫培元　陳　雲　陳登進　陳　詞　朱　學

儲廷楷　何崧　陳炳蔚　繆一峯　鄒煥

范素　紀桂芳　沈梓　郁咸熙　團載道

李元鏡　黃名逢　陳十思　周燦　顧戒鈞

鄧懷恕　陸鎮　張一甯

三等生員前十名

張著　陳邦憲　俞坊　繆紹　張任

吳爲律　金科　莫鰲　季時泰　季京泰

歲入三十名八月初一日有不被黜溝中侯誰在矣二句　谷靜泉逾響限流字

沈世芳　徐濬　徐桂芳　朱蕙馨補壬子　陸涵

恩廣五名

解師兆（補貢） 王雋才 周　豊 章廷颺 周　琬

姜西屏 朱　宣 周爾康（州首分東台補忠） 凌青雲 王　巖

單曾祿 孫　伯 方　雲 朱　濱 袁振芳

陸　鑄 葛肇基（分東台補辛酉副） 葉飲蘭 沈夢熊 李熾昌

朱彤階 繆志青 繆　岡 張　馨（補貢） 袁兆龍

府學三名 王德著 周鍾嶽（補） 張襄治 府首朱沂未入

竈籍三名 崔起求 周聯元 繆　綬

乾隆三十二年丁亥督學曹　科考五月

一等生員二十四名　好從事而　我與　菜周禮　時令布雲雷

朱學 范素（分東台補） 李祜 陳雲 朱澍

袁杼 繆叢琮（分東台補） 徐濬 劉元剛 張琦

袁來章 朱謙服 宮景鐸 黄名達 王璋

陳登進 黄河源 韓文焯 陳炳蔚（優） 曹震國

韓煦 沈成渭 陳作賓 夏大鶴

二等生員四十名

鄭廷勸 錢家康 張馨 沈自超 張一甯

何崧（優） 王棟才 黄毓琪 田端 陳克周

桂天根 姜西屏 黎開曙 鄭俟琦 譚穀

陸　塗　施　純　徐長瑱　韓允文　宮正域

周德英(分東台補)　汪源達　韓夢李　孫喬年(分東台古中)　吳元善

焦　郁　王柱元　繆代琦　韓一鵬　解師兆

周必魁　鄧士甯　楊　鑅(分東台補)　潘　煦　孫　磐

繆承鈞　王　恕　徐　述　許景琦　梅觀成

三等生員前十名

陳嘉猷　唐　溶　周爾康(分東台補)　張興緒　金　科

戈　賓　崔　芹　紀善申　陳振英　劉育臬

科入二十五名　爰整其旅　二句　學有緝熙于光明　詩書敦夙好　限懷字

戊子
孫喬年廩十九名

儲　煦府首　葉　湛　朱景泗　李　藻捐貢　翟倫犀

喻逢源補訓導　陳時滋　曹　棟　繆漸逵　姜鳳詔

徐雲錦　梅　巖　俞夢蘭　馬　漣　王志勳

陳元弼　朱甘澍州首　戈安淮七十二歲　程應韶補捐貢　陳　均

丁　渭　徐　秀　俞祖培　江　潔　崔　鏠

府學二名　張撫辰四　章　瑾六

竈籍三名　姜本誠分東台　陳步瀛　姜　綱

入商籍一名　李　銘

自三十三年起新分東臺縣泒定廩生泰州二十名東台

縣十名增生照數入學　泰州十三名　東台縣十二名

乾隆三十四年己丑督學都察院右副都御史景名福字介之滿

洲正黄旗人壬申進士　歲考十月十四日考

一等生員二十名　我亦欲正　徒也　十月穫稻　寒夜聞霜鐘得寒字

田　端　周　爔　陳邦憲　任志尹　袁振芳

朱　晉　張興緒　錢登瀛　宫謙基　潘　煦

朱甘澍　施　純　郁咸熙　陳象耀　宫國華

王翊修　繆漸逵　王曰誥　儲　宫　楊廷模

二等生員四十一名

莫　鰲　陳振英　劉育棠　俞　坊　王　聯
孫在湄　王　淯　張无韞　譚　綽　劉育臯
王方畿　徐復隆　沈成渭　劉　縉　李熾昌
陳家齊　譚　綱　朱景泗古　朱玉玕　陳　鏈
李　禧　景　讓　陳孚夏　朱彤階　丁思誠
朱　濱　唐　溶　陳學海　汪兆敏　陳安策
高　瞻　蔣　斌　李　藻　鄒　煥　徐　烱
高　明　陳嘉猷　王際昌　王近思　田　秄
朱　學

三等生員前十名

鄧士甯　鄭廷勳　黎開曙　王鳴清　張馨

沈鎔　宫炯　紀桂芳　王璋　劉得仁

歲入十三名二十日考　不以爲泰二句　樂只君子福履成之　十月先開嶺上梅得梅字

陳爕補拔戊午碭山教　熊大年　沈睿改北池　譚紱　蕭鳴勝

韓登瀛　潘世求府首戊申和州教　黄鐯　李夔奏　宫鈴

紀鴈書補貢　唐寅亮補捐貢　萬謨　州首金源未入次案進

府學四名

陳昱　陳邦翰　程元甲補貢　章焱

竈籍三名

馮君尹　崔燕　徐郁文

景督學歲試畢題請入學 泰州十五名 東臺縣十名

乾隆三十五年庚寅督學景 科考五月初五日考

一等生員十八名 我非堯舜 王也 字學 漠漠水田飛白鷺得田字

周建學 田　端 喻逢源 王翀修 陳振英

葉厚高 鄧士甯 陳克周 朱　晉 宫正域

劉育泉 袁來章古 蔣　斌 潘世求 袁　杼

張　馨 金　科 俞　至

二等生員三十名

楊廷謨 沈　睿 王　謨 錢　芳 沈成渭

張　琦　宮協華　朱　樹　米　學　張　瑞
俞　坊　李　祺古　周　豐　劉元剛　陳邦憲
朱蕙馨　王　聯　邱居仁　劉育棠　陳　詞
俞祖培　程應軺　錢　蓉　俞國泰　繆代琦
曹震國　王曰誥　徐　秀　李　祜　陳育姜

三等生員前十名

陸　淦　陳孚夏　許金聲　朱　鷹　王際昌
孫　磐　宮謙基　羅永春　王　瑋　潘　煦

未分縣前科舉送前八名分縣後州前五名縣前三名

科入十五名初十日考　陳力就列　云誰之思西方美人　夏憶白蓮塘得塘字

庚寅 恩科

陳 瑄十四名 廩

劉司燮卅八名 府

辛卯

陳友夏六十名 歲貢

繆啟義　蔣　渭　紀螢書　張覲揚補 捐貢　仲壽祺

俞　境　宮隨基　朱如玉　汪鳳儀　沈　謙嵊縣 府首 甲癸 辰卯

張嘉琦　張奉詔　朱慕渠捐貢　孫廷颺州首 補　葛　棱

府學二名

金　源補貢 甲子　夏　綸

竈籍三名

馬梅開　朱　琳　馮　籛

乾隆三十七年壬辰督學詹事府少詹事彭名元瑞字雲楣江西南

昌人丁丑進士　歲考八月廿日考

一等生員十名　孟子去齊宿於晝　鯑黨　天道如張弓得平字

王以鉦　顧我鈞　梅覲成　宮景鐸　沈開仕

俞詠壇　孫廷颺　高　明　張一甯　韓夢李

二等生員三十八名

朱彤階　解師兆　潘世求　沈夢熊　陳十思

李　禧　王　璋　孫兆蘭　汪兆敏　徐鳴岡

周建學　韓　煦　翟倫犀　施　純　陳　均

李觀光　許景琦　繆漸逵　劉元剛　宮正域

朱　晉　朱　學　陳象耀　沈　謙　黃名達

宮國華　宮謙基　黃　楷　陳育姜　朱蕙馨

袁來章　陳克周　王方崴　劉育臬　陳偉績

陸　珣　莫　鰲　楊廷模

三等生員前十名

陳安策　唐從雅　戈　賓　張興緒　潘　煦

張連茹　章　洪　王　燊　朱甘澍　俞詠圯

歲入十五名若日考　萬章問曰或曰　誕先登于岸　錐處囊得囊字

姜鳳喈　周炳蔚　周綍綸　徐觀光府首　丁　堅

袁振華　劉　浦　胡其相　童文燦　滕肇起

陳學西　馬　潔　田有孚默經六　李亨衢州首補貢　周經綸

府學三名

葛　縉補　周　師古　尤　櫻

竈籍三名　王煌　徐開泰捐貢　陳愷

乾隆三十八年癸巳督學彭　科考四月十五日考

一等生員十五名　人皆曰　儵忽相遇

朱蕙馨　宮景鐸　邵世鏞丁　解師兆古丁　凌泰巖

袁杼　劉育泉　韓夢李　劉文俊多篇　顧戎鈞

潘必達　繆永圖　王璋　施純　陳炳蔚古

二等生員三十五名

周炳蔚　朱學　朱景泗　高明　團載道

徐宗演　王聯　郁咸甯　周建學　蔣斌

袁來章　姜師望　朱如玉　潘世求　陳克周

沈夢麟　俞　至　徐鳴岡　張　瑞　沈　謙

潘　煦　劉元剛　沈　梓　米　樹　喻逢源

繆漸達　張一甯　陳　燮　朱大儒　陳茂華

宫培元　費鶴鳴　黄　楷　陳登進　李　禧

三等生員前十名

李　寅　沈開仕　戈　賓　張奉詔　陳謙光

陳振英　黄佐九中　程應軺　曹震國　儲　煦

科入十五名十分考而違之　以莫不興　披霧見青天得文字

甲午

黄佐九四十四名

北榜

宮爲坊廿八名拔貢

繆祖培百廿六名南皿

盧　弓　沈　遜　黄毓珏　陳　璣　夏大賓

儲　昕　袁繼修恩補　黄毓璨　吳嗣喬默經捐貢　劉司燕府首

陳　謨　高　岳恩補　繆　彧　吳　鐘州首　朱廷璣

府學二名　李秉禮貢補　陳　圯

竈籍三名　袁有聲

乾隆四十年乙未督學内閣學士謝名墉字金圃浙江嘉善人

壬申進士　歲考九月廿四日考

一等生員十九名　周公思兼三王　如金如錫如圭如璧　秋菊有佳色

陳　爕優古　張嘉琦古　高　岳古　宮景鐸　李亨衢

朱　學古　孫廷颺古　朱慕渠　俞詠壇　施　純古

王以鉦古　沈成渭古　沈　謙古　韓敬之古　蔣　渭

汪鳳儀　袁來章　凌泰巖　宮協華古

二等生員三十五名

繆承鈞　瞿倫犀　陳　雲　馬　樟　朱衣點

梅觀成　周　燦　陳　詞　徐毓麟　陳克周

黄毓琪　任志尹　鄧士元　劉育臬　王　聯

徐　秀　陸　淦　潘　煦　宮謙基　張　瑞

朱　澍　朱蕙馨　陳謙光　紀螢書　李　祜

許金聲　俞詠圯　潘世求　宮　鈴　戈　賓
譚　綽　李　祺　劉司燕　徐　濬　曹　棟
三等生員前十名
周綍綸　陳振英　王　章　繆漸逵　曹　杰
陳邦憲　朱茂實　俞　至　黃名達　陳十思
歲入十五名十月初二日考　齊人歸女　二句　食我農夫　童子蓋稱五伯得儒字
陳鴈橋　陳　沅　葛　純州首補捐貢　陶　升　朱臨皐
林　塤　徐譜厚　何　燾府首　陳鍾瑩　宮　麟補捐貢
鄒學曾　孫秀枝　陳嶽齡巡檢　宮金華　林廷樞

府學四名　儲紹書補恩　葉兆蘭　劉司烜　繆彤墀

竈籍三名　王垂露　徐克承　董譽德

北直移學一名　宮王沅改治華補貢

乾隆四十二年丁酉督學堂禮部右侍郎謝　科考五月初四日考

一等生員十二名　子曰隱者也至見之　學校　魚戲新荷動

陳　燮古拔　高　岳　程應韶古　袁繼修　張嘉琦

韓敬之　解師兆　翟倫犀　宮景鐸　孫廷颺

葛　純　宮金華

二等生員三十名

錢　芳　繆承鈞　徐宗演　黄曾禧　鄭偀琦

錢　蓉　蔣　渭　韓　煦　宮協華　王　聯

王修翎　袁來章　袁　杍　張覲揚　陳　雲

儲　煦　張　馨　沈開仕　宮謙基　陳邦憲

陳　詞中　宮隨基　曺震國　韓文藻　劉文俊

桂天根中　劉元剛　李夔奏　儲　昕　朱　學

三等生員前十名

李　藻　陳謙光　高　明　李亨衢　韓夢李

朱廷機　孫秀枝　施　純　劉　式　周綍綸

科入十五名十二日考 我使掌與女乘 萬邦作孚 夢見周公得行字

黃 扉 黃蕙友戊申休寧教 陳 銘 王 錚 王道平

汪 誼補考頂貢未 鄒 炯 李杜光恩補 陳商哲 翟懷珍

仲 炯補貢 宮彥超補貢戊午 湯 中府首 宮錫齡捐吏目 俞大鏞庚子

府學三名

黃蘭友補 宮承詔捐監 王景運 州首錢寅國未入次案入

考貢第一場 君召使擯至揖所與立

第二場 升歌鹿鳴得才字

丁酉

陳 詞二十名增

桂天根四十一名增

拔貢

陳 燮歲首科首康

乾隆四十三年戊戌督學戶部右侍郎內廷行走劉名墉 復任歲考

一等生員二十名月十二日考 不可則止至會友 躋彼公堂二句 握中有余璧

戊戌會
繆祖培元

黄毓琪　劉育泉　沈開仕　錢　容　袁來章
李亨衢　李　藻　顧戒鈞　孫秀枝　張　馨
解師兆　沈夢麟　申志書　鄧懷恕　黄蕙友
施　純　王柱元　王際昌　宫　麟　張一甯

二等生員三十六名

李夔奏　宫景鐸　張嘉琦　韓敬之　章　洪
王以鉦　李　祺　王翎修　鄭倓琦　劉　芳
陳　裕　萬　謨　張　瑞　朱　澍　凌泰巖
陸　繡　俞大鏞　袁　杍　葉厚高　姜師望

宮金華　朱蕙馨　何　燾　紀螢書　陳　雲
朱茂實　陳　均　韓夢李　熊大年　孫廷颺
田有孚　朱　鳫　沈成渭　陳振英　王　聯
徐　方

三等生員前十名

宮彦超　朱玉玗　陳行仁　宮重禧　馬騰鳳
夏大鶴　蔣　斌　田　耘　俞詠壇　團載道

歲入十五名 曾考「不仁者不可以久處約」「蒹葭蒼蒼」二句 「絳雲在霄」得「遙」字

李賓門　徐　函　錢賓國　范鼎承　林　森

宫東鑑戊申連巌　許嘉者　繆　堅　袁振文　李屺懷

陳清貴　沈廷璋　陸叔言　葛　綬彡篇　周　騂

府學四名　陳殷輅補七　徐升猷八　吴　會十一補甲子　張殿颺六

竈籍三名　許　巖　何　橋　崔　中

府州首陳詩正邦慶未入次案進

謝督學題請自此裁去商竈二籍

乾隆四十四年己亥督學陞吏部左侍郎劉　科考五月十八日考

一等生員十二名　難罔以非其道　三禮　風簾入雙燕得　字

韓夢李　王以鉦　朱　晉　繆承鈞　李亨衢

韓敬之　陳　銘　劉　芳　沈成渭　曺　杰

陳克周　張　瑞

二等生員三十名

錢　芳　錢賓國　王曰誥　宫景鐸　宫彦超

黄蕙友　陳　謨　俞大鏞中　潘世求　陳謙光

王　錚　任志尹　繆漸達　鄒　炯　葛　純

俞　塤　俞國泰　徐開泰　顧我鈞　葉厚奎

熊大年　團載道　解師兆　汪鳳儀　陳邦憲

王　璋　陳登進　周建學　葉厚高　袁繼修

三等生員前十名

陶　升　張　馨　宮金華　徐宗演　錢　蓉中

阮　浩　沈夢熊　陳鴈橋　馬　樟　宮秉鑑

科入十五名 廿日考 不舍晝夜 孟子 鳳凰鳴矣 二句 修竹不受暑 得申字

申情田 捐貢　解兆南 庚申恩 靈璧教　田呈瑞　黃　治　王　坦 捐貢

陸詔熊 戊申副 壬子魁　張麟慶 府首　夏振鷺　繆侍書　仲煥光

邱　豳　朱櫻山　譚　策 補捐貢　儲授書　陳邦慶

府學三名　繆承恩　王治齊　朱　安　州首楊迎曦未入

裁 商灶 籍移州學九名　李玉聳　李玉瓚　徐郁文　徐　舫

李　銘　陳　愷　徐開泰　王　煌　徐克承

己亥 恩科

錢　蓉 四十九名 廩

庚子

宮協華 四十三名

俞大鏞 附六十一名

乾隆四十六年辛丑督學戶部右侍郎彭名元瑞 復任歲考十月初二日考

一等生員七名 掘井九軔 甘瓠纍之 積木百屋 得材字

團載道古 陳邦憲 孫秀枝 徐秀 袁來章

辛丑會

孫喬年五十八名

繆侍書 李夔奏

二等生員四十名

韓煦 沈夢熊 蔣試 繆代琦 宮隨基

俞鰲 俞祖培 沈夢麟 黃名達 陳克周

單曾祺 黃蕙友 繆承鈞 陳鴈橋 譚策

夏大鶴 解師兆 王桂元 顧我鈞 易維棟

李　綸　李　祜　仲　炯　徐開泰　宮秉鑑

譚　穀　瞿倫犀　陳　雲　潘必達　宮　麟

陳維馨　馬　潔　戈　賓　汪　誼　高　岳

陳登進　葉飲蘭　袁振文　萬　謨　陳行仁

三等生員前十名

徐　方　許嘉耆　陳作賓　馬　漣　胡　輿

田　籽　范愚承　夏振鷺　袁振華　孫廷颺

歲入十八名 初七日考　孟莊子之孝也　蒸之浮浮　入里必式 得恭字

鄒　炎 補捐貢　葛虎彝 恩補　劉司烺　鄭　鈞　姜元擢

葛壽廣三名

潘鶴齡貢補　韓谷暄　丁玉衡　譚　筥　陳商説補

黄士傑　朱乘驄貢補　陸應雲　李際昌　費履堅

張　綸　俞廷鑣州首　王　蘭府首

府學六名

高垂綬補捐教翰榆教　陳　怡　潘慶齡補辛酉祁門教　張兆熊貢補

孫　駿　宋　越甲寅恩泲縣教

乾隆四十七年壬寅督學彭　科考十月廿八日考

地之所載　三句　公羊傳　郢書燕悦得非字

一等生員十名

王　聯　紀鴈書　繆承鈞　米　學　宫　麟古

鄒　炯　王以鉦　圔載道古　儲　煦　任志尹

二等生員三十二名

陳邦慶　宮彦超　汪　誼　葉厚高　高　岳

宮秉鑑　陸詔熊　錢　芳　劉　芳　黄　扉

陳　銘　陳邦憲　翟倫扉　朱蕙馨　徐爰立

李夔奏　陳鳫橋　朱彤階　陳振英　儲　昕

宮隨基　徐　秀　唐寅亮　朱乘驄　宮謙基

葛虎彝　滕肇起　韓　煦　王際昌　申志書

李　藻　繆代琦

三等生員前十名

癸卯北榜

沈　謙六名附監

沈成渭百六十九名廩貢

甲辰會

沈　謙九十八名

宫金華　孫廷颺　萬　諟　潘世求　楊廷謨

陳　璣　金　科　江　潔　袁　杼　張　馨

科入十五名十二月初三日考　使楚人傳諸曰使齊人傳之　星有好風得從字

仲　燿補貢　錢家學　蔣　愷　繆功亮默經　朱　珏補貢

仲　發　李　宸補　譚　筒　周　藝　宫錫祚壬子魁

仲振履補甲子戊辰東莞縣　周　知　宫錫華捐監　徐　瑚　程應佐丁卯解元

府學三名　宫製錦州府首首補戊申南靈縣　陳詩箴　宫成基

乾隆四十九年甲辰督學吏部左侍郎謝名墉　復任歲考九月廿二日考

一等生員八名　地之所載　二句　艮以止之兌以説之　庇陰嘉穀得嘉字

韓敬之古　汪　誼　潘世求　宫彦超　宫景鐸
葛虎彝　任志尹　仲振履
二等生員三十四名
袁來章　孫廷颺　劉　軾　朱彤階　張　馨
夏振鷺　繆承鈞　曺震國　韓夢李　繆　堅
葉厚高　劉　芳　陶　升　胡　輿　朱　學
朱臨皐　朱　晋　王際昌　朱乘驄　李夔奏
周　知　繆侍書　繆漸達　李杜光　黄蕙友
鄒　炎　宫治華　仲　炯　宫　麟　徐郁文

鄭偀琦　蔣　渭　陳師弼　翟倫犀

三等生員前十名

姜鳳喈　解師兆　潘鶴齡　葛　純　袁振芳

王曰誥　費履堅　張　瑞　江　潔　徐　方

恩廣三名

歲入十八名 廿八日考　行己有恥使於四方　濟濟多士 二句　冬日之日 得陽字

陳鍾瑞　仲　洽(補貢)　陳　善(府首)　俞純錫　胡覲揚

周　冕　陳　綱(補捐監)　仲振猷(補拔 戊辰恩 鎮洋教)　劉再庚　宮　開(補恩)

宮煥勲　宮連錦(甲寅恩)　張輔弼　金　墉　葉鹿鳴(補貢)

李運超　汪　勲　馬　增

府學六名

張承武（三捐貢）　王　鴻　俞國鑑（幼童古補優貢庚申恩通州教）　韓一鳴（補）

朱麗雯（州首補貢）　王　福（補甲寅恩金山教）

乾隆五十年乙巳督學謝　科考十月

一等生員九名　厚往而薄來　二句　字學　橘柚垂華實

潘鶴齡　宮景鐸　韓夢李　宮　開　宮彥超

汪　誼　黃蕙友　陸詔熊　宮連錦

二等生員二十八名

朱彤階　潘世求　鄭倓琦　王柱元　陳　銘

仲　烔　李杜光　陳　雲　王以鉦　李亨衢

袁繼修 鄒炎 徐爰立 朱櫻山 繆代琦
朱臨臯 林森 解師兆 俞詠壇 朱乘驄
袁來章 仲洽 宮治華 繆侍書 陳善
江潔 林埍 張麟慶

三等生員前十名

蔣渭 費履堅 陸應雲 解兆南 程應佐
姜鳳喈 儲昕 繆堅 陶升 李夔奏

科入十五名共旨考 孔子不悅於魯衛 良士瞿瞿 遊必有方得思字

鄒默補捐教溧水教 繆聯芳補 高筠府首己酉副乙卯王 徐榮春 張枝

陳師琳　蔣軼千　葉茂蘭補拔　田蘭瑞　朱　蓮

單　㷭　宮　瀚州首　鄧鹿鳴　繆　蘭　黃毓烺

府學四名　袁雲上六　朱調元十　錢步雲十三　吳　謙十七

乾隆五十二年丁未督學兵部左侍郎沈名初字雲椒浙江秀水

縣人癸未榜眼　歲考十月

一等生員十六名　亦有獻子之家　良馬五之　鳫字　得書字

仲振猷　李　宸　朱　玨　汪　誼　田有孚

陳　銘古　葉茂蘭　葛　純　葉鹿鳴　翟倫犀

朱乘驄　費履堅古　宮景鐸　陳　綱　鄒　炯

陸詔熊中

二等生員三十六名

錢　芳　宮治華　袁振華　黃蕙友中　陳鍾瑞

陸應雲　袁繼修　單　照　陳商說　解兆南

高　筠　潘世求中　蔣　斌　許嘉耆　宮連錦

周　藝　朱蕙馨　繆聯芳　陳鴈橋　繆漸逵

周　燦　鄒　默　鄧懷恕　孫秀枝　宮錫華

繆侍書　鄒　炎　劉再庚　陳克周　黃曾禧

李運超　張奉詔　宮　麟　鄭倓琦　紀瑩書

陳邦憲　陳　璣

三等生員前十名

徐　舫　儲授書　袁來章　陳振英　張　綸

俞　至　徐譜厚　陳清貴　朱衣點　譚　綏

歲入十五名 初冇考　母命之　稱彼兕觥　小春 得春字

黄大薰　繆維鑛 州首補　顧鳳喈　王嘉謨　孫連枝

沈大春　儲夢熊 浙江運副　李文波　李　登　李希鄴

戴秀升 府首補　王壽朋　吴文寵　王世泰 捐貢　何仁育

府學五名

張若洲 二　俞國鈞 五補捐貢　張　琳 九　羅克佼 十一古

戊申提正科

潘世求 五十六名附

黄蕙友 附八十四名

副 陸詔熊 附十五名

北榜

宮秉鑑 三十七名附監

宮製錦 五十四名康貢

吴增禄補六

乾隆五十四年己酉督學沈　科考三月廿八日考

一等生員十三名　朋友之饋　日月麗乎天　先河後海

仲　洽　宫治華　李　宸　仲振猷拔古　朱乘驄

葛　純　葉鹿鳴　高　筠中　宫景鐸　李運超

費履堅　仲振履　汪　誼

二等生員三十六名

李亨衢　劉再庚　鄒　黙　鄒　炎　鄭俟琦

陳克周　繆承鈞　陳鳫橋　繆功亮　鄧懷恕

譚　筒　許嘉耆　單　燹　鄒　烔　潘鶴齡
翟倫犀　張　馨　朱衣黙　繆維鑛　錢　芳
王世泰　朱　玨　李希鄴　陳師琳　陳　絅
仲　烔　葛虎彝　顧鳳喈　解師兆　陳　銘
譚　綅　繆聯芳　孫廷飇　黄大薰　袁振芳
金　墉

三等生員前十名

高　岳　羅永春　孫秀枝　葉茂蘭　李杜光
李　登　李際昌　何仁育　繆　蘭　江　潔

自此改兩四書文一詩例
科入十五名四月初六日考 樂亦在其至不義 東牲載書 廿受和得廿字

陳師慶壬子辛未 孫光璧府首 王 理州首 楊 筠 錢思朝

己酉恩副
高 筠附九名 盧鎮唐捐府經歷 韓廣寅 朱成梁古補貢 宮雲錦 張桂生古

北榜
韓敬之五名廪貢榜名均 黃竹友 徐慶元古 王世浩 朱 琴 潘 均

府學五名 花 朝 宮大章古補 劉春林捐貢 朱 宇

陳 彤補

拔貢
仲振猷歲首科四廪 考貢第一場 故諺有之曰一節 樹藝五穀 經解

第二場 暖風抽宿麥得風字

乾隆五十五年庚戌督學內廷供奉兵部右侍郎胡名高望字

豫堂浙江仁和人辛巳榜眼　歲考九月廿四日考

一等生員十六名　天子之制二句　皐陶邁種德　綿綿瓜瓞得綦字

韓夢李　繆承鈞　汪　誼　宫　麟　鄒　炎

宫景鐸　繆維鎮　鄭俠琦　張　馨古　盧鎮唐

陳師慶　朱　玨　潘鶴齡　仲振履　鄒　炯

宫治華

二等生員三十七名

繆功亮　李　宸　楊　筠　仲　洽　周　燦

解兆南　俞詠壇　凌青雲　袁來章　田蘭瑞

王　珄　陳師琳　袁繼修　羅永春　朱秉驄
陳克周　李　祺　李希鄞　江　潔　許嘉耆
俞廷鑣　朱彤階　顧我鈞　解師兆　王壽明
仲　燿　葉茂蘭　李杜光　陳象耀　陳　綗
譚　筥　陳商說　仲　烔　朱成梁　單　哭
萬　純　林　埍

三等生員前十名

滕肇起　張　瑞　袁振芳　吴文寵　葉厚高
李　祜　葉鹿鳴　陳商哲　陸應雲　朱衣點

歲入十五名十月初八日　射不主皮　其文則史孔子曰其義　輯五瑞得同字

張慶百州首補　陳　容　宮　庭乙卯建平县教諭　夏　蘭誥封四品　李　譜

仲　焯　徐筠浦　田　琳　鄒元基戊辰恩陽湖教　韓　珍

錢中懷　朱奎章　葛虎文　邱　堅　王世豫補捐教庚申恩

府學六名

儲步雲首古補貢　劉　桐四府首　葛肇文八　吴　淇補土

周　傑土　高鳳翔補古

乾隆五十七年壬子督學胡　科考二月十六日考

一等生員十二名　赤爾何如　一節　諸侯遂圍許　美士爲彦得佳字

仲振履　仲　燿　葛　純　張　馨古　汪　誼

宮隨基 宮景鐸 陳商說 吴文寵 解兆南
朱蕙馨中 翟倫犀古

二等生員三十四名

王珄 繆維鑌 單煛 朱芩 陳絅
俞純錫 江潔 許嘉耆 潘鶴齡 葉茂蘭
陳鍾瑞 孫秀枝 朱乘驄 李祜 鄒默
邱涵 金墉 俞詠壇 戴秀升 鄒元基
潘均 宮治華 王壽朋 繆承鈞 俞至
宮開 俞廷鑣 陳師琳 周燦 陳容

鄒　炯　邱　堅　宮金華　羅永春

三等生員前十名

錢思朝　朱　玨　俞詠圯　徐開泰　田有孚

譚　筒　儲　昕　譚　策　章　洪　繆　蘭

科入十五名廿二日考　朝　有司者治之耳　鶴下雲汀近得雲字

王煥臺補　萬　榮補丁卯　李成蹊貢補　陳　政　陳日新

潘　濤府首　程鵬飛　田增福　温　暄　黃文鳳捐貢

宮尚賓　孫侍宸　王覲揚補　韓一鴻古　任　鈺補壬午

府學五名

張畹蘭首　儲士秀九州首　張昺勳古　李　襄補

壬子

宮錫祚八名附

陸詔熊十二名戊申副

陳師慶六十四名附

朱蕙馨九十六名廩

黄　鐘二十補貢

乾隆五十八年癸丑督學胡　歲考八月廿八日考

一等生員十四名　不知足而　二句　升車則有鸞和之音　珠含合浦

繆承鈞　譚　策　繆維鑛　李杜光　潘　濤

仲　洽　鄧鹿鳴　王壽朋　李　宸　陳克周

仲振履　韓夢李　繆聯芳　許嘉耆

二等生員三十四名

潘鶴齡　朱成梁　翟倫犀　袁振華　陳商説

張　馨　張慶百　孫光璧　錢　芳　徐榮春

夏　蘭　田呈瑞　陶　升　宮治華　陳　璣

宮景鐸中　仲焯　仲　炯　張　綸　田　琳

陳鳫橋　儲　煦　張麟慶　宮尚賓　李希鄴

陳　容　田蘭瑞　孫秀枝　陳振英　俞　至

盧鎮唐　江　潔　費履堅　邱　堅

三等生員前十名

錢思朝　宮謙基　沈夢熊　鄒　炎　陳鍾瑞

葉鹿鳴　張輔弼　陸應雲　張奉詔　袁　杼

歲入十五名　九月初十日　逺之事君　之名　爲叢毆爵者鸇也　御者使人恭　得恭字

甲寅恩科

王　福 府廩 四十四名

宮連錦 附監 四十七名

宮景鐸 廩 七十七名

宋　越 府 七十九名

江德懋 甲子副　湯治昭 補貢　汪　燿　陳　啟　孫廷謨 補恩

單一和 補捐監　陸　齡　宮學錦 府首　易志瞿　潘克諧 補

宮承治　林　墅　梅　英　繆思贊　姜　甯

府學五名

韓應開 四　陳　增 七　朱　楹 補貢十　韓一鳳 十五

蔣聯慶 十六　州首朱葆泰臨場病殁

乾隆六十年乙卯督學胡　科考 閏二月初五日考

一等生員十一名　不以兵車　三禮　山靜泉清

潘鶴齡　解師兆　仲振履　繆承鈞　陳　綱

戴秀升　唐寅亮　程應佐　葉鹿鳴　梅　英

費履堅

二等生員三十一名

易志瞿　韓夢李　鄧鹿鳴　仲　洽　仲　焯

邱　涵　葉茂蘭　繆思贊　潘　濤　陸　齡

王世泰　陳商説　陳邦憲　李　祺　盧鎮唐

李運超　仲　炯　鄒　炯　許嘉耆　葉厚高

繆維鑛　張　綸　田　琳　錢中懷　張　馨

江德懋　林　墅　宮尚賓　宮治華　繆漸逵

林　塤

三等生員前十名

仲　燿　朱彤階　解兆南　姜　甯　俞　至

朱　玨　丁玉衡　周　爍　陸應雲　袁振華

科入十五名（十三日考）必熟而薦之　丕顯哉文　二句　山花相映發得春字

袁開慶　施鳳池　李翰藻（州首補）　陳　籛　程紹芸（補 庚午魁）

儲步瀛（捐貢）　王　帖　葉荊蘭　王　鵬　劉　模

宮　騏　仲　呂　繆　增　李德齡　繆引年

府學七名

吳　漣（府首 案首）　章家震　陳晉元（補貢）　宮　軒（補）

王鴻漸　張　頎　戈　炳（古）

乙卯會恩科

沈成渭（四十九名）

鄉正科

高　筠（六十九名 己酉副）

宮　庭（七十二名 附）

嘉慶元年丙辰督學禮部左侍郎劉名權之字雲房湖南長沙人庚辰進士　歲考八月十二日考

一等生員十四名　無暴其氣　吴子使札來聘　雨蛩相應語莎莪

葛　純　李　宸　仲　洽　儲步瀛捐貢　鄒　默

孫廷颺　葛虎彝　張覲揚　葉厚高　陳　啟

陸應雲　田蘭瑞　瞿倫犀古　王世泰

二等生員三十六名

陳　璣　陳　籛　仲振履　陳克周　程紹芸

繆侍書　田增福　孫秀枝　田　琳　陳商說

李屺懷　繆啟義　徐譜厚　鄒元基　許嘉耆
仲焯　陳邦憲　宮謙基　汪誼　林塤
李譜　夏蘭　林森　宮尚賓　鄧鹿鳴
劉再庚　王壽朋　江德懋　宮隨基　孫廷謨
韓珍　潘均　紀鴈書　陳師弼　戴秀升
夏振鷺

三等生員前十名

解兆南　鄒烱　朱彤階　李登　張瑞
陳容　易志瞿　李杜光　陳鍾瑞　徐榮春

國號改元今
上登極歲科共
恩廣七名

歲八十八名廿一日考必得其壽至君子　間於齊楚　詹敢碧尾拂蒼梧得桐字

王芸修　繆維錦　楊瑞慶捐貢　韓悳華補加監　劉慶臣

王玉堂　湯　銘古　李夢榮　沈文鈺州首　朱　佶古

陳青穎　田　均　孫以恬捐貢　葛錫田　周二南捐貢

盧　鼎　沈鳴鸞　王　欣

府學六名　朱希洛古首補貢　程熙瑞府首二　徐心泰　葛春霆補貢

潘厚坤七捐貢　朱　侑二酉補

嘉慶二年丁巳督學劉　科考九月廿二日考

一等生員十三名　夫子之任　于享　策貢舉　濃枝帶夜霜得濃字

仲　治　韓夢李　王世豫　朱　珏　韓㥁華

葉茂蘭　繆聯芳　盧鎮唐　朱秉驄　葛　純

繆維鑽　朱成梁古　劉再庚

二等生員三十五名

陳商說　陸應雲　孫秀枝　韓　珍　汪　誼

程應佐　陳　籛　王　珪　金　墉　儲授書

孫光璧　許嘉著　李翰藻　繆思贊　葉厚高

李　登　單一和　王壽朋　李賓門　胡覲揚

王世泰　宮雲錦　陳鍾瑞　江德懋　李成蹊

沈文鈺　鄒　黙　李　祜　田蘭瑞　宮尚賓
仲振履　王覲揚　張慶百　朱　琴　孫廷颺
三等生員前十名
潘　均　孫廷謨　繆維錦　王芸修　田　琳
王世浩　費履堅　唐寅亮　翟倫犀　朱彤階
科入十九名十月初一日　故栽者培之至于天　好善而忘勢　隔林楓葉後霜紅得林字
吴增輝　李鏡元府首　葉本孝改柏齡　王覲光　黄步青
韓瑞珍　朱　樓州首　戈茂林　徐全士捐貢　曹一桂縣丞
淩　輅　儲洛書　徐　寶古　程紃組古補貢　田有黄

戊午
恩廣三十名
陳　奕五十九名丁酉拔
宮彦超百十八名廪貢

優貢
俞國鑑府廩
解　𡨚　桂香國　陳瑞芝庚午副　劉福慶捐貢
府學七名
王鴻儀二　李茂林五　俞詠墺六　姜元提十六
鄭榮詔十七　韓應魁廿四　劉　楷廿五古補貢　入東台一名　葛金和
嘉慶四年己未督學禮部左侍郎錢名樾字輔堂浙江嘉善人
壬辰進士　歲考十月初十日考
一等生員十四名　而不知所以養之者　琥璜爵　蛾子時其術得時字
潘鶴齡　孫廷謨　王壽朋　陳　綱　朱　琴
朱成梁古　葉茂蘭　葛虎彝　汪　誼　單一和
仲　洽　田蘭瑞　王覲揚　鄒元基

二等生員三十六名

繆思贊古　陳邦憲　譚　筒　任　鈺　張慶百

萬　榮　陳登進　朱乘驄　韓悳華　林　塤

潘　濤　宮學錦　李　宸　朱　佶　孫侍宸

李亨衢　許嘉耆　葉鹿鳴　王世浩　王煥臺

李成蹊　仲　炯　繆侍書　吴增輝　解兆南中

陳鳫橋　江德懋　李翰藻　周二南　陳商説

程紃組　朱　樓　孫以恬　宮　開　張桂生

宮承治

三等生員前十名

王芸修　劉再庚　陸應雲　陳克周　戈茂林

鄭僎琦　費履堅　程應佐　朱珏　陳容

歲入十五名十三考　左右手衣前後　則不知足之蹈之　山澤通氣 得成字

夏惟琳　瞿鴻磐補　宮潤補　孫江　儲賢書

高銘州首補拔淇縣　張景緒　解澄　王化行府首　許碩耆項補捐監

王廷燿　王世升　蔡澐　韓潮　田瑞

府學五名

王潭五　宮殿華七　陸僖辰補十二　沈三祝十六補拔壬午

黃文鸞十九

庚申　恩科

解兆南副八十七名

北榜

俞國鑑百十名 復百

王世祿百四十七名 訓導

嘉慶六年辛酉督學錢　科考三月二十日考

一等生員十五名　齊之世家也　策兵制　佳言如屑得如字

葛虎彝　張慶百　李成蹊　葉鹿鳴　萬　棨古

解師兆　朱　佶古　葉茂蘭拔　江德懋　俞　至

潘鶴齡古　李亨衢　程紹芸　朱　玨　譚　筒

二等生員三十四名

朱乘驄　袁振華　朱成梁　王壽朋古　王　珄

孫光璧　吴增輝　陳鴈橋　繆思贊　鄒元基

李賓門　王焕臺　宮尚賓　陸應雲　徐　寶

田蘭瑞　宫　騏　俞廷鑣　夏惟琳　周　藝

潘　濤　仲　炯　繆聯芳　楊　筠　王覲揚

汪　誼　錢中懷　高　銘　程紃組　孫廷颺

宫學錦　程應佐　李　譜　湯治昭

三等生員前十名

韓扆華　宫　潤　宫　開　王世浩　劉慶臣

張景緒　李　登　仲　洽　葛虎文　徐榮春

科入十九名　共占考　所損益可知也　其或繼周者　無政事　二句　有孚盈缶　得盈字

陳洪岳　王世晋　謝廷鑑　戈崇禮　貢補　陸夢臺

恩廣四名

辛酉

潘慶齡百五名府廩

欽賜副榜

俞　圻貢生

李蔘元　韓　訓貢補　鄧　欣　胡炳文　謝登仕

高斗城補加監　葛芳田　張夢蘭　滿堂春　顧　雯

俞國銘州首　羅福謙補　宮魁瀛　王世豐補捐教戊寅副己卯正

府學八名

陳　琥五丁卯副庚午正安東教　王榮祿九　申　然十二府首　卯　瀓十六

卯　澧十八　徐　焜十九　卯觀光廿三　朱芳桂共入宝應　潘利賓

拔貢

葉茂蘭歲七科八廩

考貢第一場廿八日　質直而好義　故為淵敺至鸇也　經解

第二場廿九日　百穀仰膏雨得如字

嘉慶七年壬戌督學戶部左侍郎平名恕字寬夫浙江山陰人壬辰

傳臚　歲考八月十四日考

一等生員十七名　君子有三戒　黄雛元吉　土爰稼穡得豐字

朱成梁古　汪　誼　韓惪華　李杜光　王覲揚

仲振履　夏　蘭　朱　玨　盧鎮唐　梅　英

陳師琳　王壽朋　田有黄　田　琳　潘鶴齡古

萬　棨古　朱乘驄

二等生員三十二名

葛虎彝　謝廷鑑　陳鴈橋　田增福　潘克諧

繆聯芳　高斗城古　程紃組　繆代琦　夏惟琳

宮學錦　姜元擢　江德懋　袁開慶　宮隨基

田蘭瑞　宫治華　仲　洽　解師兆古　任　鈺

潘　濤　陳　啟　鄧　欣　王廷燿　張　馨

黄步香　葛芳田　王世晉　譚　筒　李　宸

繆維錦　葛　純

三等生員前十名

袁振芳　李賓門　王世升　朱　佶　朱　琴

金　墉　繆漸逵　王芸修　邱　堅　徐榮春

歲入十五名廿二日考　深則厲淺則揭子曰果哉　文公與之至爲食　秋雲不雨空陰得陰字

儲厚增　唐松承　吉卿瑞　嚴泰如　曹一夔

周　鑾　吴林蘭（州府首 庚午副）許廷賓　黄　晟　韓廣宣

王人則　張學渠　花登瀛　李盈谷　章家升

府學五名　夏　暄（首補 加監）黄元培（五）張　沅（七）陳鴻彦（九改 廣元）

宮錫朋（酉）入儀徵一名　團承節

嘉慶九年甲子督學兵部左侍郎劉（名環之字佩循山東諸城人）

已酉進士　補行科考（四月初三日考）

一等生員十六名　如會同端章甫　策通鑑　鑑不辭形（得成字）

萬　棨（古）程紹芸　潘鶴齡　江德懋（副）鄒元基

程應佐　田　琳（古）朱　玨　朱成梁（古）繆維鏆

汪　誼　韓蕙華　王世浩　陳師琳　張景緒

謝廷鑑

二等生員三十四名

羅福謙　許碩耆　高　銘　王芸修　朱　信

王壽朋　宮　潤　譚　筒　葉鹿鳴　韓　珍

宮承治　陳商説　仲振履中　程緗組　吉卿瑞

王　珄　陳　啟　王化行　王世升　葉本孝

鄭俠琦欽賜副榜　李杜光　許嘉耆　劉再庚　吳林蘭

宮治華　陳　容　王世豊　葉荊蘭　解師兆

蔡　澐　陳　綗　朱彤階　田　瑞

三等生員前十名

吳增輝　俞　至（欽賜副榜）　朱乘驄　徐　寶　王世晉

韓　訓　翟鴻磐　韓廣寅　陳瑞芝　王煥臺

科入十五名（初七日考）　既庶矣　二樂也　旌節花得仙字

俞肇鍈（補加監）　俞文漪　李觀瀾（府首）　葉繡林（補加監）　陳　琪（州首）

陳　逵　宮志洛　李榮國（捐貢）　管　壎　嚴泰交

朱　霞（古）　沈寶春　韓　圻　郁涵淮（補加監）　陳兆鵬（古）

府學六名

鄒夢元（補首）　徐炳文　錢喈鳳　陳　璋

甲子

仲振履（七十四名 廪）

金　源（九十名 歲貢）

吳　會（一百名 府廪）

副 江德懋（附二名）

欽賜副榜

鄭俠琦

俞　至

宫德華古　徐　淮

嘉慶十一年丙寅督學通政使司通政使莫名晋字寶齋浙江會稽人乙卯榜眼　歲考三月初五日考

一等生員十四名　子産聽鄭　丙節　禮明樂備　二句　琴齋潤月留　得琴字

萬　𤆬古優　王世豐　朱成渠　繆維鑛　汪　誼

羅福謙　湯治昭古　俞肇鋘　王壽朋　陳商説

葉鹿鳴　王世晋　李　宸　宫　潤

二等生員三十四名

仲　燿優　陳師琳　韓憓華　張慶百　解師兆

李杜光　陳　綱　繆侍書　李賓門　程紹芸
王人則優　李成蹊　陳瑞芝　張景緒　錢中懷
孫廷謨　葛芳田　蔡　澐　李翰藻　朱　佶
繆聯芳　潘　濤　戴秀升　吴林蘭　繆代琦
潘鶴齡　張　馨　劉再庚　鄧鹿鳴　温　暄
李萼元　陳　容　仲　洽　譚　筒

三等生員前十名

王覲光　章家升　孫光壁　李鏡元　葛虎彝
金　墉　胡覲揚　王玉堂　嚴泰如　宫　開

歲入十五名初一日考 孰不知禮至知也 可使在山 挂席拾海月得華字

劉鎮揚州首 張家駒丙子副辛卯正 紀時霖 劉先庚 徐開慶

王榮禧古補 劉兆鸞捐貢 黄大熣 李景琦 沈殿春古補貢

宫棣華 姜椿齡 宫 浦 楊光熒 王 賓

府學五名

李觀時補二 王谷蘭補四 嚴 瑛七府首 朱傳棨九補貢

陳鶴鳴十五

嘉慶十二年丁卯督學陞都察院左副都御史莫 科考三月十二日考

一等生員十五名 故天將降 一節 吏治 萬里寫入胸懷間得間字

萬 棨古中 王世豐 湯治昭 繆維鑽 羅福謙古丁

葉鹿鳴 朱成梁 王 鵬 郁涵淮 陳鴈橋
宮 騏 高 銘 潘鶴齡 宮 開 田有黄

二等生員三十六名

俞肇鋏 凌 輅 李 宸 吴增輝 徐 寶
朱 棻 王世泰 沈殿春古 謝登仕 陳師琳
朱 佶 孫廷謨 許嘉耆 韓悳華 仲 洽
李杜光 宮學錦 戈崇禮 蔡 澐 李觀瀾
盧鎮唐 吉卿瑞 王芸修 李成蹊 潘 濤
夏惟琳 陳 達 程紹芸 戴秀升 錢中懷

李景琦　繆聯芳　王世晉　張　馨　劉兆鸞

劉鎮揚

三等生員前十名

解師兆　林　墅　朱　玨　陸應雲　黄步香

周　藝　劉再庚　仲　燿　田　均　嚴泰如

科入十五名初九日考　使民如承大祭　今既數月矣　素月中天花影立得中字

紀世模　儲鎮藩　張榮詔　宫德洋　夏　蓉補加監

高　鑾辛巳孝廉方正　顔　塏捐貢　宫玉華古補辛卯　李　袞　朱雲階

錢秀峰　張喬慶州首　陳　洞　繆文光　景發祥

丁卯

程應佐解元增

萬　棨三十名廪

陳　琥副十四名府附

彭壽山北榜有五十八名北月

欽賜舉人
任志尹歲貢
副繆代琦附

戊辰會
仲振履二百五十五名
鄉恩科
仲振猷六十六名拔貢
鄒元基六十七名附

府學五名　王春明二捐貢　楊　籛補四　張思錄九府首補貢　汪　泰十三補
陸鴻遵十八捐貢

嘉慶十四年己巳督學內廷供奉兵部右侍郎萬名承風字和圃江西義寧州人辛丑進士　歲考五月初一日考

一等生員十五名　登太山而小天下　初一日五行　轂不為蠶得蠶字
高　銘優　程紃組優　朱成渠　湯治昭　潘克諧
李　宸　羅福謙古　吴林蘭古　朱　珏　陳　琪
繆維鑛　夏　蘭　葛虎彝　李萼榮　宮承治

二等生員三十五名

韓　訓（優）　宮學錦　紀時霖　顧　雯　花登瀛

宮玉華　葉鹿鳴　梅　英　田蘭瑞　宮治華

張家駒　田　瑞　戴秀升　高　鑾　李榮國

潘　濤　仲　洽　邱　堅　田增福　任　鈺

陳師琳　袁開慶　翟鴻磐　袁振華　袁振芳

陳　容　俞肇鍈　宮　騏　宮志洛　楊　筠

張　馨　錢中懷　王世升　汪　燿　王　錚

三等生員前十名

譚　筥　王世豐　陸應雲　周　鑾　章家升

儲鎮藩　陳商説　郁涵淮　陳鍾瑞　仲炯

歲入十五名初七日考　舉伊尹　孽子　鈫符得鈫字

程紹昌州首補加監　俞庸　夏蓮貢補　宫庠補丙子溧水教　許受耆補恩貢

李慶華戊寅副　李萼華　陳蘭芝貢補　蔣澍　江德慶

吴倚　葛蕙田府首　黄珂　張慶源古　康發祥貢補

府學五名　丁甲首　許步曾六　王皋蘭七補　陳鳳書八

張　熙九補貢改恩樹

嘉慶十五年庚午督學經筵講官吏部左侍郎正白旗滿洲副都統

管理國子監事務玉名麟字研農滿洲正黄旗人乙卯進士補行科考

一等生員十五名 三月廿日 君子不以言 二句 歷代江南循吏事跡 歌吹是揚州得西字

韓訓 仲炯 繆維鑛 儲鎮藩 許嘉耆
李杜光 俞肇鍈 程紃組 朱樓 顔塏
朱珏 程紹芸中 陸應雲 沈寶春 葉鹿鳴

二等生員三十七名

程紹昌 陳師琳 夏蓮 宮承治 吴增輝
王榮禧 楊筠 朱霞古 沈殿春 郁涵淮
朱成梁 宮玉華古 田瑞 周藝 葉荊蘭
梅英 繆思贊古 潘濤 宮潤 許碩耆

潘克諧　田蘭瑞　陳洪岳　錢中懷　王　鵬

章家升　李　宸　蔡　澐　田增福　林　森

戈崇禮　宮　庠古　陳瑞芝副　王世泰　繆文光

王化行　高　銘

三等生員前十名

宮魁瀛　孫廷謨　單一和　湯　銘　譚　筒

周　知　夏　蓉　李萼榮　陳兆鵬　俞　庸

科入十五名廿五日考　兄弟也子謂衛公子荆　夫人蠶繅以爲衣服　與若春華敷得華字

周德基　朱士煌補捐教碭山［？］　張鳴韶古　繆文煥已卯江浦教　陳林芝

庚午

程紹芸 廩 十一名　朱鳳三　黃治傳　丁楫　徐瓚　唐煥章 乙未 恩拔
陳琥 四十九名 丁卯副　葛虎仁　王國華　張慶瀾 州首　王德洋　宮志瀛
副
吳林蘭 附 十六名
陳瑞芝 附 十九名
府學六名
夏荃 首補 捐教 桃源教　王世履 五 捐運副 使台州府　譚熙純 九古 捐貢　陸鴻賓 十二
宮欘華 十六　王國鈞　府首張南薰未入次案進

嘉慶十六年辛未督學文淵閣直閣事內閣學士兼禮部侍郎教習庶吉士正黃旗滿洲副都統文 名寧 字遠皋 滿洲正紅旗人 甲辰進士 歲考

辛未會
陳師慶 百三十五名

一等生員十四名 八月初旬 瑟兮僩兮者 至 喧兮者　有紀有堂　用心若鏡 得人字
俞肇鍈　高銘 優　潘克諧　羅福謙　翟鴻磐 古
繆維鑽　陳商說　程紃組　葉鹿鳴　吉卿瑞 降服

宮　潤　朱士煌　沈殿春　許受耆

二等生員四十名

俞國銘　宮承治　李　宸　夏　蓮優　管　壎
單一和　孫廷謨　嚴泰交　王　賓　劉兆鸞
易志瞿　戴秀升　李觀瀾　宮　庠經解　李鏡元
黄大烇　謝廷鑑　紀時霖　宮棣華　葉繡林
朱　佶　孫侍宸　李運超　王焕臺　任　鈺
曺一夔　程紹昌　張慶瀾　劉先庚　葛虎文
張慶百　宮玉華　李杜光　陳　容　繆文焕

湯治昭古　許碩耆古　周德基優　解師兆優　王壽朋優

三等生員前十名

丁　楫　丁玉衡　凌　輅　周　藝　邱　堅

葛虎彝　劉慶臣　仲　燿　俞　庸　繆聯芳

歲入十五名七日考　萬物覆焉今夫地　必有圭田圭田　升嶽浮海得經字

程祥芝補優貢　吳樹蘭府首補貢　陳　濂州首　陸　鴻　陳　誼

李萼春　陳兆鰲補戊子金壇教　張南薰捐貢　鄭之沂　宮榮錦

宋　煥　周　侃　韓　棨古　丁學鴻　許道壎

府學五名

常　增首古補拔　劉　鋆六補戊寅己卯　韓　鼎九　田　蓉十三

尤煥勛古　入儀徵一名　圓承烈補貢

嘉慶十七年壬申督學文　科考七月廿七日考

一等生員十二名　詩云潛雖伏矣　節　盜法　雲中白鶴得如字

高斗城　俞肇鍈　宮玉華　葉繡林　高　銘拔

王榮禧　王煥臺　張鳴韶　夏　蓮　周德基

黃大燧　程紹昌

二等生員三十八名

朱士煌　陳商說　易志瞿　嚴泰如　李鏡元

仲　燿　李景琦古　嚴泰交　謝廷鑑　紀時霖

任　鈺　戈崇禮　張慶源　沈寶春　朱乘驄
王　賓　宮　潤　翟鴻磐　陳兆鰲　葉鹿鳴
張景緒　宮志洛　葛蕙田　程祥芝　韓　圻
田蘭瑞　沈殿春古　康發祥　夏　蓉　紀世模
謝登仕　張桂生　宮德洋　蔣　澍　李蕚元
陳　啟　宮　庠經解　潘　濤

三等生員前十名

儲鎮藩　陳鳫橋　陳蘭芝　田有黄　王化行
張　馨　韓　棨　李運超　李翰藻　繆文光

癸酉
欽賜舉人
繆代琦丁卯副

拔貢
府高　銘歲二科五廩
沈三祝歲四科十三廩

科入十五名八月初二日　君賜食　二節　莫之　投策分馬得均字
顧南江補貢　宋　禄　張瑞五　張茂承捐教淮安府教　朱鳳藻
吴　傑州首　繆錫祥改維鏁府首　李松齡　黄　悦　李庭焕
姜兆鯉　徐厚增　鄒慶元　袁錫齡　鄧鶴年
府學五名　陳賡祚三　汪　燊七　俞　庠八　宫　濤十六經解捐貢
葉汝言六　入儀徵一名　團承祖　入興化一名　徐榮桂
考貢第一場初三日　仲弓問仁　大祭　人有不爲　一句
第二場初四日　王良登車

嘉慶十九年甲戌督學工部左侍郎文淵閣直閣事王名以銜字

勿庵浙江歸安人乙卯狀元　歲考十月初八日考

一等生員十六名　他日由鄒之任　二句　志以道寧言以道接　江心鑄鏡得江字

宮　庠優經解　任　鈺　俞肇鍈　陳林芝優古　宮玉華

宮承治　吳樹蘭古　張桂生　康發祥古　高斗城

朱乘驄　羅福謙　陳鴈橋　宮學錦　顧南江

翟鴻磐

二等生員三十八名

袁振芳　朱　佶　李杜光　朱成梁　王壽朋優

張景緒　蔣　澍　仲　烔　高　鑾　陳師琳

李翰藻　王芸修　孫廷謨　葉繡林　俞文漪
繆錫祥　戈崇禮　吳增輝　夏惟琳　黃　珂
李松齡　江德慶　王煥臺　嚴泰交　李景琦
王德洋　楊　筠　葉鹿鳴　郁涵淮　俞　庸
王　玴　許碩耆　程綗組　鄭之沂（優）　繆思贊
葛虎彝　胡覲揚　李　登

三等生員前十名

陳　誼　楊光照　陸應雲　朱　霞　葉荆蘭
宮魁瀛　張喬慶　陳　濂　張榮詔　湯治昭

歲入十五名十六日考 駟不及舌至虎豹之鞟 今夫水一勺之多 登春臺得臺字

高椿 陳春江 丁錦古優貢戊子丙申舉庶吉士入北籍改名楚玉 趙琳 沈爲章

金在揚古 凌韓 田茂華補加監 吉如楠補壬辰 陳堃

夏惟琅 黄階 王應甲 黄瓖州首 李孟英欽賜戊寅副榜

府學六名

張澄洪首 韓贊襄六 韓慶魁九乙未副 夏亮釆府首十二

張登武十七捐貢 丁謩勲十八補

嘉慶二十一年丙子督學王 科考三月初十日考

一等生員十四名 楚書曰至舅犯曰 策循吏 音聲樹得槐字

俞肇鍈 戈崇禮 程祥芝 繆文煥 王壽朋古

宫　庠中　顧南江　康發祥　唐煥章　陳師琳

宫玉華　翟鴻磐　許受耆　吉如楠

二等生員三十八名

俞　庸古　湯治昭　葛蕙田　韓　棨　袁開慶

黄　珂　羅福謙　梅　英　繆文光　王芸修

陳林芝　鄭之沂　田蘭瑞　嚴泰如　潘克諧

朱士煌　金在揚　紀世模　劉兆鸞　袁錫齡

吴樹蘭　許碩耆　唐松承　陳鴈橋　程紃組

張景緒　沈寶春　李翰藻　許嘉耆　陳　逵

胡覲揚 陳商說 韓訓 陳堃 鄧欣
繆思贊 朱信 陳蘭芝

三等生員前十名

沈為章 李孟英 管壎 宋祿 夏惟琳
鄒慶元 高斗城 宮學錦 王煥臺 宮潤

科入十五名十名考 戴華嶽至今夫山 是集義所生者 保三鑑得人字

費錫午 黃珠補 俞霖澍古補捐教沛縣 丁慶雲 徐升堂壬午舉
韓步魁 戈崇儒古捐監 彭書古補 張廷柱 許汝弼
沈炳昆州首 周倜 周景淳府首 韓鋒 李榮庭

丙子
宮庠廩入十一名
副
張家駒附三名

府學七名

俞蔭溥首捐蔭府主簿　戴清和五　沈安泰七　徐　奎十二

沈大勛主補經解　顧　芳廿八改恩溥　陳　東十六補經解貢　入興化一名　徐知翰

嘉慶二十二年丁丑督學文淵閣直閣事　上書房行走内閣學士兼禮

部侍郎湯名金釗字敦甫浙江蕭山縣人己未進士　歲考月初日

一等生員十五名　子曰見賢　一章　毛炰胾羹　二句　敬勝怠者吉　得冊字

程紃組　瞿鴻磐古　俞肇鋏　羅福謙　夏　蓮

程紹昌　陳兆鰲古　湯治昭古　鄭之沂　陳師琳

戈崇禮　夏　蘭　高斗城　程祥芝古　康發祥古

二等生員四十六名

鄒慶元　黄階　鄧欣　宮學錦　沈炳昆

嚴泰如　李鏡元　梅英　朱成梁　俞霖澍

韓棨　宮棣華　邱堅　李翰藻　吴倚

陳蘭芝　徐升堂　徐厚增　陳啟　王應甲

張桂生　黄珂　費錫午　朱乘驄　宮潤

吉如楠　顧南江　陳誼　李杜光　儲鎮藩

俞文漪　許汝弼　朱樓　吴傑　單一和

唐焕章　黄治傳　李景琦　楊筠　宮騏

周巒　陳青穎　張茂承　田均　李榮國

李成蹊　王榮禧　王煥臺 以上二名準附二等末

三等生員前十名 謁王心齋公祠胡安定公祠然後發落

吳樹蘭　許碩耆　許嘉耆　徐開慶　朱鳳三

俞　庸　丁學鴻　葛蕙田　許受耆、夏　蓉

朱　芸　吉祥瑞　陳嘉言　王　治　陳學泰

歲入十五名 十三日考 必文　旅酬下為上至燕毛　抑抑威儀得偶字

周　佖　錢　儀　陳文治　吳　霨　王鄞勳 貤封五品

朱　璋 補　曹　筠　徐　貞　戴　麟 十四補項貢未考　張聯登 府首項補捐監

府學七名

錢宗演 首　陳奉綸 五十補　周承弼 七補恩貢　錢　煌 九補貢

戊寅恩科

劉　鋆 三十三名府廩

副王世豐 三十四名廩貢

李慶華 附十七名

欽賜副榜

李孟英 附

丁寶嵐十一　葛潤田十四　王　銘十八 州首 捐貢

嘉慶二十四年己卯督學堂禮部右侍郎湯　科考三月初七日考

一等生員十六名　子曰質勝文　節　策五經　曉寒留得一分花　得留字

程紃組　朱乘驄　羅福謙　章家升　朱　玨

孫廷謨　陳兆鰲古　吴樹蘭　嚴泰如　湯治昭

戈崇禮　翟鴻磐古　錢　儀　俞肇鍈　黄　珂

俞霖澍古

二等生員四十七名

夏　蓮　陳兆鵬　陳商説　韓　訓　宫玉華

己卯會

劉　鋆三十五名

康發祥古　朱成梁　程紹昌古　朱士煌　葛蕙田

孫侍宸　吴增輝　朱　芸　陳鳳橋　陳　誼

李杜光　儲鎮藩古　趙　琳　許汝弼　宫魁瀛

夏　蘭　葉繡林　許受耆　李翰藻　潘克諧

單一和　唐焕章　吴　傑　朱　佶古　陳　濂

王應甲　王榮禧　王　治　張景緒　朱雲階

吉如楠　夏惟琅　王　賓　繆錫祥　王化行

張南薰　宋　燠　吴　霨　張茂承　高斗城

吉祥瑞　沈殿春

奉牌示除三等前五名准送科舉外如有前案舉優及本案考取詩古而無等第者俱准送科舉一體發落以老生鄉試若亦然

三等生員前十名

鄭之沂　俞　庸　王煥臺　任　鈺　夏　咨

朱鳳三　周景淳　李成蹊　丁學鴻　宮　騏

科入十五名十四日考　譬如爲山二句　以傳食於諸侯二句　何日般勤重回首得成字

顏鑑澄補貢　淩曙宮　韓　森　楊序鏞　朱佩珩

葛　堉　桂　衡州首　黃　城改名瑚　宮廷樞　李肇時

陳賜組　田　溥　黃　棠補捐教　巫金鑑　鄧玉鳴

府學七名　邵鶴羣三　俞濯錦七府首　盧　玨九　周元弼十一

陳　驥十三　陳　琛十九　姜壽齡二十

己卯

王世豐四十八名戊寅副

繆文煥九十三名增

嘉慶二十五年庚辰督學戶部左侍郎南書房行走姚名文田

字秋農浙江歸安人己未狀元 歲考十二月初一日考

一等生員十五名 之其所敖惰而辟焉 彰善癉惡 二句 瓶凍知天寒 得知字

翟鴻磐古 湯治昭 葉鹿鳴 夏 蓮 陳清頴

朱成梁 陳 堃 程絧組 嚴泰交 彭 書

羅福謙 高斗城 宮 騏 陳兆鰲 田有黄

二等生員四十六名

黄 珂 孫廷謨 韓 珍 趙 琳 吉卿瑞

江德慶 繆 增 王壽朋 仲 炯 錢 儀

郁涵淮　陳商説　繆文光　朱士煌　夏　蓉

王應甲　葉繡林　夏惟琅　丁　錦　許受耆

宮學錦　黄　階　淩　輅　梅　英　王國華

陳　洞　邱　堅　宋　煐　宮魁瀛　葛蕙田

程祥芝　高　椿　俞肇鍈　鄭之沂　桂　衡

顔　塏　吉如楠　陳學泰　劉兆鸞　周景淳

費錫午　顔鑑澄　戈崇儒　章家升　王　治

劉慶臣

## 三等生員前十名

至此以後前
十俱送科舉
恩廣四名

戈崇禮　俞霖澍　任　鈺　繆錫祥　張學渠
徐升堂　徐　瓚　徐厚增　韓廣宣　宋　禄
歲八十九名 十二日考 其所令 三句 繼之以規矩準繩 二句 快雪時晴得佳字
朱賜章 補恩　俞翔洽　王佐業 改廣業 按察衛辛巳癸未壬戌衢州府頭品　卲　泌　尤　煥
黄炳圖　鄧　封　王聘之　李柏年　周東尹 補
夏　璜　嵇　鑑　田寶臣 府首古補　程紹芳 補加監入北籍改字光丁酉光　陳　福
楊　樞　陳金詔 辛卯恩科　黄　榜　孫連魁
府學八名
李　淮 二　俞雲漢 四 捐州同　繆　鑑 七　王天衢 十
李承弼 十五　鄭之濂 廿一 補貢　胡春巖 十六　程祥棟 廿七補加監州首知縣升府衍

辛巳　恩科
廣額三十名
王佐業 六名新生

道光二年壬午督學姚　科考 三月

一等生員十二名　古之君子　見之　詩學流源　百穀仰膏雨得膏字

單一和　李翰藻　陳商説　陳蘭芝　程紹昌
韓　訓　吉卿瑞　沈寶春　錢　儀　翟鴻磐
陳金詔　章家升

二等生員三十六名

俞肇鍈　葛　塤　費錫午　葉鹿鳴　陳　誼
黄　棠　潘克諧　李觀瀾　李柏年　夏　蓮
吴樹蘭　吴增輝　黄大烇　張茂承　朱賜章

韓　棨　吉祥瑞　彭　書　程祥芝　程紃組

周東尹　田有黄　陳學泰　吴　傑　徐升堂中

卲　泌　俞文漪　鄭之沂　顔　塏　徐厚增

李松齡　陳賜組　周景淳　黄　珂　陳　福

湯治昭

三等生員前十名

陳文治　任　鈺中　王聘之　陳　堃　李杜光

夏惟烺　宫　騏　田寶臣　俞翔洽　黄　榜

科入十九名　誠之者擇　一句　不親迎則得妻　熙春寒往得熙字

今
上登極特
恩廣四名

錢　煥　繆錦舒補恩貢　錢　灝　陳雲鵬　王鄞烝改朴棠 府首

鄭鴻書古　楊　煦　李　洽古　陳翰墀　陳錫嘉補

錢　鐸　俞毓鍈補加監　周　勳　陳篤慶捐貢己未　尤煥書

李　增　唐椿齡入北籍改名汝成 辛卯副河南舉　梅　壽　徐增祜

府學八名　冒琴堂二　丁　誠四　宮志涵七　徐樹基十

譚開衢十一　鄒　鍌改自厚 海門教 十三補 州首歲貢 丙子欽賜　侍　御補四　王堯章五

道光三年癸未督學南書房行走工部左侍郎周名系英字石芳湖

南湘潭人癸丑進士　歲考十月初一日考

一等生員十四名　子曰夫人　一章　厥貢惟金三品　節　從善如登得難字

壬午

徐升堂附十二名

沈三祝七十八名拔貢

任　鈺八十四名康

癸未會

王佐業 六十二名 改廣業

程祥芝 古 優　戴　麟　程紹昌 古　康發祥　程紹芳

許碩耆 古 捐監　黃　棠　俞肇鍈　俞毓鍈　夏　蓉

潘克諧　張聯登 捐監　繆錦舒　陳錫嘉

二等生員四十一名

朱賜章　王榮禧　王化行　李　袞　陳　誼

沈殿春　趙　琳　鄧玉鳴　彭　書　宮玉華

王壽朋　徐厚增　張南薰　李柏年　韓　森

葉鹿鳴　儲鎮藩　王芸修　宮　騏　宮學錦

宮廷樞　繆維鑅　韓　圻　王應甲　錢　灝

夏　蓮　黄步香　鄭之沂　錢　儀　黄　珠

沈為章　湯治昭　周東尹　許汝弼　江德慶

袁錫齡　陳篤慶　黄　悦　陳蘭芝　朱　佶

李景琦

三等生員前十名

朱鳳三　張廷柱　郁涵淮　高　椿　陳雲鵬

楊光照　陳　福　葉荊蘭　王鄭勲　單一和

歲入十五名　夫子不答　今有無名之指至一指　温故知新　得知字

周　京　尤長齡　儲賜錦　萬德基乙未恩　儲宗泗府首捐戒

俞雲錦癸卯甲辰靈石県　譚開溶　李驥　朱鳳章　湯治暉古

湯貽福　徐實補加監　儲步階補　秦錫嘏　田增瑞經解

府學七名　黃傑四　黎獻七　陳于庭改文棟九補貢　王珊十補

儲玉書十三　李宗弼十四改士藻　朱慶瀾十六捐貢州首

入高郵二名　吳淵甲辰恩　吳潭

道光五年乙酉督學工部左侍郎辛名從益字筠谷江西萬載人

庚戌進士　接行科考四月初五日考

一等生員十四名　抑為之不厭二句　策讖緯　從善如登得登字

韓訓　黃珠　桂衡　鄭鴻書　紀時霖

韓　棨　花登瀛　陳　濂　程紹芳　朱賜章
翟鴻磐　周東尹　費錫午　陳　洞

二等生員三十八名

江德慶　俞毓鍈　徐　實　吴樹蘭　夏　蓉
景發祥　湯治暉　俞　庸　田　瑞　楊　楹
譚開溶　陳篤慶　徐厚增　梅　英　李　袞
謝廷鑑　金在揚　宋　煐　陳賜組　宫廷樞
尤長齡　宫玉華　程祥芝貢優　王化行　程紃組
戈崇禮　顧南江　李　驥　夏　蓮　韓　森

湯　銘　鄧　封　沈寶春　程紹昌　康發祥

田寶臣古　王鄴勳　田　溥

三等生員前十名

唐椿齡　陳錫嘉　葛蕙田　俞雲錦　張廷柱

李景琦　錢　灝　顏鑑澄　宮　騏　戴　麟

科入十五名十五旨考　與父之政　夫豈不義　二句　應是雨催詩得催字

宮陟瀛議叙六品　于練江　黄　輅改陟瀛州首戊子安東教　袁起鳳　韓鳳池

章承縈　錢　晴補加監　儲步廷　楊　珣　丁　浩

陳　第　陳　賓　蕭昌棟　蕭瑞生府首補　陳濯江

府學六名　章　驥三己亥挺　鄒念基五　萬錦華七　章　駒九

王坤鎮十四　宫　序十七

考貢第一場

第二場

優貢

程祥芝康歲首科二等

府學拔貢

常　增康歲九科首

道光六年丙戌督學辛　歲考二月廿四日考

一等生員十五名　康誥曰惟命節　史進象笏書思對命　吴山遠借青

戈崇禮　夏　蓮　程紹芳　顔鑑澄　吉如楠

朱賜章丁　陳兆鰲　顔　塏　陳蘭芝　蕭昌棟

金在揚　尤煥書　湯　銘　陳金詔　丁學鴻

二等生員四十一名

周東尹　黃　輅　徐　貞　康發祥　吉卿瑞

沈寶春　郁涵淮　陳商說　錢　晴　陳賜組

儲賜錦　湯治暉　許汝弼　儲鎮藩　紀時霖

韓　訓　吴樹蘭　梅　壽　陳文治　陳鴈橋

尤長齡　周景淳　李　袞　徐　實　黃　階

韓鳳池　巫金鑑　俞　庸　陳　濂　許受耆

繆錦舒　黃　瓖　李　洽　沈為章　王壽朋

陳嘉言　于練江　丁　浩　桂　衡　宋　煥

錢　儀

三等生員前十名

翟鴻磐　費錫午　李觀瀾　陳篤慶　田寶臣

花登瀛　韓　燊　田有黄　凌曙宫　鄭鴻書

歲入十五名（三月初八日，而升下，有進而與，至不與，右師言，日邊紅杏倚雲栽，得栽字）

陳　漣　李　鏞補　丁貞祥　俞龍池　張雲峯補貢

戴清華　沈清淮　朱士煐州首　王　培　邵偉勲

莫爲霖補貢　夏漢章　儲啟鋥補　程祥鍪戊子恩　宫旭臨

府學八名

潘世焕三　胡德華五　仇　灼七　李　煌十

朱　鏞十三　儲二南十五　孫學洙十六　尤焕辰府首二十

道光八年戊子督學内閣學士兼禮部侍郎文淵閣直閣事朱名芳增字虹舫浙江海盐人辛酉進士　接任科考四月十三日考

一等生員十八名　以粟易械器者　四句

程紹芳古　儲啟錕古　康發祥古　吴樹蘭古　陳鴈橋

錢　儀　謝登仕　蕭瑞生　曺　筠　凌曙宫

陳　濂　俞毓鍈　陳　福　沈殿春　郁涵淮

宫學錦　錢　焕　戴　麟

二等生員五十四名

桂　衡　張廷柱　韓　珍　萬德基　陳金詔
陳　琪　周　佖　費錫午　韓鳳池　韓　森
戈崇禮　湯　銘　唐煥章　周東尹　金在揚
黃　珠　徐增祜　邰　泌　李景琦　朱鳳三
吳　爵　周　巒　黃　城　程祥鏊中　彭　書
丁　浩　嚴泰交　許汝弼　王榮禧　蔣　澍
紀時霖　楊　珣　周景淳　章承縈　俞雲錦
陳篤慶　王應甲　黃　輅中　陳　賓　宮承治
袁起鳳　尤長齡　陳蘭芝　高　椿　陳兆鰲中

李　譜　王壽朋　徐　實　夏　蓉　鄭鴻書
沈寶春　楊　煦　沈清淮　韓　棨

三等生員前十名

田　溥　宮廷樞　唐椿齡　吉如楠　黃　珂
徐厚增　宮旭臨　管　壎　趙　琳　陳　連

科入十五名廿日考　則王喜至小之　人有雞犬放　時泰吏銷兵得銷字

田寶華補州首　李序時補加貢　陳中慶　朱兆鏐　徐　煦府首古
徐震來　李裕泰甲辰恩　王鄞煦　陳　常　譚開楹古
韓　棠　陶尚虞　陳兆星捐貢　李　㝝　鄒鍾芝

戊子
程祥鏊附十八名
黃　輅附八十九名
陳兆鰲一百名廩
北榜
丁楚玉十七名北貝即丁錦

府學四名　宮元漢四　陳桂馨九　趙　瑜十九古補貢　顧麟慶補千

道光九年己丑督學工部右侍郎兼管錢法堂事務申名啟賢字

鏡汀河南延津縣人壬戌進士　歲考十月十五日考

一等生員十六名　不知言無以知人也　恒以一德　月湧大江流得流字

儲步階　顔鑑澄　陳嘉言　朱秉驄　吴樹蘭古

蕭瑞生古　康發祥古　戴　麟　夏　蓮　巫金鑑

儲啟錕　陳　賓　李裕泰　陳兆星　張鳴韶古

朱　樟古

二等生員四十名

陳清頴　王應甲　田寶臣　宫旭臨　戈崇禮

謝登仕　湯　銘　丁　楫　沈寶春　宫學錦

周　勲　曹　筠　桂　衡　楊　煦　錢　煥

黄炳圖　錢　儀　謝廷鑑　宫　騏　陳　常

周東尹　尤　煥　丁貞祥　繆文光　張學渠

王德洋　陳金詔　吴　傑　陳中慶　李肇時

李序時　張雲峯　宫承治　陳蘭芝　黄　珂

俞毓鍈　吉如楠　陳錫嘉　黄　珠　王鄞勲

三等生員前十名

夏惟琳　李　洽　章承榮　趙　琳　顧南江

萬德基　費錫午　徐厚增　江德慶　田增瑞

歲入十五名初九日考當仁　樂其有麋鹿魚鱉　澄江淨如練得澄字

戴　瑩　陳鼎新捐教　杜汝楠補恩貢　仲鳴韶州首　李柏渠補貢

夏振遠補　陳文田經古拔癸卯北庚申刑主　方　玉　王作賓捐教雎甯教　黃梯雲府首丁酉

姜　璜　陳廷瓚　陳　泉　陳麟趾經解　康　衢捐教

府學四名　吴　銓三　吴蓉江十　馬文炳古十五　徐　睦十六

道光十一年辛卯督學經筵講官吏部右侍郎白名鎔字小山順

天通州人己未進士　按任科考四月廿日考

一等生員十四名　薦其時食　文體　五日畫一石得真字

徐　實　顧南江　宫玉華中　吴樹蘭古　蕭瑞生古

李柏梁　唐焕章　韓　森　周　佖　夏　蓮

戴　麟　黄梯雲　紀時霖　陳文田古

二等生員三十四名

王應甲　陳　第　顔鑑澄　陳嘉言　丁貞祥

俞翔洽　田增瑞　陳賜組　張鳴韶　朱賜章

田茂華　朱鳳三　章承榮　譚開楹　孫連魁

吴　霨　俞霖澍　鄭之沂　徐厚增　王德洋

李裕泰　韓棠　張廷柱　陳堃　杜汝楠
王作賓　吉如楠中　俞庸　朱樟　周東尹
鄭鴻書　章家升　謝廷鑑　沈殿春

三等生員前十名

王鄞煦　康衢　李浛　李鏞　田寶臣
邰泌　田溥　丁浩　尤煥書　儲鎮藩

科入十五名五月初三日出曰　吾將瞯良人之所之也　故人具雞黍得情字

鮑洽　葉汝詮　葉汝彬府首捐教　吴滋蘭　嚴長齡
張祿常　丁筠補恩貢　鄒昺州首　蔣仁山　葉銑捐貢加知州銜

辛卯恩科
宫玉華六名康
張家駒五十五名丙子副
陳金詔附六十三名
北榜副唐汝成四十名北貝仰梧齡
壬辰補正科
吉如楠七十七名康
副潘曜三二十名俊貢

沈　瀠補拔知縣　高　鴻　許沅露　解　經　唐金圃古

府學四名　柳步青七　邱炳尉九　俞恩溥十六　劉士芬九補

道光十二年壬辰督學内閣學士兼禮部侍郎廖名鴻荃字鈺夫福

建侯官縣人已巳榜眼　歲考十一月初八日考

一等生員十七名　敬事而信　火水金木至惟修　鏡清砥平得平字

程紹芳古　顧南江　陳錫嘉　朱　樟古　戴　麟

俞霖澍　田寶臣丁古　吳樹蘭　杜汝楠古　凌曙宫

夏　蓮　李　洽　陳　誼　康發祥　周　似

宫旭臨　曹　筠

二等生員四十名

朱賜章　繆錦舒　李　鏞　王鄞勲　唐煥章
黃梯雲　陳蘭芝　李序時　康　衢　凌　轅
俞龍池　張雲峯　錢　鐸　戈崇禮　蔣　澍
錢　晴　蕭瑞生　黃治傳　李柏梁　儲鎮藩
張祿常　黃步香　顔鑑澄　蔣仁山　仲鳴韶
袁起鳳　田　瑞　郁涵淮　尤長齡　黃　階
韓　珍　王聘之　徐　實　陳　泉　楊　煦
葉汝詮　嚴長齡　蕭昌棟　李裕泰　楊光照

三等生員前十名

許沉露　戴清華　陳　堃　朱兆鏐　陳　常

王炳業　顧　雯　陳中慶　黄　悦　張慶瀾

歲入十五名 初四日考 無求備於一人至八士　挾太山以超北海　獨釣寒江雪得寒字

高　峑捐貢　錢　侃古　鄭鴻圖古　蔣　杰　周慶禧

張　淦　沈　炘補貢　宮贊元捐貢　張　澍　吴振鐸

許　沂　宋佑生　王寶春　徐承埰古捐貢 乙酉欽賜副　曹本泉捐貢

府學五名

葛　增九補恩貢　陳樹人十　康　昱古十五　錢　觀十七

黄　載二十府首補　入東台一名　葛紹芸古補恩貢　州首張兆蘭丁艱龔歲進

道光十三年癸巳督學曁工部右侍郎兼錢法堂事務廖　科考

一等生員十五名十月廿日　博學之四句　錢法　義理爲豐年　得年字

吳樹蘭古　程紹芳　郁涵淮　蕭瑞生　陳錫嘉

丁　筠　康發祥　夏振遠　沈　濚　夏　蓮

李柏梁　張雲峯　戴　麟　唐焕章中　李序時

二等生員四十名

沈　炘經解　李裕泰　鄭鴻書　陳　洞　彭　書

張　澍　陳兆星　葉汝彬　顔鑑澄　王作賓

莫爲霖　俞　庸　杜汝楠　錢　侃　丁　浩

高　銓　鄭之沂　張　淦　鄭鴻圖　顧南江

徐承琛　尤煥書　陳篤慶　俞翔洽　宮旭臨

陳　泉　仲鳴韶　宮承治　朱　樟　俞龍池

李　鏞　葉　銑　金在揚　錢　儀　陳嘉言

田增瑞　俞霖澍　儲啟錕　黃梯雲　袁錫齡

三等生員前十名

周　勳　曹　筠　陳　誼　宋佑生　宮贊元

陳　漣　俞雲錦　繆錦舒　鄒鍾芝　錢　晴

科入十五名奋考　禦人以口　二句　子力行之　雞鳴村巷白得鳴字

乙未恩科
萬德基附一百十二名
唐煥章附一百十五名
副韓慶魁五名府增

朱鳳書　邱泗源　丁式洵補貢　韓崙　黃金聲
陳沛補加貢　黃朝昂　李慶芳古州首　章華國　章惟和
鄧坊　陳大馥　黃元英　陳廷煇　許善慶古貤封捐貢

府學五名
陳義　戈靜煦　朱士煜　章驤府首補貢
姚懋清　入高郵二名　吴沂　吴溶白許入

道光十五年乙未督學吏部右侍郎龔名守正字季思浙江仁
和人壬戌進士　歲考十二月廿三日考
一等生員十五名　攝乎大國之間　居上克明二句　寒雞知將晨得星字
戴麟　吴樹蘭　康發祥　朱賜章古　葉汝彬

丙申會

丁楚玉 翰庶吉士 一百六十九名

彭　書古　戈崇禮　凌曙宮　陳文田　蕭瑞生古

朱　樟　田寶華　鄒　昺　俞毓鍈　黄元英

二等生員四十名

蕭昌棟　徐承埰　高　銓　張雲峯　沈　瀠

徐震來　杜汝楠　黄梯雲　宮贊元　蔣　杰

陳錫嘉　丁　筠　蔣仁山　陳大蘐　邱泗源

黄　瑚　譚開楹　繆錦舒　李　鏞　俞翔洽

丁式洵　沈　炘　宋　煐　鄒鍾芝　丁　浩

章家升　王炳業　宮旭臨　夏　蓮　田增瑞

李裕泰　蔣　澍　章承榮　宋佑生　吉祥瑞

高　鴻　梅　壽　陳　常　周　似　李　洽

三等生員前十名

陳　漣　湯　銘　鄧　坊　陳嘉言　鄧　封

俞龍池　朱士煐　湯治暉　陳　洞　丁　楫

歲入十五名（二十日考）異乎吾所（至）容衆　晉人以垂（三句）　樓號清風頗覺清（得壺字）

袁懷仁（補癸卯）　黄　蕙（補捐教）　林　節　張兆蘭（古）　戈　兌

陸　霖（古）　宋桂生（州首補捐教）　朱保祺（項補捐監乙卯）　瞿　澐　張紀雲

周雲路　李　倫　鄭林章　劉　震　王聚五

府學五名　陳文澤（府首補拔）　沈　丙　劉天榮（古捐貢）　沈　焱（補）

葉　燾（古補貢）

道光十七年丁酉督學調戶部左侍郎龔　科考（二月十六日考）

一等生員十八名　經界既正三句　宋元明理學源流並朱陸異同　隨風變榷謳得音字

陳文田（古拔）　朱賜章　田茂華　沈　濚（古）　蕭瑞生

許善慶（古）　楊　珣　戴　麟　杜汝楠（古）　李裕泰

吴樹蘭（古）　丁　筠　徐承埰　王聚五　康發祥（古）

張紀雲　鄒鍾芝　葉汝彬（古）

二等生員四十五名

朱　樟　張祿常　丁式洵　花登瀛　陳蘭芝
唐金圃　周東尹　錢　煥　張　淦　陳篤慶
朱兆鏐　陳　第　蕭昌棟　俞雲錦　尤煥書
蔣　澍　韓　森　李　洽　陳　濂　鄭之沂
鄭鴻書　章承榮　夏振遠　莫爲霖　徐增祜
周　勳　陳嘉言　朱鳳三　顔鑑澄　陸　霖
康　衢　李序時　黄梯雲中　吉祥瑞　蔣　杰
章華國　李慶芳　高　鴻　高　崟　王作賓
儲步廷　周　似　戈崇禮　張兆蘭　錢　晴

三等生員前十名

袁懷仁　林　節　錢　侃　陳　漣　儲啟錕

黃　珠　蔣仁山　宋桂生　戴清華　黃元英

科入十五名（歲考）　一瓢飲　書同文行同倫　用汝作霖雨得多字

丁酉

黃梯雲（四十三名附）

北榜　程宇光（印程紹芳北貢解元）

劉作賓（捐常博）　陸鑑平（補加貢）　陸灌森（州首補恩）　黃　轃（府首）　梅汝翰

汪　時（捐貢）　李長漣（補）　徐鳳翔（古）　夏嘉瑞（巡檢欽加六品）　徐　麟

儲樹人（壬子大挑縣）　史長華（己酉魁麻陽縣）　黎　元　王朝慶（補貢）　劉佩芳（古）

府學五名　黃玉振（癸酉）　黃夢蓉（古捐貢）　于文濯　唐震之（庚子恩中書）

童　寅

拔貢
陳文田歲九科前增生

考貢第一場　事君敬其事一句　予雖然豈至為善　經解

第二場　賦得其數八得春字

道光十八年戊戌督學戶部左侍郎南書房行走祁名寯藻字春浦山西壽陽縣人甲戌進士　歲考十月十四日考

一等生員十六名　故君子名之必可言也　物勒工名以考其誠　三五明月滿得三字

沈濚古　顧南江　沈炘經解　戴麟古　陸灌森

丁式洵　錢煥　儲樹人　宋桂生　葉銑

林節　鄒鍾芝　許善慶　鮑洽　劉震

陳濂

二等生員四十名

田增瑞　田寶華　陳　洞　劉佩芳　儲賜錦

吴樹蘭　丁　筠　徐鳳翔　顔鑑澄　陳　常

宫廷樞　袁懷仁　鄭鴻書　曺　筠　吴　霨

史長華　杜汝楠　王聚五　葉汝彬　唐金圃

夏振遠　蕭瑞生　俞毓鍈　夏　蓮　田茂華

張雲峯　李柏梁　朱賜章　康　衢　戈　兌

李　洽　陸　霖　陳兆星　張　淦　俞龍池

譚開榲　周　倜　朱士焕　宋佑生　章華國

已亥提正
章　驥入名府附

三等生員前十名
湯治暉　錢　侃　儲步廷　錢　儀　陳兆鵬
王作賓　俞雲錦　鄒　昂　鄭鴻圖　宮贊元
歲入十五名初九日考　不賞　我欲中國而授孟子室　檢書燒燭短得書字
葛　澐州首古補恩甲子　錢汝駿府首補貢　曹桂峯　朱士傑　宮清祥古補加貢
曾松慶補加貢　戴卿雲補貢　儲詔榮　孫遐齡　丁壽山
高彝范巡檢　王　楨　錢桂枝改桂森幼童補己酉虞戊翰林　陳景星古　王致祥府經補錯改增
府學五名
黃　州三　邱文田九補貢　宮慶芳十三　高紹淳改長治十七
康　濟十六

道光二十年庚子督學禮部左侍郎毛名式郇字伯雨山東

歷城縣人己未進士　補行科考四月廿八日考

一等生員十九名　親親仁也敬長義也　保甲　麥氣迎秋得迎字

田寶華　袁懷仁　杜汝楠古　吴樹蘭　顔鑑澄

黄　蕙　王朝慶　蕭瑞生　陳　濂　徐鳳翔

鄭林章　李裕泰　葉　銑　李柏梁　錢　侃

沈　灤古　葛　澐　宋桂生古　俞雲錦

二等生員四十一名

李序時　夏振遠　莫爲霖　王致祥　朱士傑

夏嘉瑞　陳大護　夏　蓮　魯松慶　陸灌森
史長華　儲樹人古　孫遐齡　王作賓　康　衢
陸　霖　仲鳴韶　曹桂峯　許善慶　陳兆星古
沈　炘經解　楊　珣　章華國　蕭昌棟　顧南江
戈　兌　林　節　丁壽山　鮑　洽　吳振鐸
徐　麟　張　淦　鄒鍾芝　吳　霨　張雲峯
陳蘭芝　陳廷瓚　宮陟瀛　李　鏞　戴清華
鄒　昺

## 三等生員前十名

丁式洵　朱佩珩　黃元英　韓森　戴麟

錢煥　張澍　嚴長齡　徐震來　鄭鴻圖

科入十五名 四日考　而天下治武王曰　執其兩端　子在川上　得川字

張蔭南 府州首　劉舜年 古補貢　黃成憲　仲文韶 捐貢中書　崔辰 辛亥恩

程振裘 古補　周賓　丁振綱　冒同慶　韓景相

童牧　葉鈺 捐貢　宮庚堯 補捐貢　王道 捐貢　黃以燾 古

俞文露 十　黃檢 十一　鄭瑞章 十二　黃紀雲 十五

庚子恩科

唐震之 一百十一名 府增

北榜副

王寶禾 四十一名 北貝移州

府學五名

費錫申 二十 捐貢 詹主

道光二十一年辛丑督學調吏部右侍郎毛　接任歲考 九月初二日考

一等生員十七名　善政不如善教之得民也　五皇極至庶民　直如朱絲繩得繩字

彭　書　宋桂生　杜汝楠　朱賜章　仲文韶

戴鄉雲　戈　兌　顔鑑澄古　葉　銑　許善慶

孫遐齡　宫庚堯　陸鑑平　朱保祺　夏振遠

史長華　陳大頀

二等生員四十名

顧南江　沈　瀠　葛　澐古　劉作賓　唐金圃

劉舜年　王朝慶　葉　鈺　吴樹蘭　李裕泰

程振裘　冒同慶　田寶華　俞雲錦　徐鳳翔

周　賓　朱士傑　張兆蘭　繆錦舒　張雲峯
袁懷仁　儲樹人　蔣仁山　陸　霖　徐震來
徐　麟　黄　轃　鄒　昂　吉祥瑞　葉汝彬
章華國　王德洋　夏嘉瑞　朱　樟　李長漣
吴　壽　高彝范　尤長齡　錢　晴　康發祥

三等生員前十名

徐承埰　宋佑生　嚴長齡　丁式洵　韓景相
黄成憲　田增瑞　錢　煥　田寶臣　李柏梁

歲入十五名 三十日考 不忮不求 以篤周祜 三句 易象三才得才字

張楚江　汪　晴州首捐教　吉萬青　陸鑑源府首捐教　岳鴻藻

韓文溥　張兆璠補加貢　常存恭　解廣潢捐貢　費文彪補恩

李士芸　錢汝驤　丁華林　孫　燮　夏嘉謨補貢

府學五名

夏嘉穀捐教運同知府銜　鄭　榕　許樹森　丁迓衡

費嘉辰

道光二十三年癸卯督學毛　科考二月廿五日考

一等生員十八名　其爲仁矣　策經學　莊敬日強得強字

宋桂生　顔鑑澄古　沈　炘經解　錢　晴　錢汝駿

沈　瀠古　宫庚堯古　徐　麟　仲文韶　彭　書

許善慶　陸鑑平　陳大頀　朱保祺　丁　筠
朱士傑　李裕泰中　丁壽山

二等生員四十名

張雲峯　張楚江　黃　轃　汪　時　劉舜年
黃以燾　張兆璠　劉佩芳　杜汝楠　田　溥
葉汝詮　周慶禧　戈　兊　王朝慶　童　牧
費文彪　高　釜　韓文溥　解廣潢　俞翔洽
宮贊元　顧南江　曹　筠　陸鑑源　田增瑞
李　鏞　吳樹蘭　葉　鈺　陸　霖　徐承埰

宮清祥　李士芸　陸灌森　章惟和　章華國

陳廷瓚　徐鳳翔　丁式洵　鄒鍾芝　陳泉

三等生員前十名

王道　陳洞　高藝范　李柏梁　葛澐

陳賓　韓森　劉作賓　錢煥　周賓

科入十五名 昔考 誰能出不由戶 楚之檮杌 道義之門 得門字

徐壽南府首　宮庚榮補　李斌臣　鄒彥賓古　湯晉古

顏鑑濤　單渭南　古已未恩中書鄧華章　宮丁辰　潘鎔

張元勲捐貢　曹金鑰捐教　宮耀庭州首　周淮補　費文虒

癸卯

俞雲錦附一百一名

袁懷仁一百四名廪

北榜丁廷表九十二名北貝

陳文田一百九十七名拔貢

甲辰會

俞雲錦七十四名

鄉恩科

李裕泰附四十九名

府學五名　葛汝霖古　金崇慶捐貢　徐　聆古捐監　戈　凱補捐貢

景　惲古　入東台一名　葛紹庭捐教碭山教

道光二十四年甲辰督學内閣學士兼禮部侍郎南書房行走張

名芾字小浦陝西涇陽縣人乙未傳臚　歲考十月廿日考

一等生員十七名　大匠誨人必以規矩　毋金玉爾音　二句　菊殘猶有傲霜枝得霜字

沈　瀠古　宋桂生　周　淮　莫爲霖古　錢汝駿

周東尹　戈　兑優　朱保祺　韓文溥　吴樹蘭

王炳業　葛　澐　錢　晴　李斌臣　黄　蕙

沈　炘優經解　陳大䕶

二等生員四十二名

徐　麟　儲鎮藩　宮庚堯優　高　釜　湯　晉

宮清祥　儲詔榮　田寶臣古　黃元英優　韓　森

費文彪　張雲峯　章承榮　仲文韶　張兆瑨

王朝慶　李序時　徐壽南　劉作賓　周慶禧

丁式洵　葉　銑　劉舜年　宋佑生　黃成憲

田　溥　王德洋　汪　晴　章惟和　楊　珣

高彝范　丁華林　張蔭南　陳景星　梅　壽

陳兆星　繆錦舒　康發祥　花登瀛　朱賜章

田寶華　錢汝驤

三等生員前十名

郁涵淮　孫遐齡　許善慶　儲樹人　徐承埰

宮旭臨　徐鳳翔　解廣潢　朱士傑　陳　堃

歲入十五名酉日考　賢乎哉　衆皆悦之發棠章　水始冰得冬字

康　境　康　年州首捐貢改名瀛　金　璧　王　柱補捐教戊午庚申翰林改名桐　盧殿魁

陶鳳鈞　徐　昕　邵　珩　楊克家　俞桂森

王實蕃補　錢　霖府首　韓　寅捐貢　楊維植　陳士英

府學六名　陳作人三古補貢　朱　典十　韓肇曦十二古　沈金鑑

曾松齡十六古補加貢　俞寶柱十九古補貢　北直移學二名　顧　鎣教戒海州教　王寶禾副榜

道光二十六年丙午督學陞工部右侍郎兼管錢法堂事務張　科考

一等生員十八名四月廿三日　霜露所隊　史學　流觀山海圖得經字

田寶臣古　錢桂枝　潘　鎔　張兆璠　沈　瀠古

劉作賓　杜汝楠古　吳樹蘭　鄭鴻圖　蔣　澍

王寶蕃　湯治暉　徐震來　汪　晴　周　勲

徐　麟　李序時　黄元英

二等生員四十名

程振裘　孫遐齡　韓　崙　沈　炘　朱鳳書

李斌臣　金　璧　王　柱　周慶禧　湯　晉
吉萬青　周　淮　宋桂生　王朝慶　徐鳳翔
夏嘉謨　金在揚　宮庚堯　鄭鴻書　尤長齡
丁振綱　陸　霖　顔鑑濤　儲樹人　高彝范
鄧華章　田寶華　鄒　昺　宮清祥　丁　筠
錢汝駿　費文彪　陳士英　宋佑生　單渭南
蔣仁山　曹　筠　葉　銑　戴清華　章華國

三等生員前十名

汪　時　朱士傑　魯松慶　郁涵淮　朱賜章

莫爲霖　丁式洵　李慶芳　田溥　陳兆星

科入十五名二十日考　是猶執熱　不以六律　紫櫻桃熟麥風涼得涼字

陳文霦州首加監壬戌　章駉　鄒福海改炳鑄捐貢丁卯副　盧雲桂捐貢　陳述先府首捐貢

江有聲補捐貢　俞鳳翔　郭景朱捐貢　尤鎮南　梅復

茆貢南　方以勤捐貢　費文琥捐貢　趙鑑　宋廷璋

府學六名　李兆蓉二補加貢　房宗泗八古　萬坤十一　宮兆龍十三

宮棻四　黃棡九

道光二十七年丁未督學戶部左侍郎兼管三庫事務李名煌字楠

堂雲南昆明縣人丁丑進士　歲考十月十二日考

一等生員十七名　仁者人也　四句　廣業維樅　節　凍雲傍水分梅萼　得雲字

朱保祺捐監　王　柱　葛　澐　陸鑑平　陶鳳鈞古

許善慶　張兆璠　章　駉　田寶臣古　徐鳳翔古

沈　濚優古　單渭南古　張楚江　郭景朱　高彝范

丁式洵　儲樹人

二等生員四十一名

周雲路　宋桂生優　葉　銑　錢桂枝優　戈　兌古

李慶芳　吴振鐸　周慶禧　梅汝翰　夏嘉謨古

錢汝驤　劉舜年古　李序時　陳士英　鄧華章

史長華優　田寶華　康　境　鄒彥賓　陳述先
陳大馥　宮清祥　鄭鴻書　錢　霖　陸鑑源
宮庚榮　徐　昕　杜汝楠　王實蕃　盧雲桂
徐承埰　王致祥　常存恭　黃　蕙　潘　鎔
顧南江　尤鎮南　陳　漣　楊　珣　程振裒
孫遐齡

三等生員前十名

顏鑑澄　李長連　陳景星　吉萬青　俞桂森
陳文霦　朱士傑　鄒　昺　張蔭南　章惟和

歲入十五名二十日考　知虞公之不可諫而去之秦　逃墨　柳絮才高不道鹽得塩字

王　佩　王仁淵捐貢同知郎中　繆汝成　葛奎璧古　鄭　棠古

顔　駿　俞彦槐府首　鄒應庚捐貢　盧金墉訓導　吴　鋆捐貢

吴同庚　王寶琳　陸登龍古　戴承恩　鮑景洵

府學五名　章　庚　吴宗冕州首補貢　俞士淳　韓兆庚補丁卯

周憲章

道光二十九年己酉督學光禄寺卿青名麐字龍賓號墨卿滿洲正白

旗人辛丑進士　補行科考四月廿八日考

一等生員十八名　子貢問友　一章　策儒林　恭作肅得恭字

沈　濚拔　錢桂枝中古　夏嘉謨　費文彪　錢汝駿
張雲峯　劉舜年古　徐鳳翔　陳大蕿古　宮清祥古
盧雲桂　王　柱　劉作賓　江有聲　丁　筠
顏　駿　周　京　朱士傑

二等生員四十二名

鄒福海　陸登龍　俞桂森　葛奎璧　陳景星
杜汝楠　解廣潢　陸鑑平　田寶華　陶鳳鈞
韓景相　宋桂生　費文琥　徐震來　張　澍
李長漣　張楚江　吳　鋆　高彝范　徐　麟

單渭南　丁式洵　李慶芳　葉　銑　戴承恩

鄧華章　高　釜　俞翔治　宫旭臨　陳兆星

吉萬青　宫贊元　周　賓　田　溥　李　鏞

冒同慶　盧金墉　尤焕書　繆汝成　康　年

黄　蕙　鄒鍾之

三等生員前十名

葛　澐　王　佩　葉汝詮　宋佑生　陳　第

陸鑑源　王致祥　尤鎮南　梅汝翰　章　駉

科入十五名閏四月初七日　子夏之門人至云何　必使仰足以事父母　樹之風聲得懷字

己酉
史長華十四名增
錢桂枝四十一名廩
北榜 高錫康七十名監生
拔貢
沈滎歲十一科首廩
府學
陳文澤歲十三科首廩

陳文源補　朱士炘　孫○墅補　王希聖古　徐艮思
宮寶生州首巡檢　戈燾　顏驤古捐貢　徐坎孚　朱履經古
俞永柱古　湯春元　鄭康甲子魁　魯松岩古　馬殿魁府首
府學五名
謝兆奎三補廩捐貢　盧衡古五補貢　吳宗輔補古十　宮麗生十三
○朱餘庭十九補貢
考貢第一場初九日　君子有三畏　無他達之天下也　歸奇於扐以象閏解
第二場初十日　策　論　豐年康讓多得多字

道光三十年庚戌督學陞內閣學士兼禮部侍郎青　歲考十一月初五日考
一等生員二十名　子曰富與貴　一節　視遠惟明二句　春點梅梢玉不寒得寒字

庚戌會

錢桂枝十二名改桂森翰林庶吉士

張兆璠　劉舜年　宮清祥　陶鳳鈞　陳文霦古

陳文源古　萬奎璧古　劉作賓　徐鳳翔古　陳大護

朱士炘　張楚江　費文彪　戴卿雲　楊維植

費文虎　王　佩　顏　駿　張雲峯　錢汝駿

二等生員四十四名

章　駉　宋桂生　周　淮　陳述先　朱　履

夏嘉謨　王希聖　陳兆星　儲詔榮　鄒　昺

朱士傑　丁振綱　高　崟　郭景朱　汪　晴

鄒應庚　陸登龍　王實蕃　陸　霖　孫　墅

李序時　尤焕書　章惟和　陳　泉　韓　寅
湯春元　李斌臣　李長漣　單渭南　吴同庚
陸灌森　張　澍　丁式洵　俞桂森　田增瑞
丁華林　楊　珣　章華國　方以勤　張禄常
顔　驤　錢汝驤　解廣潢　陸鑑源

三等生員前十名

宫寶生　丁壽山　王　柱　戴清華　朱鳳三
陳鼎新　梅汝翰　徐坎孚　李士芸　王　道

歲入十九名十月廿九日考　昔者吾友　二句　自南自北　視履考祥得占字

恩廣四名

錢汝騶補　陳士琦　繆錕補貿貢丙子　顧履祥古補丁卯　沈鏞

顧澐　桂嶢州首捐貢　徐瓘捐貢　高恩溥府首補　盧訓

馬學純　宮昕　章甫補貢　梅嘉淦　景惺

許登瀛捐貢補　陳乙霖古　徐步瀛補　戴鑾捐貢

府學七名

宋兆生古補三　李恩涵古補壬午　許秉嚴　袁寶鏐

袁錦　王栩古　陸濯津

府學錄取一等十名

邱文田四　盧衙七　趙瑜八

李兆蓉七　葉燾十六　章驤九　朱餘庭廿　戈凱廿三

陳文棟十四　吴宗冕卅

辛亥恩科
廣額三十名
崔長附四十四名

咸豐二年壬子督學青　科考三月廿日考

一等生員二十二名　爲人謀而　三句、倉儲利弊　清池魚躍見天機得魚字

夏嘉謨　張兆璠　繆錕　宮清祥　張雲峯
陳文源古　江有聲　錢汝駿　陳士琦　鄒彥賓
王柱　費文麓　陳文霦古　葉銑　陸鑑平
葛奎璧古　孫遐齡　曹金鑰　李長連　杜汝楠
徐坎孚　鄒應庚

二等生員四十六名

戈燾　章惟和　宮庚堯古　儲樹人中古　高彝範

陳篤慶　方以勤　戴卿雲　孫　墅　鄭　棠

費文彪　鄧華章　單渭南　高恩溥　王希聖

俞桂森　張楚江　陳大馥　陳兆星　顔　驤

許善慶　汪　晴　黄　蕙　宫庚榮　程振袠

冒同慶　景　惺　俞彦槐　戴　鑾　葉　鈺

康　年　周　淮　魯松岩　盧雲桂　梅嘉淦

陳　漣　郭景朱　周東尹　宋廷璋　俞永柱

田寶華　王朝慶　陸登龍　章　甫　顔　駿

解廣潢

三等生員前十名

朱履 徐鳳翔 王仁淵 韓寅 陶鳳鈞

陳乙霖 宮昕 錢汝騶 顏鑑濤 吳鋆

科入十五名先日考 子曰參乎 樂斯二者 二句 舞干羽于兩階 得干字

黄劦補貢 陳樹棠 王魯言 王龍淵 陳桂山

施槐林古捐貢 高恩洪州首補貢 高鍊生 宮廷榕 章承燾

王焱補貢 朱泮林 王義淵府首古補加教 熊介清幼童 ○袁淦霖古捐貢

府學六名 吳錞三 宮元溱四 陳亮采八 邰福基十補

羅亨元改星緯丙子補 宮士炘十六補貢

壬子

儲樹人百十名附

乙卯北榜

朱葆祺百五名附監

府學一等五名 俞寶柱五 宋兆生七 朱餘庭六 李恩涵廿一

宮兆龍卅

咸豐七年丁巳督學大理寺卿李名聯琇字小湖江西臨川縣人乙巳進士 補行歲考

一等生員二十名 六月廿三日考 士未可以言而言 四句 其祀中霤祭先心 雲中白鶴得原字

常存恭古 顧履祥優 許善慶 陳大護 葛奎璧古

前任侍郎何名桂清雲南人未終選詹事奎名章滿洲人接任又未終復選李接任

田寶臣 單渭南 徐鳳翔 魯松慶 丁式洵

張楚江 葛溎古 程振裘古 盧雲桂 鄭康

韓景相 周京 梅汝翰 張兆璠優 鄒應庚古優

二等生員五十名

冒同慶　陳　沛　周東尹　陳　堃　丁　筠

盧金墉　劉作賓　梅　復　朱士傑　費文彪

戴清華　俞桂森　李柏棵　陳乙霖　章惟和

李慶芳　俞彥槐　朱泮林　鮑景洵　徐　昕

汪　晴　朱士炘　費文麃　郭景朱　戴承恩

梅嘉淦　盧殿魁　錢　霖　吉萬青　錢汝駿

王希聖　王龍淵　李士芸　汪　時　康　境優

錢汝驤　宋佑生　宮庚堯　徐承埰　顔鑑濤

陳漣　宮廷榕　顧澐　劉舜年　朱賜章

繆錕　鄭鴻圖　宮旭臨　景惺　陳樹棠

三等生員前十名

宮庚榮　桂嶢　韓寅　鮑洽　魯松岩

鄒福海　陸鑑源　鄒昂　陳士琦　陳昂新

恩廣四名

歲入十九名 三十日考 惟泰生之至饔飧 主司城貞子爲陳侯周臣 叒念阿房宮賦，得蘇字

王鎜 古補貢　朱沅　王貽燕 捐教改大使　陳士穀 己卯　楊克由

錢桂芳 改桂楨　王貽清 捐監辛酉知縣　陳壯猷 翰林州首捐貢丁卯辛未　陳海珊 補　李錦雯

丁振緒　袁旦　田以時　田樹森 古　邵汝楫

鄭鴻謨　楊克敬　王維翰吉己未　朱翔鶴

府學七名

曹餘慶府首吉補拔　房宗琯改應庚　黃河清　張　敏補

陳慶祺　章　份吉補貢　葉承恩補貢　入儀徵一名　團　宸

府學生員一等十名

宮士炘四　羅亨元吉九　葛　增十

沈金鑑十一　宮元漢十三　吳宗冕十七　宮麗生十六　韓肇曦二十

陳作人廿一　章　庚廿三

咸豐七年丁巳督學李　補行科考七月十七日考

一等生員二十一名　知及之仁能守之三節　埶法　風吹草低見牛羊得歌字

田寶臣　李長連　顧履祥　周東尹　劉舜年

桂嶢　繆錕　葛澐　劉作賓　朱沅
陳士琦　葛奎壁　徐承垛　康境　孫墅
陳沛　李慶芳　宮庚榮　王維翰　許善慶
王貽清

二等生員四十七名

張兆璠　繆汝成　陳大護　鄒應庚　陳海珊
盧雲桂　常存恭　徐鳳翔　單渭南　朱泮林
魯松慶　陳樹棠　陳景星　梅嘉淦　鄭康
冒同慶　王焱　王鋆　吉萬青　徐坎孚

高恩溥　盧　訓　方以勤　費文琥　顔鑑濤
朱賜章　戴承恩　宫庚堯　戴卿雲　鄭鴻圖
俞桂森　田以時　楊克由　宫　昕　鄧華章
陳　第　邵汝楫　高恩洪　程振袁　袁淦霖
陳乙霖　楊維植　鮑景洵　鄭鴻書　周　淮
陸鑑源　陳昂新

三等生員前十名

顔　駿　費文彪　韓　寅　韓景相　丁式洵
朱士傑　徐　昕　湯治暉　王朝慶　錢汝駿

科入十五名 二十日考 詩云邦畿千里至黃鳥 以力假仁者霸二句 壺盧中漢書得僧字
顧麟魁 石 梁 補優貢 高蘭谿 周作人 尤塗卿
錢德基 俞嘉植 鄒汝陽 捐同知 鄭拔萃 王鶴齡 己未副
朱 霈 知縣補丁卯甲戌 李金臺 補庚午 黃雲漢 馬躍龍 改丙炎補貢 戴 焱
府學六名 黃彥升 汪達汝 陳喻義 王景勳
朱士雲 李寶琛 甲子魁批教諭城 此案撫州府首
府學生員一等十名 陳作人四 邱文田首 羅亨元五
韓兆庚六 萬 坤十 黃玉振十一 房宗瑄十三 章 份十七
吴宗冕十六 曹餘慶二十

戊午北榜
王　桂 百十六名 訓導改桐

咸豐八年戊午督學李　歲科並考 三月初四日考

一等生員三十名 禹稷躬稼　野有蔓草　六句 次節　傾蓋如故 得郝字

李　鏞　程振裘 古　王義淵　李序時　黃　荔 古
魯松慶　王實蕃　錢汝駿　盧殿魁　朱士炘
田寶華　費文彪　石　梁　顧　澐　朱翔鶴
王貽清　田以時 古　陳士毅　江有聲　朱　霈
吳　鋆　張楚江　鄒汝陽　夏嘉謨 古　單渭南 中
宋佑生　施槐林　周慶禧　田樹森 古　周作人

二等生員六十七名

高蘭谿　徐坎孚　康　年　王　鋆　宮庚堯　王鸛齡（副）　宋廷璋　王朝慶　繆汝成

王維翰（中）　莫寓霖　陸灌森　丁華林　劉舜年　俞彥槐　章惟和　繆　錕　李金臺

高恩洪　儲詔榮　陸鑑平　陳壯猷　邵汝楫　王魯言　楊克敬　朱賜章　仲文韶

周　淮　顧履祥　陳士琦　丁式洵　陳乙霖　陳桂山　陳景星　韓　寅　岳鴻藻

周　京　魯松岩　錢　霖　梅汝翰　朱士傑　王龍淵　陳兆星　葉　鈺　鄭鴻書

張兆璠　馬躍龍　冒同慶　葉汝詮　李士芸
鄭鴻謨　高恩溥　潘　鎔　鄒應庚　宮旭臨
沈　鏞　汪　時　宮庚榮　陳　堃　費文琥
韓　崙　鄒　喁　劉作賓　陳海珊　陳　沛
朱　沅　鮑景洵

三等生員前十名

張蔭南　梅嘉淦　葛　澐　孫　墅　陸登龍
周東尹　沈　炘　景　惺　楊維植　尤淦卿

歲入十五名 初八日考子入大廟　兩章　夔夔齊栗　二句　蟲聲新透緑窓紗　得春字

韓嶽生古　丁元起　趙雲露補改雲鶴　李沛深禮主州首補甲子庚辰魁　王海古補貢

黃篘古補貢　王猷　朱慶鏞補庚午辛未　丁亨衢改步衢捐貢州判　陸光三

李汝霖補捐貢　宮裕祖　許淇　李如璽　周襄恩

府學六名

宮召南改對廷捐貢　黃玉衡　仲福謙古癸酉　章焱

戴承勲　韓兆康

科入十五名第二圖

徐桂瑛　許文彬　楊克成　王國楨丁卯副　丁保庸

宮泰來補加教　蕭櫄補　曹國蘭　孫業勤補　花三益

黃馨桂　陳寶儒捐貢　姜選樓古　戴頡雲改丙森古　邵汝霖府首補

己未恩科補乙卯科

王維翰附六十五名

陳篤慶附貢百四十六名

單渭南附百八十一名

副

王鸛齡附廿三名

庚申會
陳文田十名刑部主政
王　桐十六名翰庶吉
辛酉北榜
錢桂楨二十一名附監官拳

府學六名
楊克恭　夏寶鑄　陸　輅　劉文貴
鄒沁源　俞恩洽
入興化一名
徐元烺
府學一等十一名
黄　載四　吴宗冕五十　謝兆奎九　魯松齡十
陳作人九　邱文田廿　吴宗輔廿　袁　錦廿七　萬　坤廿六
房宗瑄廿九　李兆蓉廿七
同治元年壬戌督學翰林院侍講學士孫名如僅字亦何山東
濟甯州人癸丑狀元　補行歲考十二月十二日考
一等生員十六名　子曰詩三百　兩章　如竹箭之　二句　冰清玉潔得循字
王羲淵十　王　鋆　劉舜年十　王　海　戴頡雲十

前任侍郎孫名葆元直隸人未終選侍郎梁名瀚陝西人接任又未終復選孫接任

李沛深古　張兆璠古　徐鳳翔　丁元起古　孫墅古

王焱　陳士琦　石梁　田樹森　錢汝騶

宮裕祖古

二等生員二十五名

章甫　費文彪　周慶禧　黃荔　鄭康

朱沅　宋廷璋　馬躍龍　高恩洪　陳海珊

陳樹棠　王希聖　朱慶鏞　湯治暉　黃簵

孫業勤　宮清祥　儲詔榮　宮庚榮　梅復

陳乙霖　朱士炘　楊克成　顏鑑濤　朱士傑

三等生員前十名

王致祥　繆　錕　宮廷榕　魯松慶　趙雲露

戈　燾　熊介清　李慶芳　盧殿魁　尤煥書

恩廣四名

歲入十九名 十七日考 天下有達至如爵 爲機變之巧者 馬工枚速得兼字

劉　鎮古　戈靜安癸酉拔教　高步雲補　翟　堦　王紹曾

儲金棟　儲藻鑑　汪達源古補恩貢　盧福保州首補恩貢　丁　煥

壬戌北榜

陳文霦九十四名增監

蕭注三　儲　進　王貽璋府首丁卯中書　王景卿　朱裕庭

高嘉樹　游　鏜癸酉丁丑禮主　孫　墀　黃志儒

府學八名

韓德基首　高善樹古二補捐貢　李效郢八補貢　顏　馴古補丁卯解元

陳槐林 補癸酉 教癸未 戸主 王維植 補 李熾昌 胡廷璋

府學一等五名 曹餘慶 古二 章 份 古四 宮士炘 十三 房宗泗 古四

汪達汝 十六

同治元年壬戌督學孫 補行科考 十一月廿四日考

一等生員十五名 經正則庶民興 二句 字學說文 聳壑昂霄得霄字

王 鋆 章 甫 顧履祥 黄志儒 宮清祥

王義淵 石 梁 徐步瀛 盧福保 趙雲露

劉舜年 陳海珊 汪達源 繆 錕 王 海

二等生員二十六名

鄭　康　宮裕祖　徐鳳翔　戴頡雲　宮泰來
高恩洪　朱慶鏞　常存恭　儲藻鑑　劉　鎮
陳士毅　周襲恩　孫　墅　戈　燾　王紹曾
景　惺　鄧華章　費文琥　鄭　棠　丁元起
袁　旦　李金臺　高步雲　吉萬青　高嘉樹
王貽璋
三等生員前十名
朱　沅　李沛深　儲金棟　魯松慶　王　猷
丁　渙　馬躍龍　陳士英　李慶芳　張兆璠

以捐輸例奉
旨增廣文武暫額
各四名定額各六
名永以為例自此
次起

科入二十五名（十二月初一日）不下帶　飲食之人無有失也　别裁僞體親風雅（得裁字）

王學淵（捐教）　陳寅生　張聯慶　張雲慶（古補捐貢）　王敬淵（捐教丙子）

張桂　郁　陳文鐸（補優貢）　季文敏　劉錫純　沈雨春

孫毓芝　陸　英（補拔己卯魁）　黃　荇（補）　沈淦源　朱葆初

程延張（古）　程子駿（古）　郁　澄　曹榮慶（補捐貢）　夏裕慶

韓鳳樓　劉炳章　李　澤　熊介眉　劉履祥

府學六名　吉升祺（首補貢）　蔣文田（六補）　王恩沐（五）　宮　聲

袁　昶　俞珊園　此案無廩首　入東台一名　葛超曾

府學一等六名　葉承恩（四）　曹餘慶（五拔）　陳作人（六）　章　份（十）

部福基十五　羅星緯十六

考貢第一場初三日　爲人臣　四句　反身而誠　二句　經解

第二場初五日　策　論　崇舉九賢得賢字

府拔貢

曹餘慶歲二科五廩

同治二年癸亥督學陞內閣學士兼禮部侍郎孫　補

行歲考九月初六日考

一等生員十九名　浸潤之譖　下一段　九五福一曰壽　眷戀庭闈得闈字

李金臺　陳　沛　江有聲　劉舜年古　張兆璠

馬躍龍　王義淵古　王致祥　冒同慶　章　甫

王　鋆古　石　梁古　翟　堦　王敬淵　李沛深

戴卿雲　王　海　王　猷　顧履祥

二等生員四十名

宮泰來　陳壯猷　陳兆星　宮裕祖　鄭林章

岳鴻藻　梅　復　俞桂森　李　倫　費文琥

儲藻鑑　吳　鋆　王國楨　韓嶽生　劉錫純

宮清祥　王紹曾古　孫業勤　繆　錕　俞永柱

丁元起　儲金棟　費文麓　沈淦源　陳寅生

周作人　張聯慶　陳士毅　花三益　顏鑑濤

楊維植　戈靜安　袁　旦　朱　沅　丁　煥

宮庚榮　宋廷璋　王貽璋　顧　澐　戴頡雲

三等生員前十名

陳桂山　陶鳳鈞　高恩洪　徐鳳翔　高嘉樹

王學淵　梅加淦　蕭　橒　黃　荔　錢汝騶

前案捐廣奉部議併入此次以後照例廣六名

歲入十五名 十二日考夏后殷周繼至人有言　故凡同類二句　當其下手風雨快得風字

顧淦馨　錢桂蟾　朱鳳翔　梅嘉植　張韞生古

宮廷珍州首補　李書城古補貢　陳錫恭府首補　葉上林　徐寶球

葉　瑜古　高爾庚補　萬祥鳳　張文淦　杜以漸

府學七名

孫　時首　申　銜三補　王　庭八補　徐　橒十

曹　倬廿古補捐貢　李獻琛十四古詹主　劉懷禮十六補貢

府學一等七名　章　份首　顔　馴二　王維植三　邱文田八

蔣文田九　朱餘庭十七　高善樹廿一

同治二年癸亥督學孫　接行科考九月十九日考

一等生員十六名　子曰上好禮至脩己以敬　揚州水利　爲善如藥台得成字

王　焿　王　鋆　顧履祥　劉舜年　陸鑑平

江有聲　李金臺　王義淵　石　梁優貢　張兆璠

陳　沛　李沛深中　高恩洪　宫庚堯　繆　錕

高恩溥

二等生員四十六名

馬躍龍（挑增補）　桂　嶢　張雲慶　宮泰來　蕭　橒

沈淦源　劉　鎮　王紹曾　王致祥（挑增補錯更正）　宮裕祖

戴卿雲（挑增補）　費文麗　盧雲桂（挑增捐貢）　宋廷璋　汪　時

錢汝騶　汪達源　王希聖　戈靜安　陸　英

楊克敬　花三益　朱　沅　高步雲　戴頡雲

王國楨　游　鏜　杜以漸　王實蕃　李長漣

程子駿　盧福保　徐　瓘　趙雲露　徐步瀛（挑增補）

宮清祥　儲　進　劉履祥　戴　焱　吳　鋆

徐寶球　丁元起　岳鴻藻　黃　荔　王　海挑增補

儲金棟

三等生員前十名

宮廷榕　王學淵　俞桂森　孫業勤　王景卿

葉上林　鄒福海　熊介眉　李汝霖　顧淦馨

科入二十一名廿五日考　子張學薄其稅斂二句　正流俗之華說得章字

陳煥春　顧恩澤　梅昭旦　徐佩芝　曹鍾慶補

張文杰乙亥　徐　勰　譚立庭　石兆鰲　盧金聲捐貢光署

常鶚文　唐恩福　冒篤慶古　章承烈　王　鑑

甲子江南補戊午科
于　森補　葉官葆捐貢　儲樹聲　陳日新欽賜丁卯副　王春宜
鄭　康附五名　曹炳奎幼童
李寶琛十七名府附
葛　澐廿三名恩貢　府學六名　徐恩榮捐教　程　保四補　李福康九補　吳文煌十
李沛深百一名新補　高　桐十　尤宗漢九　此案無州首　入東台一名　葛希曾

優貢
石　梁歲十二科九新補　府學一等八名　魯松齡首　章　份三　戈　凱四　顏　馴九
李寶琛十四中　王維植十七　陳槐林十六　章　驤十九

同治五年丙寅督學大理寺卿　上書房行走鮑名源深
字花潭安徽和州人丁未進士　歲考六月初一日考
一等生員十八名　思天下之民　三句人有言章　相觀而善之謂摩　高槐陰轉暑風清清字

前任侍郎宜名振漢軍旂人告病復選鮑接任

盧福保　陸英古　陳文鐸　黃簵古　汪達源
朱霈　李金臺古　黃荔　王貽璋　戴頡雲古
張雲慶古　劉鎮古　孫業勤　宮泰來　劉炳章
俞桂森古　曹炳奎古　李汝霖

## 二等生員二十六名

王國楨　李書城　徐瓘　沈淦源　顧履祥
夏嘉謨　鄒福海　陳煥春　陳錫恭　朱裕庭
王焱　陳海珊　陸鑑平　徐步瀛　宮庚榮
朱沅　戈靜安　王魯言　葉上林　潘鎔

江有聲　張韞生　宮廷珍　高恩洪　吴鋆

邵汝楫

三等生員前十名

章甫　劉舜年　陳寅生　陳堃　桂嶢

陸登龍　戴承恩　丁湏　顧澐　盧金聲

歲入二十六名 初九日考　吾聞觀近臣　二句　非無萌蘖之生焉　疏竹當軒一榻風得軒字

以捐輸例奉旨再增廣定額文四名武三名暫廣文武各一名

陳家亮　黄樨古亥　申穎　顧景星府首　劉寅清

章鼒　黄三曾　江對山古　曹錦雲　陸藻

李震　徐懋永　朱作霖　馬繼周　沈湘補

高　清　徐寶瑄古　翟履坪古　張杏南　劉子駿

陳彝範乙亥　邰肇祥　孫美鏐　鍾　槐　孫蔭南古

高宇澄

府學五名　顧　問補　戈永平補貢　吴沛霖補　宋裕生

黄振清

府學一等六名　李效郢首　葉承恩二　顔　馴古三　高善樹古五

張　敏八　蔣文田九

同治五年丙寅督學鮑　接行科考六月十七日考

一等生員二十名　烏嘼不可與同羣二句　盐政　茶瓜留客遲得留字

盧福保　朱慶鏞　王貽璋中　陸　英　李書城
顧履祥中　李金臺　徐步瀛　戈靜安丁　黃　荇
汪達源　趙雲鶴　王國楨副　宮泰來　錢汝騊
曹榮慶　孫　墅　高　清　王學淵　孫業勤

二等生員四十三名

儲　進　朱　霈中　曹炳奎　陳文鐸　儲金棟
程子駿　王致祥　朱作霖　馬繼周　張聯慶
劉炳章　陳　塋　陳日新欽賜副榜　陳錫恭　俞桂森
徐寶球　張杏南　徐佩芝　朱裕庭　鍾　槐

冒同慶　蕭注三　潘　鎔　戴卿雲　劉　鎮

孫蔭南　宫廷珍　徐　瓘　王景卿　蕭　檑

梅昭旦　李汝霖　章　甫　盧金聲　葉上林

邵汝楫　鄒應庚　陳煥春　王　焱　張文淦

張桂郁　張雲慶　黄　簃一等末覆降此

三等生員前十名

黄　茘　高恩洪　朱翔鶴　于　森　章承烈

顧景星　陳海珊　李文敏　桂　嶢　尤鎮南

科入二十五名　題仝歲試此係歲案第二圖

丁卯（江南補 辛酉科）

顔　馴（元 府廩）

王貽清（三名 附貢）

顧履祥（九十八名 廩）

王貽瑋（二百三十七名 增）

朱　霈（二百七十四名 廩）

韓兆庚（二百六十七名 府廩）

副

王國楨（二十名 附）

鄒炳鑄（四十六名 附貢）

欽賜副榜

陳日新（附）

宮　柱（古補）　丁培之　高錦谿　李兆蓮　韓寶琳

張文梓　陸光庭　戈治源　盧時霖　謝義聲

陳銀濤　王　埈　單寶鑾　于　植（州首）　趙雲官

李　芹　袁上桂　黃綸綍　譚業騏　張麗生

魯之璠　易兆樾　陳時臬　戴錦雲　陳鳳鳴

府學八名

陳　芾（庚午挑教）　張文棨　石廷甲　尤汝楫（補）

陳慶雲（古）　李濬源　錢桂榮　陳玉濤（古）

府學一等十名

顔　馴（首 中）　宋兆生（四）　葉承恩（六）　戈永平（七）

李效郢（九）　汪達汝（十七）　羅星緯（十八）　章　份（九）　吴宗輔（二十 丁）

邵福基廿

同治七年戊辰督學都察院左副都御史童名華字薇硯

浙江鄞縣人戊戌進士　歲考十一月十四日考

一等生員十八名　可以贊天地之化育　樂只君子殿二句　閒尋書冊應多味得多字

陳文鐸　盧福保　黄　籥古　孫　墅　汪達源

錢汝騶　李汝霖　沈淦源故　高恩洪　沈　湘

宮裕祖　潘　鎔　徐步瀛　李金臺古　李書城

王　鑒　俞桂森　石兆鰲

二等生員二十九名

朱慶鏞　黄　荇　章　甫　錢德基　顔鑑濤
徐　瓘　葉　瑜　于　森　沈雨春　翟　堦
戴頡雲　陳焕春　曹錦雲　丁　涣　陳樹棠
趙雲官　張文淦　費文篪　蕭　橒　申　蘋
王致祥　季文敏　劉子駿　俞彦槐　黄以焘
孫業勤　張楚江　朱鳳翔　陸　英

三等生員前十名

孫　塀　李　澤　張文杰　宫　昕　周襲恩
丁振綱　顧　澐　馬躍龍　王　海　趙雲鶴

歲入二十五名（二十日考） 子禽問於子貢曰夫子 古之賢王 二句 清極不知寒 得梅字

仇金釗 黃羣杰（補，癸酉丙子翰林） 韓兆庠 黃 烜 陳 書（補）

夏鳴鳳 陳文璐 楊兆榮（古） 王化成 邵克勤（古）

李鄴書 王魯芹 宮同府 宮敬生 張杞南

王貽年（補） 李賡唐 吉義溥 李桂聯 夏樓慶

程 芹（古補） 宮炳成（補，州首） 葉 鋆 陳彝簡（府首） 朱 溶

府學五名

黃葆年（癸酉拔，教癸未） 王敬盦（補） 鄭樹蘭（補） 滕舉傳

王化明

府學一等七名 羅星緯（四） 吳沛霖（八） 吉升祺（十） 申 銜（十一）

曾松齡十三　張　敏十四　王維植十六

同治九年庚午督學陞工部右侍郎童　科考五月初八日考

一等生員二十名　可謂知矣問仁　三通得失　窗下泉流竹外雲得流字

陳文鐸　李書城　宫　柱　趙雲鶴　張雲慶古

陳家亮丁　宫炳成　宫廷珍　汪達源古　孫　墅

黄　簵　許登瀛默經　馬躍龍　王貽年古　陳　書

宫庚榮　高步雲　鄒應庚古　戈静安　葉　瑜

二等生員四十五名

劉子駿　周作人　高恩洪　李桂聯　石兆鰲

王魯言 宮裕祖 杜以漸 邵汝霖 徐寶瑄
蕭　櫺 夏鳴鳳 王魯芹 游　鏜 朱慶鏞中
譚業騏 汪　時 李金臺中 孫業勤 袁上桂
解廣潢 徐步瀛 劉　鎮 陸　英 王致祥
丁元起 錢汝騶 袁　旦 單寶鑾 戴頡雲
徐懋永 儲　進 蕭注三 郃克勤 陳彝範
顧景星 李汝霖 章　甫 王　鋆 高恩溥
戴卿雲 沈　湘 黃　樨 俞桂森 潘　鎔

三等生員前十名

陳煥春　韓兆庠　張聯慶　顧　澐　陳彝簡
曹錦雲　葉　鋆　孫蔭南　張桂郁　邵汝楫
科入二十五名 十五日考　子曰其身正　兩章　周公思兼三王　志在流水得琴字
張麟友　李毓桐府首　孫原吉　夏佩之　王　烜古
吉　鴻　王昺源古鹽經　邱錫祥　潘炳成　顔文炳
陳文梁古　吴宗澂古補　楊維柱　王樹基　盧嘉樹
費　楠　陳家循　劉　倬　劉霈森　謝承恩
周保齡　袁　鑣　顧潤之　梅　瀛　王　鑄
府學七名　陳恩淦改燮堯二州首補　王貽彤四捐貢縣丞　孫　塈十一古　程世沅十三古補

庚午江南補行壬戌恩科
陳　芇一百八十六名府附
李金臺一百九十五名廩
朱慶鏞二百五十二名廩

辛未會 陳玉田十五補 宮裕源十七 崔保齡二十補乙酉 入東台一名 葛念曾

王貽清三名翰林 府學一等八名 葉家恩首 李效鄞三 吉升祺十 宮士炘十六古

朱慶鏞百廿六名即用县 劉懷禮十七 申 銜九 張 敏廿三 章 庚廿四

同治十年辛未督學吏部左侍郎彭名久餘字味之

歲考十月初六日考

一等生員二十二名 子擊磬於衛 一節 心好之身必安之 一片承平雅頌聲得聲字

黄 籙古 盧福保古 陸 英 吴宗澂 宮 柱

黄羣杰古 陳 書 戈靜安 蕭 檁古 李書城

陳文鐸古 景 惺 徐懋永古 趙雲鶴 王鼎源古

陳樹棠　宮庚榮　宮廷珍　汪達源　高步雲

王貽年　徐寶瑄

二等生員三十四名

夏鳴鳳　孫　墅　游　鏜　錢汝騶　劉子駿

徐步瀛　宮炳成　曹榮慶　王化成　許登瀛

朱葆初　費　楠　戴卿雲　劉沛森　張杞南

楊維楨　顔文炳　宮同府　顧景星　鄒應庚

高恩洪　王　海　王　焱　曹鍾慶　費文篪

劉錫純　黃綸綍　丁　渙　丁元起　王魯言

李毓桐　申頡　黄三曾　解廣潢

三等前十名

王烜　孫毓芝　熊介眉　李桂聯　張文梓

高清　繆汝成　楊維柱　戴承恩　張桂郁

子產聽鄭國之政　善為我辭焉　洗硯魚吞墨得魚字

歲入二十五名

周以藩　夏淦清　劉法曾（古補）　丁榮黼　仲璧（丙子）

陳耀三（州首）　張士熯（府首古）　崔寶榮（古）　袁登庸（古癸酉副）　錢耀庭（古）

錢如升　王煥章　王達源　盧長齡（補）　康恪

張鑑湖　王效曾　王錫疇　韓寶生　戴蓉江（古）

曹步瀛　朱澍　俞東森　章京丙子副　單炳成改肇蜚古

府學五名

盧廷楨　康讌嘉補　李泰來　王汝洋古　李承恩古丙戌檢討癸酉欽賜副壬午正

府學一等生員八名

朱餘庭七　章份十二古　王化明十六　張敏文　葉承恩十六

戈凱十九　章驤廿三　戈永平廿三

同治十二年癸酉督學陞吏部左侍郎彭　科考四月廿四日考

一等生員二十二名　此其大略也　節　治河得失　暖風庭院草生香得香字

陸英古拔　蕭檼古　黄羣杰古中　宫炳成　李書城

陳文鐸古　曹鍾慶　高步雲　陳海珊　趙雲鶴古

馬躍龍　王貽牟　宮　柱古　王魯芹　黃　籓古

汪達源古　袁　鑣　葉官葆　戈静安古中　顔文炳

葉　瑜古　陳文梁古

## 二等生員五十四名

丁元起　儲　進　王　海　解廣潢　尤鎮南

黃　椲　張文梓　李　芹　袁上桂　王致祥

徐懋永　黃　荇　錢汝騶　許登瀛　戴卿雲

宮庚棨　高恩洪　吳宗檄　宮廷珍　徐寶瑄

王鼎源　孫蔭南　章　京　夏佩之　陳士穀
譚立廷　陳家亮　朱裕庭　康　恪　韓兆庠
劉子駿　崔寶榮　邱錫祥　王曾言　錢耀廷
吳　鋆　仲　璧　葉上林　劉　震　孫業勤
張桂郁　熊介眉　張麗生　王達源　高蘭谿
徐　勰　徐佩芝　李賡唐　周憲恩　徐　璀
陳彝範　王　焱　葉　鋆　陳　書

三等生員前十名

陳彝簡　戴蓉江　謝義聲　俞桂森　高嘉樹

劉　倬　謝承恩　李毓桐　盧金聲　陳銀濤

科入二十五名五月初四日考　過宋而見孟子　有德者必有言　青雲得路新 得新字

曹炳耀捐貢　章華臺古 改濬深　鄭　鎏 改保衡　黃壽耆　王　震經解

徐世濟州首　葛福履　吳寶和古　丁慕周欽賜癸酉副己卯正　鄭　桐古

陳湛清府首　崔寶華　許桂南默經　汪鴻儀　朱葆達古

戚澍棠古　丁榮淦　姜人鏡　仇　筠　沈廣譽

陳恩沅　黃人杰古　鄭祥鳳補　王貽哲壬午宫卷　陳嘉淦

府學五名　屈　溱　宮士杰　沈　灼補　武登瀛古

宋　熈　入東台一名　葛憲曾

癸酉

黃玉振二十六名府增

陳槐林三十四名府廩

黃葆年附六十一名

仲福謙府增八十一名

黃羣杰府廩一百六十一名

游　鏜附一百六十二名

戈靜安增一百六十三名

副

袁登庸附二名

欽賜副榜

丁慕周附

李承恩附

府學一等生員十二名

徐恩榮四古　陳恩淦丁六古　蔣文田七

羅星緯八　戈永平十古　張敏十三　章驤十六　葉承恩十八古

李恩涵廿　曹倬廿　章份卅　朱餘庭廿七

拔貢

陸英歲三科一原

考貢第一場初五日　為之難　二句　孔子曰小子聽之　節　二南先周後召解

第二場初七日　策唐詩辨體　論漢河南守吳公治平為天下第一　賦得貢樹分香得香字

同治十三年甲戌督學翰林院侍講學士林名天齡字錫三

福建長樂縣人庚申進士　歲考十二月十二日考

一等生員十八名　足兵至去兵　無稽之言弗聽　二句　賦得學問至芻蕘得蕘字

甲戌會

朱霈二百四十四名即用縣

程芹　王貽年古　于森　陳文鐸　孫業勤古

戴丙森　石兆鰲　盧福保　戚澍棠　盧長齡
仇　筠古　宮廷珍　陳耀三　黃綸綍　汪達源
邱錫祥　葉　瑜　劉法曾

二等生員三十四名

陳海珊　王　燚　王　鑑　單炳成　費　楠
錢汝騶　郜克勤　馬躍龍　高恩洪　曹步瀛
黃　荇　王魯言　鄭祥鳳　韓兆庠　陳文梁
謝義聲　單寶鑾　張桂郁　徐寶煊　陳家循
俞桂森　高錦谿　袁　旦　譚業騏　夏佩之

徐佩芝　張士煥　王寶春　黃三曾　王達源
崔寶榮　陳嘉淦　王錫疇　景　惺

三等生員前十名

孫　墀　崔寶華　夏淦清　張麗生　宮炳成
朱鳳祥　葉上林　李桂聯　李毓桐　冒篤慶

歲入二十五名　聖人有憂之使契　取諸人以為善　二句　心共寒潭一片澄　得心字

陳寶深　楊培基　黃慶門古補　韓文炳　徐煥彰
韓文杰　李　梃　李德明　曹瑞蘭　李樹棠
尤　震　丁耀祖古　夏國鈞　宮士愃　朱晉原古

乙亥　恩科

廣額三十名

徐永炘監四十四名
黃　樨附六十二名
陳彝範附一百五十一名
張文杰附一百五十五名

劉朝棟　田熙元　王貽典古補乙酉官卷　錢錫爵古　房吉戍

王培芳　范　樸古　丁沐恩　邵壽泉　錢作舟古

府學六名

鄧　恪補　葛桂森府首　陳祖武州首　錢桂文　俞煥藻補乙酉拔

劉　鈖古

府學一等七名

吉升祺一　葉承恩二　李恩涵六古　高善樹九

王敬盦十　王貽彤十五　戴承勲十六

光緒二年丙子督學林　科考五月二十四日考

一等生員二十二名　雖有周親　二句　策二典三謨　四騏龍驤得驤字

宮庚榮　陳文鐸古　黄慶門　程　芹　章　京古副

丙子會
黃羣杰 三百三名 翰林

黃　籥　邰壽泉　黃綸綍　馬躍龍　王貽典古
陳寶深　丁耀祖　李書城　錢錫爵　夏佩之
楊培基　孫業勤　吳宗黻古　徐寶瑄古　王貽哲
陳家循　陳　書

二等生員六十二名

陳錫恭　蕭　櫄　王培芳　高爾庚　費　楠
王效曾　宮炳成　高恩洪　朱葆達　于　森
葉　瑜　孫　墅　譚業騏　陳海珊　黃　荇
戴　焱　錢汝騶　曹鍾慶　陳嘉淦　戴卿雲

邱錫祥　王　海　陳湛清　盧福保　宮裕祖
許登瀛　王　鑑　夏檁慶　黃三曾　杜以漸
戚澍棠　王　煊　徐煥彰　李　芹　仲　璧中
陳家亮　程延張　宮同府　王粤源　劉法曾
李桂聯　俞桂森　周襲恩　王　猷　戈治源
劉子駿　錢耀廷　夏淦清　謝義聲　仇　筠
徐佩芝　楊兆榮　馬繼周　盧長齡　李　震
朱晋原　王魯言　周作人　鄭　鎏　劉朝棟
單寶鑾　張楚江

恩廣四名
丙子
王敬淵 二名附貢
仲壁 三十一名附
羅星緯 三十四名府廪
尤錫藩 九十五名監
繆錕 九十八名廪貢
副
章京 十二名增

三等生員前十名
陳景星 黃人杰 梅嘉植 常鼎文 邵汝楫
王龍淵 單炳成 徐世濟 周以藩 陳彝簡

科入二十九名 閏五月初二日考 前日至他日 得志與民由之 柴門臨水稻花香 得香字
馬煥章古 李長耀 景名棠古 程恩洋補 徐憲彰
王恩錫古 欽賜丙子副 單文煜古 謝天澤 王先甲 孫沂
盧廷楷 徐定求 喬鶴峻古 邵炳勳 吳桂陽古
康蔭官 顏捷 李星南古 葉慶元 宋榮桂
錢錫疇 朱培元 韓景洙 宋瑜 黃坤

欽賜舉人

鄒自厚歲貢

欽賜副榜

王恩錫附

北榜

高彝尊卅三名監

優貢

陳文鐸歲四科二廪

孔憲洙　李覲唐古補　王培菜　李崇本性理

府學七名

顧錫中府首補乙酉拔　顧元杰補　劉同寅補　陳金彝

孫壽林　張文澤　錢江潮州首

府學一等生員九名

李恩涵一　蔣文田二　陳燮堯五古　吴沛霖六　劉懷禮七

吉升祺九　俞煥藻十六　程保十八　程世沅十九

光緒三年丁丑督學林　接任歲考十月十三日考

一等生員二十二名　無君子莫治野人　二句　爲此春酒　二句　橘柚垂佳實得佳字

宫柱古　邵汝霖性理　高爾庚古　宫庚榮　孫業勤古

丁丑會

游　鏜 百五十名 禮主

黃　簬　汪達源　陳士毅　王貽牟　陳家亮

盧福保　高恩洪　王貽典古　宮裕祖古　曹鍾慶

宮廷珍　馬丙炎　程延張古　蕭　橒　黃慶門

王培芳古　陳文梁

二等生員七十名

陳海珊　李覲唐　馬煥章　王化成　景名棠

吳　鋆　葉　瑜　王達源　陳錫恭　徐憲彰

譚業騏　吳宗澂　李桂聯　桂　嶢　康蔭官

戴錦雲　趙雲鶴　孫　墅　錢汝騶　戴卿雲

陳家湑　盧長齡　孫蔭南　邱錫祥　康　恪
張桂郁　劉朝棟　黃綸綍　宮炳成　楊培基
顧潤之　錢耀庭　劉錫純　宋　瑜　邵炳勳
崔寶榮　朱晉原　韓寶生　許桂南　顧淦馨
李毓桐　周以藩　高嘉樹　許　淇　費文麗
陳恩沅　王　海　費文琥　戴　炎　劉法曾
吴寶和　曹錦雲　劉　鎮　徐佩芝　申　頡
邵壽泉　黃　荇　李　芹　鄭　鎣　陳耀三
葉　鋆　顏文炳　夏國鈞　夏佩之　韓景洙

潘炳成　謝義聲　徐懋永　陳嘉淦　孫　沂

三等生員前十名

許登瀛　戴丙森　徐焕彰　吴桂陽　曾松岩
馬繼周　朱丙炎　袁　鏢　高錦谿　袁　旦

歲入二十五名廿one日考　殷周繼其義　君之於民也固周之　十月梅花破寒玉得寒字

章　程　王耀鑾　韓麗辰古　陳增淦古　崔保求古
宋學賢古　陳錫武　李福祚　王玉汝　朱齊彦
黄凝慶　周士標　王炳章　李德馨　陳晉初
朱炳滎古　儲錦江乙酉拔　儲人鑑　黄家杰　李　聰

韓國鈞古邑卯　王培荍　顧錫祥　徐厚基　嚴謹

府學七名

陸聯珠古四州首　袁國楨七府首　徐邦俊十古補　夏燕慶十古

陳復揚十三　王　治十五補　陳德宜十古

府學一等十二名　崔保齡二古　葉承恩三　李恩涵五　陳喻義六丁

鄭樹蘭七　蔣文田八　吉升祺十　王　庭十一　許樹森十四算學

張　敏十五　康讌嘉十七　俞煥藻二十古

光緒五年己卯督學吏部右侍郎夏名同善字子松浙江仁

和縣人丙辰進士　補行科考　四月十二日考

一等生員三十五名　詩云王赫斯怒　兩節　屯田　光風霽月周

宮　柱古　盧福保　王貽典古　盧長齡　王貽年
費　楠　章濬深　邰汝霖史論　石兆鰲　高恩洪
吉　鴻　王　烜　部壽泉　王錫疇　馬繼周
黃　谿　夏佩之　丁沐恩　黃慶門　程延張古
孫業勤　李兆蓮　陳煥春　徐寶瑄古　鄭祥鳳
朱晉原古　錢錫爵　顧潤之　李崇本　杜以漸
高爾庚　宮裕祖　宮廷珍　景召棠　于　森

巳卯
陸　英八名拔貢
陳士穀九十一名增
韓國鈞九十六名附
欽賜舉人
丁慕周癸酉欽賜副
重宴鹿鳴　提正
王廣業辛巳恩
欽加二品銜
庚辰會
李沛深十三名禮主

二等生員五十五名

宮庚榮　鄭　鎏　丁華林　喬鶴峻　李福祚

徐佩芝
李德馨
梅昭旦
陳錫恭
曹錦雲

徐憲彰
丁培之
王貽哲
劉　鎮
陳增淦

王魯言
趙雲鶴
顏文炳
陳樹棠
韓國鈞中

陳錫武
劉寅清
葉　瑜
朱　澍
曹鍾慶

張麟友
顧　澐
崔寶榮
劉法曾
王　鑑

朱丙炎
吳桂陽
戴錦雲
朱葆達
崔保求

朱士炘
張士焕
邰炳勳
馬丙炎
李覲唐

戚樹棠
潘炳成
戴丙森
宋學賢
顧錫祥

周以藩
徐熉彰
李長耀
許登瀛
丁耀祖

夏鳴鳳　王達源　朱　溶　高　清　徐定求

三等生員前十名

郘克勤　錢錫疇　張桂郁　陳嘉淦　王魯芹
陳寶深　徐寶球　宋榮桂　邱錫祥　張麗生

科入二十五名 四月二十日考　吾土地也　君子哉若人魯　新竹壓簷桑四圍齋

劉　佺　王珍淵　高玉樹古　郭貞彝　王翰舒
鄭祥鰲　劉瀓清　盧求古　朱爾康補　淩　塽
黃致中　王廷珍古　李順觀州首補　朱維澤　黃觀濤
張朝綱　陳恩洽府首　孫進之　孫鴻漸　汪金鎔

石如嶽　戈承杰改秉璋　徐天璋　姜春渠　費樾補

陸駉　夏彭齡史論　徐俊彰古　楊大坰

府學六名

陳希璧古　韓國慶古

府學一等十三名

李福康九古　俞翰藻六　程世沅五　蔣文田首

顧問九　王治十六　宫對廷十三捐貢　陳燮堯十一　崔保齡十

許樹森廿八　顧元杰廿四　程保廿三　高善樹廿

光緒七年辛巳督學詹事府少詹黄名體芳字漱蘭浙江瑞

安縣人癸亥會元　歲考　一月初六日考

一等生員二十四名　王順長息　二句　家有塾　二句　春風狂似虎　狂

程恩洋　盧福保　費　樾　王貽典[古]　儲錦江
劉法曾[古]　汪達源　邵汝霖　顧潤之　陳錫武[古]
顔文炳[經解]　蕭　橒　申　頵　陳家循[古]　戴錦雲
朱爾康　許登瀛　王　烜[古]　宮炳成　黄　荇
李福祚　郃壽泉　吴寶和[古]　儲人鑑[古]

二等生員七十名

徐天璋　劉　鎮　葉　鋆　于　森　楊培基
夏佩之　高爾庾　鄭保衡　宮　桂　石如嶽
石兆鰲　李毓桐　劉錫純　程延張　盧求古

陳晉初　崔保求　俞永柱　高玉樹　王貽哲　徐　緦　孫　墅　周以藩　楊維柱

王貽年　戚澍棠　徐寶瑄　宮廷珍　徐煥彰　陳家亮　李書城　鄭祥鰲　宮裕祖

陳士英　朱晉源　黃慶門　陳恩洽　王錫疇　單肇蟾　徐憲彰　錢汝騶　劉寅清

朱蓀達　戈秉璋　王耀鎏　黃　簵　楊克敬　陳樹棠　章濬深　陳增淦　凌　墺

孫業勤　陳煥春　程　芹　朱炳榮　劉澂清　沈雨春　劉　佺　王曾芹　邱錫祥

盧長齡　孫進之　陳嘉淦　趙雲鶴　李　震

韓景洙　宮庚榮　李星南　李兆蓮　馬繼周

三等生員前十名

吉　鴻　王達源　夏國鈞　葉慶元　張桂郁

俞桂森　張朝綱　吳桂陽　王　海　丁　煥

歲入二十五名二月十五日考　卒為善士至其為士者　富而可求也　花朝勸農部

王　蓀壬午副　宮佐臣　巫履坤　錢桂峣　萬維權冀學

李兆康　張希良　黃重慶州首　王大鵬古　盧長慶

王肇源　陳壽春　于士澄　陳鼎揚　袁　衡史論

重宴恩榮

王廣業

欽賜頭品頂戴

朱爾昌府首　單廕棠　周鼎璜　朱　恒　石鴻鈞

王秉彝　孫慶齡　俞炳勲　喬鶴雯　邱國鈞

府學六名

朱春木　黄道辰　單肇鼇　吴渭璜　湯麟定

此案新章先用牌示提覆五十名面試題泰伯後二比遺去十九名

府學一等九名

尤汝楫首古　程世沅二　鄧　恪五史論　徐邦俊六

王　庭七　沈　灼十　陸聯珠十三　鄭樹蘭十九　吴宗輔廿

光緒八年壬午督學陛内閣學士黄　科考四月二十六日考

一等生員三十名　正其衣冠 二句　歷代帝王儉德　綠樹村中謝豹啼得村字

鄭祥鳳史論　盧長齡　程恩洋　王　蓀中　劉法曽古

黃　簬　汪達源　盧福保　李覲唐　朱　恒

王　烜　戚澍棠　李　芹古　顔文炳四書解　費　樾

程延張　宮裕祖古　陳錫武　王大鵬　吉　鴻

陳嘉淦　朱晉原古　王貽年古　李兆康　袁　衡史論

陳湛清　儲錦江古　陳煥春孝經性理　袁上桂古　韓麗辰

## 二等生員七十名

孫　墅　徐煥彰　陳恩洽　李聯桂　王秉彝

戈秉璋　王肇源　丁耀祖　于士澄　王達源

宋學賢　楊培基　高玉樹　宮　柱　朱維澤

黃進思　康蔭官　劉　佺　邱錫祥　申　頡
蕭　櫺　儲人鑑　邰炳勲　孫業勤　陳家亮
徐憲彰　陳錫恭　周襲恩　張朝綱　高爾庚
宮士煊　張桂郁　劉澂清　徐天璋　單麐棠
景名棠　許桂南　葉　瑜　黃慶門　黃三曽
夏國鈞　石如嶽　徐佩芝　程　芹　李書城
顧潤之　朱爾康　邰壽泉　汪金鎔　康　恪
喬鶴雯　李星南　朱炳榮　王珍淵　盧求古
劉朝棟　夏佩之　陳恩沅　宮廷珍　朱棨達

譚業騏　宮炳成　王　海　崔保求　俞炳勲
黄　坤　章濬深　楊兆榮　曹錦雲　俞桂森

三等生員前十名

吴宗歡　徐世濟　孔憲洙　劉　鎮　王貽典
馬繼周　丁華林　宮同府　陳鼎揚　單肇蟾

科入二十五名（五月初四日考　楚狂至鳳兮　不忮　沈烟一炷香陰重得香字）

錢淮鑫　史文澧　王諶謀　劉鑑清　陳兆彭（古）
邱士杰　印步雲　梅　閬　夏子昂（古）　王伯安
孫步青　戚蓉棠　夏彭章　梅　閬　張沛霖

壬午
李恩涵（六十五名 府庠）
王貽哲（九十二名 附官卷）
副
王　蓀（四名 附）
陳士杰（二十名 附）

欽賜舉人
李承恩癸酉欽賜副

陳廷揚　錢錫彤　黃希曾　孫木森　朱光斗

王錫蕃　解　瑞　王作謀州首　盧廷棟　沈蘭芬

府學六名

陳士杰府首一壬午副　李炳勲二　高憲章三　李春元四

稽　可補五古　管得泉十四乙酉　提覆四十八名面試後二比題太公之封於齊也

府學一等十四名

尤汝楫一　程　保四　劉同寅六　崔保齡八

王敬盦九　顧錫中十　葛桂森丁十三　程世沅十四　陳玉田十五

康讌嘉十六　李福康二十　陳復揚廿四　李恩涵中廿六　錢桂文廿八

光緒九年癸未督學陞兵部左侍郎黃　接任歲考九月初二日考

一等生員二十四名　閔子侍側至侃侃如也　君子有穀貽孫子于吁樂兮　無限秋風桂枝老得枝字

癸未會

黃葆年 十八名 即用縣

陳槐林 八十一名 戶主

陳錫恭　李順觀古　王化成　程芹　宮裕祖

劉法曾古　吳寶和古　宮柱　邵汝霖　蕭橒

盧長齡　鄭祥鳳古　陳寶深　鄭保衡　石鴻鈞

陳恩洽　崔寶榮　陳恩沅　宋學賢　葉上林

王肇源　陳錫武古　許桂南古　許淇

二等生員六十六名

巫履坤　李兆康　顧潤之　單文煜　李覲唐

袁鑣　王培芳　顏文炳　高玉樹　王耀鑾

盧長慶　申頠　卲壽泉　費樾　王達源

徐世濟　王魯芹　戈秉璋　宮佐臣　葉　瑜
錢錫彤　孫慶齡　陳海珊　丁華林　王　煊
俞桂森　王魯言　李福祚　黃慶門　譚業騏
陳樹棠　顧　澐　孫業勤　程延張　李崇本
王光甲　王　鑑　徐定求　韓景洙　朱光斗
吳宗敝　凌　埉　夏子昂　于士澄　張鑑湖
徐煥彰　朱　恒　汪金鎔　汪鴻儀　夏國鈞
儲　進　宮炳成　黃希曾　章承烈　曹錦雲
陳寅生　鄒　鼎　錢淮鑫　單兆蟾　儲錦江

李桂聯　石兆鰲　崔保求　張沛霖　章濬深

石如嶽

三等生員前十名

沈雨春　朱丙炎　丁　涣　楊培基　劉于駿

冒篤慶　盧廷楷　徐寶球　邰克勤　邰炳勲

歲入二十五名（初十日考　叔儕虞仲　子既烹而食之曰得其所哉得其所哉　鳳池筆顏得池字）

汪　鍌　戈文杰（州首）　宫　正　戚桂楨　趙錦城

王贊堯　葉觀宸　郭葆彝　許慶榮　孫建中

徐　騄　解　烺　朱葆達　章文杰　馬在坰

錢毓珩　胡炳文　姜紹齊　李鴻鈞　翟鑑清

陳增瑩　姜自閎　馬昌期　章鴻儀　韓國勳

府學六名

陳恩熙八府首　陳寶鑑二　劉樹人三　錢錫城四　劉震甲七

顧福保十　提覆五十一名面試 從二比題夏諺曰

府學一等七名

陳燮堯五　顧錫中七　尤汝楫古十二　鄧　恪十三

俞煥藻十六　李春元十九　吳宗輔廿三

光緒十一年乙酉督學黃　科考四月十八日考

一等生員三十名　官事不攝焉得儉　齊魯韓毛詩異同　萬井笙歌遺俗在得堂字

程　芹　儲錦江拔　朱炳榮丁　朱爾康　鄭祥鳳

徐懋永古　印步雲　鄭祥鏊　劉錫純　王耀鑾
葉覲宸　劉法曾古　石鴻鈞　黃元杰古　徐寶瑄
朱爾昌　孫慶齡　李順觀　李鴻鈞　徐定求
宮裕祖古　馬繼周　孫鴻漸　張希良古　李兆康古
汪　鎣　戈文杰　黃進思　盧求古　朱犖原古

## 二等生員一百二十名

石如嶽　宮佐臣　徐佩芝　顧錫祥　劉履祥
萬維權　戚澍棠　王秉彝　鄭保衡　熊介眉
錢錫爵　李崇本　邵炳勳　吴寶和　錢　沅

宋學賢　陳家亮　謝天澤　徐煥彰　王作謀

王錫疇　李福祚　宮廷珍　丁　渙　孫建中

劉鑑清　陳煥春　袁　鑣　陳錫武　顧潤之

楊培基　喬鶴峻　陳晉初　史文澧　曹錦雲

單蔭棠　王培芳　李星南　戚桂楨　陳恩洽

宮　柱　單肇蟾　蕭　櫺　李覲唐　王　烜

崔保求　夏子昂　王珍淵　李　芹　戈秉璋

王諶謀　王達源　陳鼎揚　張沛霖　凌　堎

費　樾　顏文炳　景名棠　俞桂森　孫木森

仇　鈞　葛福履　黃重慶　孫　墅　王肇源
劉寅清　錢錫彤　劉瀓清　韓麗辰　黃　坤
徐世濟　朱葆達　夏國鈞　俞炳勳　高玉樹
程恩洋　徐憲彰　吳宗潵　孫業勤　錢汝騶
許慶榮　卯士杰　韓景洙　張朝綱　趙雲鶴
許登瀛　宮炳成　章濬深　朱維澤　徐天璋
高爾庚　于　森　陳海珊　梅　閬　許桂南
周以藩　葉　鋆　吉　鴻　王伯安　譚業騏
梅　閶　葉慶元　康蔭官　儲人鑑　巫履坤

盧廷棟　馬昌期　朱保逵　黄燦曾　黄家杰

韓國勲　陳耀三　單文煜　陳嘉淦　杜以漸

劉　佺　高蘭谿　王　鑑　周作人　李　震

三等生員前十名

袁上桂　周保齡　謝承恩　盧廷楷　李桂聯

許　淇　孫毓芝　徐　騋　胡炳文　卲克勤

科入二十五名廿日考　甑爨　子華使於齊　二句　紅綻雨肥梅　得紅字

王先振　王澄淵　繆學古　姜秉文　劉同源

王錫衡古　高炳華　沈秉乾　管乃清　顔文焕

乙酉
崔保齡三十四名府廩
王貽典三十九名候廩奉官卷
管得泉七十八名府附
王魯言百五名附
欽賜副
徐承塚附貢
拔貢
俞煥藻歲十六科二府廩
顧錫中歲七科七府廩
儲錦江歲二等科十二新補

章玉華　鍾聲洪　陳同體　周宅鎬　朱翔麟
袁烺　沈濬　王準　費樟　鄭奎
李順嘉　潘淮漢　王漢淵　徐鳳藻　張鳳翔
府學五名　黄鏞　張仁瀚　江鈺　王培瀚
錢炳　提覆五十名函試後二比題便嬖不足使令於前與　東台一名　葛淑曾
府學一等十六名　俞煥藻一拔　鄧恪二　崔保齡三古中　劉同寅五
李福康六　顧錫中七經古拔　邰福基十　吴宗輔十一　顧問十三
李春元十六　王敬盤十八　張敏十九　徐俊彰廿一　陳金彜廿三
紀煥章廿四　程世沅廿五

考貢第一場五月初一日 揖讓而升 三句 欲知舜與蹠之分 節 柔遠能邇解

第二場初三日 策兩漢帝王經學 羊祜杜預論 他時倘憶種花人 得人字

# 泰縣教育近況

嚴恩榮等 撰

《泰縣教育近況》，民國嚴恩榮等撰，據泰州圖書館藏一九一七年鉛印本影印。

嚴恩榮，字耀秋。民國泰縣人，光緒三十二年（一九〇六）畢業於日本明治大學師範科，任泰縣勸學所長。

此書内容含三部分：《縣視學報告》、《江蘇省教育會演講職業教育設施法綱要》（以下簡稱《綱要》）、《全縣小學成績展覽會及縣立通俗教育館彙志》（以下簡稱《彙志》）。《縣視學報告》作於民國六年，視學報告爲五年八月至六年七月的調查報告，嚴恩榮時任泰縣視學。内容有全縣學校一覽表，視學意見書，縣立學校狀況等。《綱要》記載有關推廣職業教育的各種計劃措施等。《彙志》爲泰縣教育會長兼通俗教育館主任徐鍾岳所編，内容包括各校成績品一覽表，縣立通俗教育館成立狀況等。清末民初，中國近代教育發展迅速，新式學校及教育制度、設施等不斷出現，《泰縣教育近況》記載了泰縣教育的發展狀況，如全縣學校一覽表，即詳細記載泰縣的學校、校長名稱，教員、學生、畢業生人數等。視學意見書、縣立學校狀況等詳細記載泰興教育面臨的問題，如學校設置、經費、招生、社會教育、職業教育等等，這些記載對中國教育史的研究具有重要價值。

（周　忠）

民國六年

# 泰縣教育近況

曹阿寫子

王学儒贈送

泰縣教育近況目次

# 縣視學報告



## 縣視學報告

序

四年六月縣視學嚴君編次視學報告丐余敘而梓之玆又裒集五年八月至六年七月視察所得輯爲一編復以弁言見屬披覽一過竊幸泰縣教育年來尚有進益非徒擴充校數而已鄉校僻陋漸知文化昔日教授管理訓練有未可執普通之法律以相繩者今亦泰半矯正漸趨于軌道余治泰二年餘於教育事業未嘗特別規畫僅爲酌定經費依時發給俾各校無支絀之憂意其收效不應如是之速然則嚴君平日提倡指示其功有足多者焉嚴君纂輯此編製於表式而詳於論說其體例與前刻不同而渴望進行改良之熱心什倍于曩昔吾知此編既出學界觀感比較競爭之盛況亦必有什倍於今日者總司教育行政之任者不尤足壯矣哉因書數語冠於首并促嚴君速以付諸手民

民國六年十月泰縣知事鄺輔東序



自序

榮於民國三年印刷視學報告就正於教育界諸君初意每年賡續付印詎近兩年政局之變幻無常地方之經濟困難故編次而中輟者屢重以身罹大故更何心爲此炫名之舉而近兩年吾縣教育狀況僅能維持固有初無特殊之進步豈吾縣教育界諸君之不力歟抑鄙人之溺職歟抑因政局之變幻經濟之困難令人不得不趨於消極歟但君子求其在我詎容以他種關係希圖諉過爰將五年八月至六年七月調查之臨時報告并意見書付印以蘄與教育界諸君互相策勵又將在滬聽講之職業教育設施法附後以蘄互相研究匪敢云成績在斯亦求免溺職之咎耳若三年八月至五年七月之報告不付印刷者以其明日黃花恐徒耗金錢如昔人所謂災及棗梨云爾

民國六年八月嚴思榮謹識

# 全縣學校一覽表

| 區別 | 校名 | 所在地 | 校長 | 教員數 | 學級數 | 生徒數 男 | 生徒數 女 | 生徒數 共 | 畢業人數 | 歲出數 | 每生平均占數 | 設立年月 | 備注 |
|---|---|---|---|---|---|---|---|---|---|---|---|---|---|
| 縣立範圍 | 第一高等 | 儲公祠 | 馬錫純 | 六 | 三 | 五三 | | 五三 | 一三〇 | 一六〇〇 | 三〇·一 | 光緒二十九年九月 | |
| | 第二高等 | 大浦 | 葉武 | 六 | 三 | 七六 | | 七六 | 七二 | 一八〇〇 | 二三·六 | 元年一月 | |
| | 第三高等 | 姜堰 | 丁牧 | 七 | 四 | 六九 | | 六九 | 三三 | 一八〇〇 | 二六·〇 | 二年八月 | |
| | 第四高等 | 海安 | 蔡鴻鈞 | 五 | 二 | 五三 | | 五三 | 四三 | 一三二〇 | 二四·九 | 二年八月 | |
| | 第五高等 | 小紀 | 邴德馨 | 四 | 二 | 三二 | | 三二 | | 一〇〇〇 | 三一·二 | 五年一月 | |
| | 第一國民 | 西橋南 | 袁嵩峻 | 四 | 二 | 六二 | | 六二 | 一四 | 七一六 | 一一·五 | 二年五月 | |
| | 代用曲塘鄉高等 | 曲塘 | 周紘順 | 六 | 二 | 四五 | | 四五 | 一七 | 一一〇〇 | 二四·四 | 光緒卅四年十月 | |
| | 代用白米鄉高等 | 戚家埊 | 孫百樓 | 六 | 二 | 六〇 | | 六〇 | 三七 | 九〇〇 | 一五·〇 | 光緒三十二年五月 | |
| | 代用塘灣鄉高等 | 塘灣 | 李世彥 | 五 | 二 | 三六 | | 三六 | 一〇 | 六〇〇 | 一六·六 | 三年八月 | |
| | 代用坂埨市高等 | 王思庄 | 丁念祖 | 五 | 一 | 二八 | | 二八 | 一七 | 五〇〇 | 一七·八 | 二年一月 | |
| | 代用第一女子高等 | 徐家橋 | 韓管城 | 三 | 二 | | 四八 | 四八 | 一〇 | 五〇〇 | 一〇·四 | 宣統元年正月 | |
| | 代用第二女子高等 | 五巷 | 葉晉丞 | 三 | 二 | | 五二 | 五二 | 二四 | 五〇〇 | 九·六 | 宣統元年正月 | |
| 第一區 | 城市立第一國民 | 荷花池 | 戈正年 | 五 | 三 | 一〇四 | 五 | 一〇九 | 八 | 六六〇 | 六·〇 | 光緒三十三年五月 | |
| | 城市立第二國民 | 北山寺 | 盧武 | 三 | 一 | 三六 | | 三六 | 一〇 | 三六〇 | 一〇·〇 | 宣統三年正月 | |
| | 城市立第三國民 | 南門外 | 張瑞麟 | 四 | 一 | 二八 | | 二八 | 一八 | 三六〇 | 一三·八 | 光緒三十三年五月 | |
| | 城市立第四國民 | 大星廟 | 夏惟默 | 四 | 二 | 四〇 | | 四〇 | 三三 | 四九四 | 一二·〇 | 光緒三十一年五月 | |
| | 城市立第五國民 | 東斗宮 | 夏彭源 | 二 | 一 | 三六 | | 三六 | 一五 | 三六〇 | 一〇·〇 | 宣統二年七月 | |
| | 城市立第六國民 | 夾剪巷 | 王建謀 | 三 | 一 | 三四 | | 三四 | 八 | 三六〇 | 一〇·五 | 二年八月 | |
| | 城市立第七國民 | 三巷 | 張同恩 | 二 | 一 | 二〇 | | 二〇 | | 三六〇 | 一八·〇 | 六年二月 | |
| | 城市立第一女子國民 | 念佛庵 | 孫翔鳳 | 二 | 二 | 一四 | 四四 | 四八 | 一〇 | 四〇八 | 八·五 | 二年九月 | |
| | 城市立棠范國民 | 王朝巷 | 朱恩澤 | 一 | 一 | 二九 | | 二九 | 一五 | 二〇〇 | 六·九 | 光緒三十三年五月 | |
| 第一區 | 城市立第一女子國民 | 念佛庵 | 孫翔鳳 | 二 | 二 | 一四 | 四四 | 四八 | 一〇 | 四〇八 | 八·五 | 二年九月 | |
| | 城市立棠范國民 | 王朝巷 | 朱恩澤 | 一 | 一 | 二九 | | 二九 | 一五 | 二〇〇 | 六·九 | 光緒三十三年五月 | |
| | 孫家廟鄉立第一國民 | 孫家廟 | 王賡祥 | 一 | 一 | 二五 | | 二五 | | 二〇〇 | 八·〇 | 宣統元年正月 | |
| | 莊家橋鄉立第一國民 | 莊家橋 | 朱路 | 一 | 一 | 二六 | | 二六 | | 二〇〇 | 七·六 | 四年一月 | |
| | 沈家渡鄉立第一國民 | 沈家渡 | 徐汝璧 | 一 | 一 | 二〇 | | 二〇 | | 一四〇 | 七·〇 | 五年八月 | |
| | 西石羊鄉立第一國民 | 西石羊 | 陳子秉 | 二 | 一 | 二八 | | 二八 | 五 | 二二三 | 七·九 | 二年九月 | |
| | 查家庄鄉立第一國民 | 東庄 | 韓銘 | 一 | 一 | 二八 | | 二八 | | 一五四 | 五·五 | 五年一月 | |
| | 蘇陳庄鄉立第一國民 | 蘇陳庄 | 郭雲官 | 三 | 一 | 三〇 | | 三〇 | | 三二四 | 一〇·八 | 二年八月 | |
| | 橋頭鄉立第一國民 | 沙村 | 張沐 | 一 | 一 | 三〇 | | 三〇 | | 二〇二 | 六·七 | 四年一月 | |
| | 橋頭鄉立尚德國民 | 橋頭庄 | 單陳俊 | 一 | 一 | 二五 | | 二五 | | 六〇 | 二·四 | 六年一月 | |
| | 私立自東高等 | 大星廟 | 夏惟默 | 四 | 一 | 二〇 | | 二〇 | 二二 | 四二〇 | 二一·〇 | 光緒三十二年五月 | |
| | 私立巽中高等國民 | 萬子行 | 王森謀 | 五 | 二 | 二六 | | 二六 | 二五 | 五〇〇 | 一九·二 | 九年正月 | |
| 第二區 | 小紀市立第一國民 | 滕家祠 | 滕光順 | 二 | 一 | 二八 | | 二八 | 一六 | 三四〇 | 一二·一 | 二年三月 | |
| | 小紀市立第二國民 | 夾帝宮 | 董鳳翔 | 一 | 一 | 二五 | | 二五 | 九 | 三四〇 | 一三·五 | 四年二月 | |
| | 坂埨市立第一國民 | 王思庄 | 丁耀曾 | 三 | 一 | 二九 | 二 | 三一 | 一七 | 二八三 | 九·一 | 二年一月 | |
| | 坂埨市立第二國民 | 倉場 | 丁年富 | 一 | 一 | 二六 | | 二六 | 一〇 | 二八三 | 一〇·八 | 二年三月 | |
| | 坂埨市立第三國民 | 江家庄 | 江永清 | 二 | 一 | 三一 | | 三一 | 七 | 二八三 | 九·一 | 三年八月 | |
| | 坂埨市立第四國民 | 周家庄 | 夏錦江 | 一 | 一 | 二五 | | 二五 | | 三三四 | 一四·九 | 六年一月 | |
| | 港口市立第一國民 | 港口 | 陳喬 | 一 | 一 | 二一 | | 二一 | 六 | 三一〇 | 一四·七 | 二年七月 | |
| | 港口市立第二國民 | 溝王庄 | 韓景沐 | 三 | 一 | 二九 | | 二九 | 一九 | 二六八 | 九·九 | 二年八月 | |
| | 港口市立第三國民 | 新家潭 | 阮仰允 | 一 | 一 | 二九 | | 二九 | | 二六八 | 九·九 | 五年四月 | |
| | 樊汊市立第一國民 | 樊汊 | 趙寶書 | 一 | 一 | 二八 | | 二八 | 九 | 三三三 | 一一·一 | 三年一月 | |
| | 樊汊市立第二國民 | 檀家庄 | 滕詩益 | 一 | 一 | 一九 | | 一九 | 四 | 三三三 | 一六·五 | 三年四月 | |
| | 吳家堡鄉立第一國民 | 吳家堡 | 陳華春 | 一 | 一 | 二三 | | 二三 | 八 | 三四〇 | 一四·七 | 二年九月 | |
| | 陸家巷鄉立第一國民 | 三周庄 | 周熊瑞 | 一 | 一 | 二〇 | | 二〇 | | 二五三 | 一二·六 | 三年一月 | |
| | 張五共鄉立第一國民 | 張五共 | 張廷鉅 | 一 | 一 | 三一 | | 三一 | 四 | 二六五 | 八·五 | 三年一月 | |
| | 私立明達國民 | 三角墩 | 宋自強 | 一 | 一 | 三六 | | 三六 | | 一〇 | 二·七 | 五年四月 | |

| | | | | | | | | | | | | | |
|---|---|---|---|---|---|---|---|---|---|---|---|---|---|
| 第三區 | 西汪鄉立第一國民 | 文昌宮 | 陳紹虞 | 一 | 一 | 二〇 | | 二〇 | 八 | 二四〇 | 一二.〇 | 三年八月 | |
| 第三區 | 寺巷鄉立第一國民 | 寺巷口 | 宮步蟾 | 二 | 一 | 二二 | | 二二 | 六 | 三〇〇 | 一三.六 | 三年一月 | |
| 第三區 | 騰家橋鄉立第一國民 | 蔣家橋 | 孫觀文 | 一 | 一 | 二八 | | 二八 | | 二〇〇 | 七.一 | 二年八月 | |
| 第三區 | 大泗庄鄉立第一國民 | 大泗庄 | 于士淇 | 二 | 一 | 四一 | | 四一 | 四 | 四四〇 | 一〇.七 | 二年三月 | |
| 第三區 | 李家庄鄉立第一國民 | 李家庄 | 李景龔 | 一 | 一 | 三四 | | 三四 | 四 | 二〇〇 | 五.八 | 三年八月 | |
| 第三區 | 塘灣鄉立第一國民 | 塘灣 | 李世彥 | 三 | 一 | 三五 | | 三五 | 一二 | 四五〇 | 一二.五 | 三年一月 | |
| 第三區 | 塘灣鄉立第二國民 | 張甸 | 劉秀棠 | 一 | 一 | 二七 | | 二七 | | 一〇〇 | 三.七 | 六年一月 | |
| 第三區 | 寺巷鄉立第二國民 | 南馬塘 | 吳江 | 一 | 一 | 一六 | | 一六 | | 一〇〇 | 六.二 | 六年一月 | |
| 第三區 | 梅興市立第一國民 | 何家垡 | 湯盤 | 二 | 一 | 二四 | | 二四 | | 二三四 | 九.六 | 九年一月 | |
| 第三區 | 梅興市立第二國民 | 陳家庄 | 殷晏海 | 一 | 一 | 三六 | | 三六 | | 二三四 | 六.五 | 四年一月 | |
| 第三區 | 周家埭鄉立第一國民 | 坡崘庄 | 陸鎧 | 二 | 一 | 三三 | | 三三 | | 三五〇 | 一〇.六 | 三年十月 | |
| 第三區 | 私立敬業國民 | 馬家庄 | 馬光鼐 | 二 | 一 | 三〇 | | 三〇 | | 一〇〇 | 三.三 | 五年八月 | |
| 第四區 | 姜堰市立第一國民 | 南街 | 錢錫億 | 三 | 二 | 九〇 | | 九〇 | 六 | 五四〇 | 五.七 | 元年一月 | |
| 第四區 | 姜堰市立第二國民 | 後仲庄 | 錢柏齡 | 一 | 一 | 三二 | | 三二 | 六 | 三五〇 | 一〇.九 | 三年一月 | |
| 第四區 | 姜堰市立第三國民 | 夏朱庄 | 凌其甲 | 一 | 一 | 二四 | | 二四 | 四 | 三四五 | 一四.三 | 三年二月 | |
| 第四區 | 姜堰市立第四國民 | 三學庵 | 錢錫蕙 | 一 | 一 | 三八 | | 三八 | | 四五〇 | 一一.八 | 四年一月 | |
| 第四區 | 婁庄鄉立第一國民 | 婁庄 | 黃守 | 二 | 一 | 三一 | | 三一 | 六 | 三八〇 | 一二.二 | 二年七月 | |
| 第四區 | 梁部庄鄉立啟蒙國民 | 蔣家圩 | 高炳光 | 一 | 一 | 二二 | | 二二 | 二〇 | 三五〇 | 一五.九 | 元年四月 | |
| 第四區 | 白米鄉立尚義國民 | 大白米 | 陳兆馨 | 二 | 二 | 三六 | | 三六 | 一四 | 九九〇 | 一六.三 | 光緒三十三年九月 | |
| 第四區 | 白米鄉立崇實國民 | 戚家垡 | 孫百樓 | 三 | 一 | 二一 | | 二一 | 五八 | 三〇〇 | 一四.二 | 光緒三十二年正月 | |
| 第四區 | 白米鄉立第三國民 | 游夏庄 | 王鋼 | 一 | 一 | 四一 | | 四一 | | 三〇〇 | 七.三 | 三年三月 | |
| 第四區 | 大崘庄鄉立第一國民 | 大崘庄 | 黃競 | 二 | 一 | 二二 | | 二二 | 四 | 三二〇 | 一四.五 | 二年八月 | |
| 第四區 | 私立同育國民高等 | 姜堰 | 吳祖森 | 五 | 三 | 五一 | | 五一 | 四九 | 三〇〇 | 二三.五 | 光緒三十年五月 | |
| 第四區 | 私立日新國民高等 | 西官庄 | 凌恩沛 | 三 | 二 | 二六 | | 二六 | 二二 | 七〇〇 | 二六.九 | 光緒三十四年正月 | |
| 第四區 | 私立孫殷野共和國民 | 孫家庄 | 劉武德 | 三 | 一 | 五三 | | 五三 | 七 | 七〇 | 一.三 | 二年五月 | |
| 第四區 | 私立明德女子國民 | 三巷 | 顧岫雲 | 一 | 一 | | 二五 | 二五 | | 二〇〇 | 八.〇 | 六年一月 | |
| 第五區 | 顧高庄鄉立第一國民 | 官垡 | 顧蔭棠 | 二 | 二 | 四〇 | | 四〇 | 六 | 三一〇 | 七.七 | 三年三月 | |
| 第五區 | 黃沙溝鄉立第一國民 | 拜官庄 | 錢嘉穀 | 一 | 一 | 三一 | | 三一 | 四 | 二九五 | 九.五 | 二年一月 | |
| 第五區 | 黃沙溝鄉立第二國民 | 九字詩 | 錢桂林 | 二 | 一 | 二七 | | 二七 | 一三 | 三〇〇 | 一一.一 | 九年七月 | |
| 第五區 | 黃沙溝鄉立第三國民 | 運糧河 | 鮑誠 | 一 | 一 | 二七 | | 二七 | 七 | 三五五 | 一四.四 | 二年一月 | |
| 第五區 | 彭家埭鄉立化南國民 | 孟家灣 | 孟步郊 | 一 | 一 | 二六 | | 二六 | 六 | 三三〇 | 一二.六 | 二年七月 | |
| 第五區 | 閔家巷鄉立第一國民 | 閔家巷 | 閔秋生 | 一 | 一 | 二八 | | 二八 | 四 | 三三三 | 一一.二 | 三年八月 | |
| 第五區 | 金家庄鄉立第一國民 | 金家庄 | 陳蘭軒 | | 一 | 三一 | | 三一 | 一五 | 二〇〇 | 六.四 | 二年一月 | |
| 第五區 | 陳柯庄鄉立明德國民 | 陳柯庄 | 周德慶 | 一 | 一 | 二九 | | 二九 | 六 | 二三〇 | 七.九 | 二年三月 | |
| 第五區 | 陳柯庄鄉立新民國民 | 張家庄 | 周德慶 | 一 | 一 | 二三 | | 二三 | 五 | 二三〇 | 一〇.〇 | 二年三月 | |
| 第五區 | 孫家庄鄉立第一國民 | 孫家庄 | 章兆元 | 一 | 一 | 二三 | | 二三 | 三 | 二八六 | 一二.六 | 二年八月 | |
| 第五區 | 私立西園國民 | 顧高庄 | 顧鎮藩 | 二 | 一 | 三二 | | 三二 | 一三 | 二四〇 | 七.五 | 二年一月 | |
| 第五區 | 私立培德國民 | 梁俞庄 | 俞如鴻 | 一 | 一 | 二一 | | 二一 | | 一四〇 | 六.六 | 三年一月 | |
| 第五區 | 私立蓮河亭國民 | 蓮河亭 | 劉棠 | 一 | 一 | 二八 | | 二八 | | 二〇〇 | 七.一 | 六年一月 | |
| 第五區 | 私立養正國民 | 王家垡 | 蕭德鳴 | | | | | | | | | 五年八月 | 是校現暫停辦 |
| 第六區 | 海安市立第一國民 | 中市 | 陳雷 | 二 | 二 | 四八 | 五 | 五三 | 二〇 | 六〇〇 | 一一.三 | 光緒三十二年五月 | |
| 第六區 | 海安市立第二國民 | 西街 | 李原甲 | 二 | 二 | 七三 | | 七三 | 一七 | 六〇〇 | 八.二 | 光緒三十三年正月 | |
| 第六區 | 海安市立第三國民 | 東街 | 王楨 | 二 | 二 | 六三 | 九 | 七二 | 六 | 六〇〇 | 八.三 | 三年一月 | |
| 第六區 | 海安市立第四國民 | 景家庄 | 陳啟化 | | 一 | 二〇 | | 二〇 | 二 | 二四〇 | 一二.〇 | 二年三月 | |
| 第六區 | 海安市立第五國民 | 王家院 | 傅慶達 | 一 | 一 | 三八 | | 三八 | | 三二〇 | 八.四 | 二年三月 | |
| 第六區 | 海安市立第六國民 | 崔家樓 | 徐騋 | 一 | 一 | 二四 | | 二四 | | 三二〇 | 七.五 | 二年四月 | |
| 第六區 | 海安市立第七國民 | 戴家樓 | 傅慶宜 | 一 | 一 | 三六 | | 三六 | 七 | 二六〇 | 七.二 | 二年八月 | |
| 第六區 | 海安市立貧民國民 | 大壘殿 | 陳啟蟄 | 一 | 一 | 三九 | | 三九 | | 一二〇 | 三.〇 | 二年一月 | |
| 第六區 | 曲塘鄉立廣武國民 | 曲塘 | 周紘順 | 三 | 一 | 三七 | | 三七 | 五三 | 四〇〇 | 一〇.八 | 光緒三十三年十月 | |
| 第六區 | 曲塘鄉立第二國民 | 新劉庄 | 劉振遠 | 一 | 一 | 二七 | | 二七 | 一七 | 三〇〇 | 一一.一 | 十年五月 | |
| 第六區 | 曲塘鄉立第三國民 | 萬家庄 | 王鑑澄 | 二 | 一 | 二〇 | | 二〇 | 一一 | 二六五 | 一四.二 | 三年八月 | |
| 第六區 | 謝王河鄉立競成國民 | 王家樓 | 邰壽頤 | 一 | 二 | 四九 | | 四九 | 三六 | 四二〇 | 八.五 | 光緒三十四年三月 | |
| 第六區 | 謝王河鄉立第二國民 | 胡家集 | 徐蔭桐 | 一 | 一 | 二六 | | 二六 | 六 | 四〇〇 | 一五.三 | 二年十月 | |
| 第六區 | 校林鄉立第一國民 | 北劉庄 | 張澍甲 | 二 | 一 | 二〇 | | 二〇 | | 二四〇 | 一二.〇 | 三年一月 | |
| 第六區 | 私立進業國民高等 | 洛富樓 | 朱葆蓮 | | | | | | | | | 九年五月 | 是校現因故暫行停辦 |

◉意見書

一學年又終矣例又須陳述意見矣溯此一學年間臨時所陳述者或已見諸施行或則尚須商酌此時即欲有所言匪舊事之重提即空言之無補旁皇四顧雅不欲以此官樣文章敷衍塞責爰就各事之切近而不得不言者陳述如左

（一）對於各高等小學之意見

（甲）設置問題　民國元年擬定分期推廣計劃凡五處三年擬定分期推廣計劃凡六處計十一處現完全爲縣立者五處即元年所擬定之地點也上年師範講習所停辦所餘經費擬推廣一處並創設女子高等小學一處（亦元年所擬定）嗣以推廣先後次序各市鄉既有所爭執各鄉立私立高等小學又羣請收爲縣有縣署爲息爭起見將擬創設高等小學兩處（一內女子一處）之經費平均劃分將各市鄉原有之鄉立私立成績佳良者仿省代用師範市鄉國民學校代用之例作爲縣代用計共六處（內女子兩處）此舉與三年擬定地點稍有不符行政統系亦不甚一貫然已成爲事實矣此後計劃當本此事實以進行鄙意對於各縣代用一方督令各該校長認眞進行一方籌集經費就代用各校之學生發達者次第改爲完全縣立與三年原定計劃既不甚背謬行政統系亦不難一貫就現在各國民學校畢業生升學





之狀況各高等小學足可容納民國十年以內可無須另設高等小學矣

（乙）併班問題　今年縣署因各高等小學學生均不足額誠恐虛糜經費查照元年縣議會議案飭令併班綜核名實意至善也但有一前提不可不研究學校者所以造就學生也必使學生受益學校方不致虛設如令二年生與三年生合級或一年生與二年生合級則學生一小時之間受課僅得其半教員教授之困難猶其次也故合級單級編制不獨高等小學不宜即國民學校亦非完善之辦法由鄙意學生不能足額不外兩種原因（一）學校之不良（二）風氣之不開學校不良固校長教員之責任風氣不開校長亦與有責焉擬請就各高等小學學生之多寡定各該校長成績之優劣學生發達者嘉獎之不足者訓誡之人孰無名譽心必欲使之併班以綜核名實未免趨於消極何如使之不併班而定一勸懲之方之爲愈乎

（二）對於各學務委員及公益員之意見

（甲）責任問題　自前年劃分六學區後辦事頗較前統一各區學務委員或則任事謹愼或則品學兼優均爲●所心服之人各公益員對於教育毫不措意者固多熱心者亦不少●又何間言但各學務委員公益員均以維持現狀爲無上之勳績而公益員中或有以學校興廢於彼毫無責任者此非教育前途之好現象也分年推廣之計劃擴充經費之籌措調查學齡兒童也整理私塾也均未聞研究進行擬請查照學務委員規程飭令進行誥誡各公益員令其輔助庶地方教育日有進步

（乙）津貼問題　學務委員公益員對於教育責任既重矣則學務委員公益員之報酬不可不研究也現學務委員薪給每月十五元公益員均無給職以每月十五元之薪給而欲其常時巡行各區視察學校調查學齡兒童整理私塾每月消耗之舟車費至少須去三分之一以全無俸給之公益員而欲其任勞任怨籌畫經費衡之法理人情均有未安擬請對於學務委員每月酌給舟車費若干（現有兼任校長者一概不准以明責任）對於各公益員仿照省定教育款產經理處支給經費辦法該市鄉有經費若干准支給辦公費若干（如省定五萬元支七百元市鄉五千元支十元）庶各公益員不致以枵腹從公爲憾也

（三）對於各市鄉國民學校及私塾之意見

（甲）編制問題　各市鄉國民學校之編制以單級爲最多合級者不足十處多級者（除城市第一單式兩級）幾無一處長此苟簡實非所宜擬請令知各學務委員以後凡屬市立學校務以多級編制爲原則（如城市姜堰海安小紀樊汊）是鄉立學校不得已姑照單級或合級編制





（乙）學生問題　編制以多級爲原則是也然亦須學生發達逐年始可添級若現在各市鄉學校之學生百名內外者只三四處其餘數十處均三四十名不等豈學校之不良歟抑地方風氣之不開歟二者誠不能免然有一大原因在即私塾是也上年遵照省令整理私塾曾考試塾師一次錄取者發給許可狀近一年間就●調查所及有未應考而設塾有考取而不知改良者甚至聞上年考取之塾師有頂名冒替者亦有考取而改良設置地點與學校鄰近不遵規程者種種現象不獨於學校招收學生有妨亦大非最初改良教育之本意擬請令知各區學務委員實行調查未考者令其下屆應考考取者須責其改良上次取列丙等之塾師一取列甲乙等者如察其學問實不佳者亦得報告）須察其修養有無進步設置地點宜詳爲規劃務使於已設學校之處招生既無妨礙原爲私塾者一律亦與學校同其步趨至下屆考試塾師如何杜弊如何嚴格錄取臨時商酌行之

（四）對於教育款產經理處之意見

自設經理處以來第一期爲與縣署劃清權限辨別款產性質之時代第二期爲整理固有款產確定各市鄉付款數目之時代雖其間權限尚未能完全劃清固有款產尚未能完全整理然設立以來之成績確有可稽亦復何言●所不能已於言者以地方教育須日求進步經費

須日加擴充教育部令所謂教育經費只許增加不許減少者是也若徒以整理爲有欵維持現狀爲職務之已謚恐地方教育日漸退縮所謂取法乎上僅得乎中取法乎中僅得乎下是也是所望於總董及各市鄉公徭員合力進行毋徒故步自封也至依照省頒規程尚有未能實行之處亦望次第進行以資整理

（五）對於社會教育之意見

社會教育吾縣初未實施自上年費幾許經營幾許籌劃幾許唇舌幾許筆墨始克將通俗教育館公共體育場兩事於今年開幕尙何敢再有所陳述以徒招人厭但有一事輕而易舉不難實行者講演會是也通俗教育館本應有講演部日前主任徐君就教育館全部預算每年只須增洋四十元卽可增設一講演部費省而事舉似可照行至徐君計劃擬定講演員一人擔任恐尙不能周密鄙意講演員之有給職者定爲一人其餘凡學校之教職員及地方之熱心者均可爲講演員（無給職）蓋有一講演部之機關凡事始有歸宿有一常任講演之一人進行始有主腦擬請令知教育館主任徐君仍照原定計劃進行並由縣將鄙見與之商酌而行之至其他社會教育之應設施者不知何限容俟臨時再爲陳述

（六）對於職業教育之意見





今年爲此問題之當之滬聽講歸來曾藉通俗教育館開幕之機會報告於教育界諸君並將在滬聽講之印刷品送呈縣署並陳述意見現擬將此項印刷品先行設法傳播於各學校然後召集會議如何調查社會需要如何調查地方特產如何利用特產與需要以實施進行此事與經費頗有關聯尙須預爲籌畫否則無米爲炊亦徒托空言而已

以上六則均關切要是否有當敬乞

察核施行

● 縣立學校狀況

● 縣立第一高等

是校今年將校長教員成績招待各室重行佈置較前便利但校舍係屬租借又不甚合用若現在之三教室照每班學生四十名之定額招足時卽不能容納終非長久之策似宜另擇相當地點建築觀陳教員授地理（蒙古）講演自是若能繪圖黑板指示更覺明確趙教員授一年生國文（馬援戒兄子書）講解明白現設學校週報詳載校務及生徒一週之成績甚善

● 縣立第二高等

是校現將吳姓房屋購歸校用三年級教室重裝玻窗欄杆足見辦理之日求進步參觀陳教員授三年級英文教音和平教法亦是夏教員授二年級國文講解切實學生發講稍有含糊者徐教員授一年級國文作法題爲闢迎神求雨之謬閱學生草稿頗多明白者各科成績均優手工所製器具非切實用但宜設販賣部以爲學生練習商務上之技能並鼓起手工之興味也

● 縣立第三高等

是校丁校長自任事以來種種佈置研究合法教管訓養諸端均能取法最新學說力爭上游誠可欽佩但近年間按之實際如表簿多未塡注訓練已成虛語頓覺名不符實亟望講求實在勿徒尙形式爲要

● 縣立第四高等

是校上年因聞學生在校外有不規則之舉動現在管理益加嚴密已歸崔肅參觀凌教員授三年級算術（混合比例）教法自是教音可稍低蔡教員授二年級國文（燈塔）講解明白應用表簿均已製備但須勤於塡注爲要

● 縣立第五高等

參觀董教員授國文講解尙明白席教員授手工織紙教法自是但有學生不甚注意致於





法茫然者宜加訓誡設施尙有研究但因校舍不整之理致佈置上種種缺憾所望學生發達自可增加經費將校舍逐漸修理

● 縣代用曲塘鄉高等

是校管理訓練向極認眞本學年添購校具建築校舍所費不貲均係熱心教育者公同擔任實深欽佩此次參觀張教員授二三年生國文學生自由誦讀似欠整齊劉教員授一年生修身講後亦作國文讀似不如問答之爲愈也

● 縣代用白米鄉高等

是校辦理十年有餘成績昭著此次查閱學生各科成績大致均能合度生徒所製手工有合實用者但不甚美觀若再加以研究卽提倡職業教育之成績也

● 縣代用塘灣鄉高等

是校自設立以來李校長凡事虛心研究力求合法故能日有進步參觀田教員授理科試驗安母尼亞及硝酸試驗結果不甚明顯是授課前未能充分預備耳

● 縣代用坂埨市高等

是校學生國文算術成績甚有可觀但學生不甚發達校舍不敷佈置亟宜設法擴充校舍招

收學生以求進步

●縣代用第一女子高等

是校新建教室尚合用學生成績以手工爲最佳國文亦有佳者參觀韓教員授國文學生復講尚明白但操場宜畧植樹木以爲蔽日光之用另有空地可經營爲學校園

●縣代用第二女子高等

參觀葉教員授歷史講解尚明確發問時學生回答亦是查閱成績以手工刺繡爲最優餘亦合度但管理學生尚宜再求整肅操場不合用宜設法另闢

●縣立第一國民學校

是校上年初附屬於師範講習所現講習所停辦校址遂遷移於蔡小姐庵內校舍尚敷佈置學生較前增多參觀袁教員授三四年生國文（農業）用中華書局單級教科書教材聯絡尚合用教員講解切實教法亦是高教員授一二年生算術尚能體會兒童心理但有學生於授課時不守秩序宜加訓練廁所近教室宜設法遷移表簿宜求完備

## ●市鄉教育狀況

### ●第一區教育行政狀況





是區市鄉立國民學校十七處私立高等兩處國民學校一處比較上學年推廣三處學務委員張同恩辦事謹慎支配各處經費亦尚允洽城市初以賓帶橋附收學捐二成界限未能劃清頗起恐慌自經縣署確定現有之學校尚足維持惟城市學齡兒童甚多宜設法擴充經費以爲推廣學校之預備如原有之稻餅蛋捐及省令附收之屠宰學捐均宜盡力徵收以免支絀各學校之辦理得法者小城市立第一爲最優第二次之其餘則瑕瑜互見應請令知學務委員時往各該校指導改良庶有進步所有各學校狀況如左

●城市立第一國民學校

是校校長戈正平辦事認眞教管訓養諸端均有研究歷次參觀王教員授國文韓教員授手工均甚如法查視研究錄頗多心得今年學生驟增至百餘名添闢教室另開校戶設學校園令學生各自種植培灌養成農業上之知識日曜日學生在校溫習教員輪番督課以迎合學生父兄心理實力實心洵堪佩慰應請傳令嘉獎以昭激勸三該校現有三學級若能廣招生徒再添一級以爲多級之模範尤所希望

●城市立第二國民學校

是校自盧校長接辦後凡事力求完備學生各科成績均甚可觀歷經參觀紀教員授國文鄒教員授手工均有研究一切佈置亦甚整潔今年學生滿額教室不能相容該校長令新生轉往他校不欲以數名學生博添級之虛名縻公家之經費非爲實事求是力顧公益應請傳令嘉獎

●城市立第三國民學校

是校職教員多至五人爲單級學校所僅見應令合併校長應以主科教員兼任佈置較前稍有進步表簿亦已研究製備第一次調查時未見教授學生喧囂足見平時不加訓練第二次查視學生缺席甚多參觀高教員授國文演講尚是但單級教法尚宜研究

●城市立第四國民學校

是校前以生徒增多一教室不能相容另添教室力求進步自堪嘉尚但學生共僅四十名尚宜設法廣招庶幾款不虛縻以求實在參觀夏教員授三四年級書法指示尚細密教員授一二年級圖畫教授亦合其餘管理訓練亦有研究表簿畧備

●城市立第五國民學校

是校佈置較前改良惟單級教法雖知研究而實施時尚未能自如應由學務委員時往指導爲要





●城市立第六國民學校

初次參觀韓教員授課術四年級殊課講解歌訣務使學生明白歌訣之理甚是第二次參觀李教員授國文三年生書法二年生新授一年生溫習支配講解尚無謬處惟各級照顧未能週到以致有學生枯坐或耳語者表簿有從前填注完備而現反缺畧者精神上未免退化

●城市立第七國民學校

是校今年初辦學生尚未足額佈置一切均尚整潔葉教員授課術於教法尚有研究校長由學務委員兼任甚望其學生發達辦理如法爲他校模範

●城市立第一女子國民學校

是校因學生增多分級教授自是正當辦法佈置亦合惟表簿有從前填注完密而與現在實際上不甚相符者未能隨時改正精神上似覺懈弛國文改本學生有訛字宜注意改正

●城市立景范國民學校

是校經費由范公祠田租支給每年田租約四百餘元以之充學校及祠祀經費應有餘裕該校有樓勢將傾圮設備簡陋佈置亦未盡合宜爲學校計爲祠宇計均應在餘款內撥支若干修葺整齊參觀教授尚無大謬但校長教員均應於各科學時加修養庶幾智識日新學校亦

因之進步

◎孫家廟鄉立第一國民學校

兩次前往參觀均未見教授學生亦不甚發達佈置設備均欠整潔教職員均係師範講習所學業對於校中應行事宜宜振作精神勿以校處鄉僻自安簡陋爲要

◎莊家橋鄉立第一國民學校

是校經費困難以致設備太不完全佈置亦難如法教職員安於簡陋凡事不求整潔調查時又值大風塵沙滿桌書表雜置毫無秩序惟查閱學生成績尚有可觀差堪欣慰耳

◎沈家渡鄉立第一國民學校

是校初辦學生尚未足額調查時適授算術未二分鐘卽搖鈴下課教法優劣不能判定查閱國文算術課本大致尚是間有失檢處黑板嫌小操場亦須擴充

◎西石羊鄉立第一國民學校

是校陳校長辦事頗負責任注重國文學生成績尚佳但於教授管理諸法終未能恰合卽如此次參觀教授國文四級學生齊讀單級教授無此辦法尚望該校長該教員虛心研究以求進步





◎香家庄鄉立第一國民學校

調查時在上午十時韓校長尚未到校學生亦未上課查視表簿及一切佈置較之上年初辦時反覺退化午後該校長來校云往公益員處商量經費事宜但經費雖係校務之一學生功課亦不可荒廢學生在校溫習時尚守秩序見來賓尚知禮節是該校長平時訓練之優點也

◎蘇陳庄鄉立第一國民學校

是校教職員多至四人校長并不駐校非單級國民學校所宜應酌量合併參觀孫教員授國文三年生新授三年生聯字四年生復講支配尚當運用亦自如學生成績亦尚可觀

◎橋頭鄉立第一國民學校

參觀單教員授國文三年生默一二年生復講令學生每句或每段輪講甚是教態亦誠懇查閱教授案逐課編製尚無他校或作或輟之弊學生成績算術不如國文該校長對於各事頗知研究訓練亦注重仍望精勤不懈勉爲優良之校

◎橋頭鄉立尚德國民學校

是校開辦未及兩月教員尚未確定佈置亦未就緒形式精神均無可觀學生尚有二十餘人亟宜從速整理勿徒存學校之虛名致貽口實切切

◎私立自東高等小學

是校開辦十餘年歷年成績均甚可觀辦理者於校務各種亦均研究此次參觀戈教員授商業啓發注入兩式likewise間并用教法甚是其餘佈置亦妥但該校與城市第四國民合在一處校舍不多校址不寬操場亦窄編製又係合級將來學生發達時恐更局促是所望辦理者力求進步以立久遠之基也

◎私立冀中高等小學校 國民

是校開辦五年有餘畢業兩次經費係王校長個人擔任業呈由教育部獎勵在案上次監試高等生畢業程度有不甚優者該校長取嚴格主義者令留級非爲事求實在此次參觀宮教員授國民級珠算教法亦是

◎第二區教育行政狀況

是區市鄉立國民學校十四處比較上學年推廣一處學務委員滕光順辦事穩妥支配各區經費亦尙允當但該區地域甚廣學齡兒童甚多學校只有此數又均係單級編製學生不能廣爲招徠安有普及之望應由學務委員會同各該市鄉公益員力籌經費從事推廣原有之學校優良者只十之三四亦擬請令學務委員常往各該校指導改良以期進步所有該區學





校狀況如左

◎小紀市立第一國民學校

是校由學務委員兼任校長調查時適校長授國文教態從容單級教法運用自如但該校開辦業已數年設備佈置比較上屆雖稍改良尚未處處如法學生亦不甚發達該校既係學務委員所經辦當予該區各校以模範應力求進步以保令譽

◎小紀市立第二國民學校

查視時學生已放課未見教授調閱各教課本尚無謬處該校校址適宜佈置亦是

◎坂埨市立第一國民學校

調查時適丁教員授修身演講尚是間用啓發式亦合惟教態稍覺矜持查閱各教課本尚均合度表簿均係自製頗見勤能惟不甚光昌耳

◎坂埨市立第二國民學校

該校初辦時頗覺按部就班力求合法迨校長易人教員爭執意見遂致一落千丈此次查視稍有可觀但精神終不如初辦時之團結參觀丁教員授國文講解忽遽讀法亦率

◎坂埨市立第三國民學校

是校至初辦至今事事研究合法精神不懈教職員均勤於修養參觀許教員授算術四級支配允當照顧周到該校校長教員均請傳令嘉獎

●港口市立第一國民學校

查視時盧校長授經學講解甚是惟該校長力疾從事精神稍欠陳教員授算術教法大致亦是該校長因沾染烟癖爲公益員所控訴往查情形已另文聲復

●港口市立第二國民學校

該校學生發達教室乍不能相容自是佳況但教職員於教授管理諸法宜虛心研究以期進步毋徒具學校之形式爲要

●港口市立第三國民學校

該校初辦成績無甚可稽學生亦未足額佈置大致尚是

●樊汊市立第一國民學校

是校趙校長能得學生父兄之信仰江教員曾修業於師範若能相輔而行該校自可蒸蒸日上乃繁盛市區來學者只二十餘人雖地方風氣不甚開通然該校長教員當自反省共同研究以求進步





●樊汊市立第二國民學校

是校校址在斜堤之上水大船不能通無法往查嗣據學務委員查視情形函稱是校前本由廢宅出入殊多不便今年春季將校內整理一切另開校戶始具學校形式國文作法課本改爲多用行書但講明改本後仍令學生謄清成績均可時間表太小不能使學生一望而知表簿全無宜製備

●吳家堡鄉立第一國民學校

是校自校址遷移後煥然一新教職員均畢業於師範頗能事事研究合法以盡職務佳校也

●陸家巷鄉立第一國民學校

是校亦因大水船不能通無從往查嗣據學務委員查視情形函稱至該校時已午後四時見學生十一名在教室內讀經據校長云今年患水故學生未能到齊國文作法大致不差惟修身問答課本有當用學生自答口氣而改爲教師口氣欠酌算術課本未能整齊劃一教台宜遷至西牆光線始足否則須在北牆開窗云云

●張五尖鄉立第一國民學校

是校亦因大水不便往查嗣據學務委員查視情形函稱該校已由張校長將教室改造煥然



一新惟仍少大窗一面參觀張校長授國文講解明白但不能使一年生同時自動不免有枯坐之弊學校大門內宜添設屏門免致鄉人闖入教室妨礙教授

●坂埨市立第四國民學校

是校開辦未久尚未往查據學務委員面述該校教授未盡合法管理尚嚴校舍內公民願做等集資建築尚軒敞但經費仰給於稻麥捐中貧捐現在分文尚未領到極爲困難

●第三區教育行政狀況

是區鄉立國民學校十一處私立一處比較上學年增一處學務委員陳玉章品優望重支配各區經費亦甚妥愼該區大泗莊鄉原有學校兩處自該學務委員接收後以經費拮据辦理者又未得人將不良之學校停辦銳意經營一校自屬正辦但時閱年餘停辦者因難恢復經營者亦未見實施該區地域既廣學齡兒童亦多未成之學校固宜推廣已成之學校應從速整頓若長此遷延故步自封安有普及之望應請令知學務委員會同各鄉公益員廣籌經費以期進步並請令該委員常往各該校指導改良所有該區各學校狀況如左

●西汪鄉立第一國民學校

是校初辦時尚具規模嗣經屢往查視除教授尚能合法外餘均無甚進步校內處處欠整設



備經飭指示改良之處均未遵照辦理飭該校長畢業於師範講習所理應盡心服務似此不知振作校務安有起色該校長其勉之

●寺巷口鄉立第一國民學校

是校佈置尚是表簿亦知製備學生成績尚有可觀參觀徐教員授體操亦尚合法惟生徒寥寥以經費平均計算每生占洋十餘元未免貽人口實該校長務宜振作精神設法廣招生徒以期進步

●居家橋鄉立第一國民學校

是校佈置尚整潔學生成績亦均合度教職員果能事事虛心研究合法亦將來鄉僻間之良校也

●大泗莊鄉立第一國民學校

是校學生尚稱發達佈置大致亦是但不如上屆調查之整潔學生成績尚有可觀惟國文改爲有許多欠酌之處應隨時注意修正該校體操課兼授舊時武技如舞刀拳術等保存國粹注重體育甚是該校經費稍有餘裕學務委員擬積存爲建築校舍之預備自是一勞永逸之法但望從速爲要

●雙河李家莊鄉立第一國民學校
調查時已放課未見教授查閱各科成績國文算術燦然可觀餘遜設備上尚多缺略

●塘灣鄉立第一國民學校
是校校長於校務極意研究歷屆指示改良之處隨時遵辦參觀李教員授修身國文教法大致尚是學生成績亦佳

●梅興市立第一國民學校
第一次查視時未見教授第二次見陳教員授國文（蝙蝠課）教態從容教法亦是但是課末句（逐共斥之）教員作蝙蝠斥鳥獸解未免謬誤是校自遷移校址後教室煥然一新知該校長力求進步深用欣慰

●梅興市立第二國民學校
是校校舍只草屋四間現在學生漸次發達教室內不能容納遂形狹隘該校長力謀遷移推廣自是正辦已令會同學務委員公益員商酌進行查閱學生課本算式欠整齊國文信札類有足下大鑒拜用者非是

●周家垛鄉立第一國民學校

泰縣教育近況　二十

泰縣教育近況　二十二

第一次查視該校種種均有進步尤以注重訓練是爲他校模範觀訓練簿所記載及訓練規程證以學生動作嘆美不置方以該校校長教員協力進行名譽日增乃王教員因事他就致公益員與校長忽生意見彼此均呈訴縣署第二次往查時曾詳詢一切曉以大義兩方終未能融洽致使優良之校遽遭頓挫是誰之咎歟

●塘灣鄉立第二國民學校
開辦未久尚未往查

●沈塢里私立敬業國民學校
開辦未久尚未往查

●第四區教育行政狀況
是區市鄉立學校十處私立高等學校兩處國民三處比較上學年並無增減學務委員淩滄洲辦事和平支配各處經費尚稱允洽各市鄉原有經費維持原有學校除梁部莊鄉稍形不足外餘均敷用姜堰市教育款產特設經理處辦事雖能統一而每年須消耗教育費若干能否取消或節省經費之處應由學務委員會同公益員斟酌辦理該市經費每年收入二千數百餘元僅設四校當有贏餘該市人口繁盛學齡兒童甚多應速推廣以資普及或於該市第一第四兩校添級招生辦理多級學校亦無不可應請令學務委員知照辦理並請令常往各該校指導改良所有視察各校狀況如左

●姜堰市立第一國民學校
是校合級編制學生發達爲歷年所未有足見該校長辦事切實殊深嘉許參觀錢教員授一二年生國文教音明亮教態活潑教法亦是錢校長授三四年生國文教法自合教態稍矜持管理得法訓練亦甚注重其餘一切校務均極力進行良校也

●姜堰市立第二國民學校
是校教室重新佈置較前改觀參觀劉教員授國文一二年生書三四年生復習學生回講含糊書法筆順有茫然者教員未能照顧指示均應注意矯正學生成績尚可

●姜堰市立第三國民學校
是校淩校長於單級編制及教授方法尚覺茫然三年生算術程度亦差應即虛心研究實力進行勿徒敷衍門面自誤誤人也

●姜堰市立第四國民學校
是校余校長因事辭職暫由錢教員兼理校務尚覺有條不紊錢教員自編鄉土志依類分課

泰縣教育近況　二十三

泰縣教育近況　二十四

尚合教科之用是教員中盡心職務之難得者也參觀錢教員授國文三年生書三年生授四年生復習大致甚得法惟新授三年生時預備段嫌略提示亦欠分清

●婁莊鄉立第一國民學校
是校近兩年黃校長銳意經營佈置周妥此次參觀吉教員代授算術教法尚合但低年生尚未能照顧周到表簿尚備惟教授週錄今年未塡未免精神稍懈耳

●梁部莊鄉立啟蒙國民學校
是校自開辦以來設施得法凡事均有研究此次調查大致與前略同惟表簿今年未塡注精神不無稍懈

●白米鄉立尚義國民學校
是校歷屆查視成績優良尤以算術爲最佳此次調查大致如前參觀陳教員授游戲體操（萬選青錢）初次教授師生均未嫻熟

●白米鄉立崇實國民學校
是校開辦十年餘成績昭著此次調查較前益有進步參觀陸教員授手工教授尚細但學生有任意談話者宜注意制止

●白米鄉立第三國民學校

是校王校長經營校務切實進行頗堪嘉尙查閱學生課本國文改筆有訛字以後宜細心檢查爲要

●大崘莊鄉立第一國民學校

是校因校舍變更遂形狹隘應亟設法遷移參觀游教員授國文作法題爲蹴踘戲學生所作大致尙可

●私立同育高等小國民學校

是校因校長家庭多故不能負責學生亦逐減少現教員等共同負責銳意恢復舊規該校創辦十餘年成績久著甚望職教員共同維持進行以保令譽

●私立日新高等小國民學校

是校前以高等科學生太少經費維艱辦理恐難如法飭令僅辦國民一科創辦人意欲勉爲其難高等科不願停辦現在程度較優之學生已經畢業所餘學生無幾創辦人已决計停辦高等將來經費既寬國民學校較易設施個人名譽自不難增長也

●私立孫殷野共和國民學校



是校職教員純盡義務不支薪水辦理業已四年應請嘉獎所收捐款每年約七十元僅供校內雜用尙形不足應由姜堰市款項下照章補助此次參觀劉教員授算術於單級教法尙有研究應用表簿尙備惟國文改筆稍有未妥耳

●私立明德女子國民學校

是校開辦未久種種尙未完備但顧校長熱心與學自任經費殊屬可嘉仍望研究進行以資提倡

●第五區教育行政狀況

是區鄉立國民學校十處私立國民四處比較上學年增一處學務委員許作霖辦事詳愼支配各區經費亦頗允當該區各處經費均甚支絀教職員亦甚清苦而肯負責任者亦正不少足見該區任事者熱心教育較只知爭權利者有別所有該區學校狀況如左

●顧高庄鄉立第一國民學校

是校兩教室幼稚生爲一級一二三年生爲一級編制尙是參觀繆教員授國文（狠與羊課）滋可惡狠句之滋字解錯又某字詁解可毋須書於黑板當以白話說明學生較易了解查閱學生課本國文成績有佳者教授案及校務日記均詳細編誌非他校或作或輟者可比是精



神不懈之一証

●黃沙滿鄉立第一國民學校

是校錢校長對於各種設施均有研究查閱各項表簿所載詳細說明足見精神貫注默察學生動作及校務內容均與表簿相合又與紙上空談者不同應請傳令嘉獎

●黃沙滿鄉立第二國民學校

調查時適午後五時半學生已放課未見教授查閱學生成績尙有可觀

●黃沙溝鄉立第三國民學校

是校學生課桌已改良教授手工趨重實用所製草帽筆筒均能售錢所用手工材料常以廢物利用他校亟宜仿效教案及操行薄填註完備足見該校職教員實心任事良堪嘉尙

●彭家垛鄉立化南國民學校

是校添設廚房一間佈置較前稍有秩序尙宜再求整潔參觀孟校長授國文演講尙欠切實明瞭教案編製尙是

●閻家莊鄉立第一國民學校

是校閻校長凡事虛心研究教授用具亦力求便利視他校因陋就簡者有別學生成績合度



處處整潔令人耳目軒豁

●余家庄鄉立第一國民學校

調查時値日曜日未見授課是校經費最少辦理甚不易優良陳校長任事後各處較有秩序該校長暇時頗知修養良堪嘉慰

●陳柯庄鄉立明德國民學校

是校與新民兩校經費甚窘幸賴公益員竭力維持參觀周校長教授國文用中華書局單級教科書教材聯絡尙合教法亦有研究學生成績均能合度但學生行禮欠誠敬宜加訓練

●陳柯庄鄉立新民國民學校

是校現將校址遷移新建草屋六間較原有校址軒爽調査時因前校長辭職暫由明德學校校長兼理繼任者尙未確定參觀徐教員授修身講合羣之益精神充足譬喻確當但教態稍欠沉着耳

●孫家莊鄉立第一國民學校

是校課桌改良佈置較前整潔參觀章校長授國文自動被動分配尙是但於單級教法運用未嫻熟學生復講亦含糊查閱各科成績尙有可觀

●私立西園國民學校

是校由顧校長獨力擔任經費今年又將校舍另建煥然一新熱心教育自堪嘉尚張教員管理一切極爲認眞曾將校務一切分類編成雜誌有條不紊閱之令人欽服參觀教授二三年生國文三年生演算同時間異教科支配尚是但教授順序尚形稍亂

●私立培德國民學校

是校經費由俞氏宗祠祠租項下支給不過寬裕佈置大致尚合參觀顧教員授國文四年生授二年生作一年生書各級照顧尚週到國文改筆亦較上年獎教員稍佳

●私立邇河亭國民學校

調查時已下午五時見學生各處灑掃自是優點查閱各科課本國文改筆有欠酌處三年生算術程度甚佳教授案及週錄均備

●私立發正國民學校

是校開辦未幾即有人搗毀校具涉訟經年遂致停辦現又因祠租糾葛一時尚未能開校

●第六區教育行政狀況

是區市鄉立學校十四處私立學校一處比較上學年並無增減學務委員朱葆達學識俱優

泰縣教育近況 二十九

泰縣教育近況 三十

辦事頗求實在支配各處經費亦尚妥洽該區海安市學校最多經費亦最足元年以後頗有餘裕近兩年田租歉收商務蕭條捐欵頓形減少而學校因學生增多添建校舍增備校具支出又較前增多現在以入抵出已無餘裕曲塘謝王河鄧夏莊鄉經費均形不足應由各公款員會同學務委員設法寬籌以資推廣所有該區學校狀況如左

●海安市立第一國民學校

是校佈置有序校址適宜參觀陳校長授三四年生國文段階不甚分淸教音亦嫌低劉教員授一二年生國文默書隨時個別訂正尚是閱各科課本生徒成績尚佳

●海安市立第二國民學校

是校新建教室甚軒敞參觀李校長授毛賁亦用九宮格法教授甚是其餘管理訓練均尚認眞

●海安市立第三國民學校

是校較前愈覺整理此次參觀王教員授算術教法固合教態亦從容閱學生課本成績亦有可觀

●海安市立第四國民學校

是校職教員均一人擔任完全單級組織調查時未見教授查閱各科課本程度與年級尚合但佈置欠整飭學生課本亦不整齊劃一

●海安市立第五國民學校

是校職教員所任功課不分科擔任而分年級擔任甚不相宜應即重行支配各就所長分科擔任參觀陳教員授算術佐以色筆甚頗起兒童興味但學生國文算術課本均未備欲覘教員之改筆何如學生之成績何如均無從證明應即製備

●海安市立第六國民學校

參觀熊教員授算術教法尚合但學生缺席甚多宜設法限制表簿全無亦宜製備訓練法宜研究國文改筆亦嫌高深

●海安市立第七國民學校

參觀時未見教授查閱各科課本成績尚有可觀但國文改筆有失檢之處佈置亦不如從前整飭

●海安市立貧民國民學校

是校佈置欠整飭教室各處均不淸潔學生所作國文尚有明白者

泰縣教育近況 三十一

泰縣教育近況 三十二

●曲塘鄉立廣式國民學校

是校辦理多年成績素著此次參觀王教員授算術教法尚是但學生有隨意談話者宜注意制止其餘管理訓練均尚研究得法但不如從前之切實

●曲塘鄉立第二國民學校

是校種種設施均研究得法此次參觀萬教員授國文一二年生書均影寫三年生授講解分淸教法亦是惟表簿尚形缺略耳

●曲塘鄉立第三國民學校

是校校址幽靜校舍合宜參觀王教員授唱歌講解歌詞頗詳細佈置整飭有序表簿亦備學生各科成績均可觀

●謝王河鄉立競成國民學校

是校辛苦經營成立十年有餘成績久著各事均有研究自可如法此次參觀邵教員授珠算順序不紊學生練習乘法亦多不錯

●謝王河鄉立第二國民學校

是校開辦以來頗能如法現在職教員缺席甚多大非所宜參觀謝教員授算術教法甚是學

生演算亦多無誤但管理頗有疏忽之處亟應振作精神自保令譽

◎私立進業高等小學國民學校

是校係王氏義莊設立經費尚足開辦以來成績甚著名譽日增乃於前年因義莊全部經費虧累遂致停辦上年僅辦國民科半年今春又復停歇似此或作或輟殊非所宜應請令知該義莊經理從速開辦以惠該族子弟

◎校林鄧夏莊鄉立第一國民學校

是校校門逼近河干須設法另闢以免兒童往來危險佈置種種尚欠整飭教職員尚能虛心研究亟望改良一切以資進步

# 江蘇省教育會演講職業教育設施法綱要

# 江蘇省教育會演講職業教育設施法綱要

## 第一章　職業教育之意義及範圍

### 第一節　職業教育之意義

職業教育爲近今教育界上新起之名詞然考其意義似非爲教育全部分之目的也亦非爲高等之專門教育也不過就普通教育範圍中對於大多數不能升學之子弟分別施以關於職業上之教育俾將來涉身社會易得相當之職業以謀生而一面對於已有職業之徒弟亦須與以相當之補習教育使其所操之業益求其進步故職業教育者實具有此上述二種之意義者也

職業教育｛對於不能升學者授與以職業上之知能使適於謀生
　　　　　對於已有職業者再施以相當之補習教育以求其進步

泰縣教育近況　一

### 第二節　職業眞正之目的

職業教育之目的在表面上觀之似專爲個人授與以職業上之知能以爲謀生之準備然此尙不足以爲職業教育眞正之目的也蓋現今世界各國有鑒夫立憲國公民之重要而以公民教育爲教育最大之目的然欲達此目的非先養成公民道德不可欲養成公民道德非注重公民

泰縣教育近況　二

職業使人人各有生產之能力不可故職業教育者實爲培養公民道德之基礎而爲實施公民教育第一步之手段也

職業教育
→
道德教育 → 公民教育（教育目的）

### 第三節　職業教育設施之範圍

設施職業教育之範圍大約不外二種一爲兼施之於普通教育之中者一爲特施之於普通教育之外者若中小學校之注重職業陶冶增加職業教科或於高等小學設職業科中學校之設第二部及行分科制皆爲兼施職業教育於普通教育之中者也若利用旁系統之學校如小學中附設職業補習科及實業補習學校皆爲特施職業教育於普通教育之外者也茲立系統表如下

職業教育設施之範圍｛
　施之於普通教育之中者｛
　　國民學校……注重職業陶冶
　　高等小學｛注重職業陶冶／增加職業科及末一年之變通辦法
　　中學校｛注重職業陶冶／末二年之設第二部／分科中學
　施之於普通教育之外者｛
　　小學校附設之職業補習科
　　實業補習學校
　　乙種實業學校
　　女子職業學校

泰縣教育近況　三

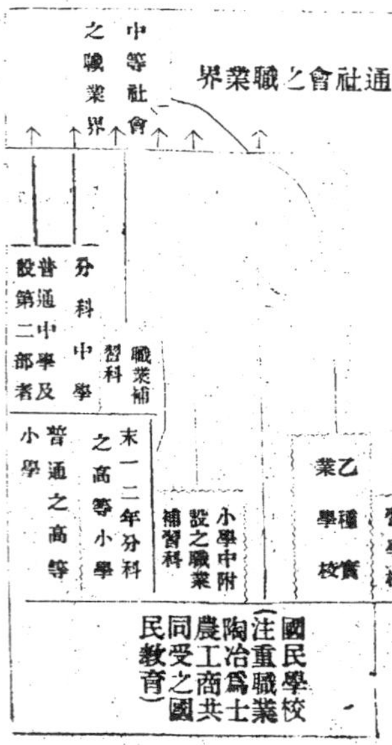


據上圖觀之我國欲施行職業教育在學制上非無活動之餘地惟施行之時亦宜分別緩急次第舉辦以鄙見論之中國苟能於小學校中附設職業補習科使不能升學者入此修習關於職業上之知能以爲謀生之準備一方面再於夜間增設實業補習學校使已有職業者再補修相當之教育以增進其智能如是則個人方面既易得相當之職業而在社會方面亦得增進其生產之能力以改良其舊有之職業若夫中等學校施行之職業教育則當審察社會之需要調查外貨之輸入擇其易行者而倣效之以爲新職業之預備庶乎有濟

泰縣教育近況　四

### 第四節　我國今日注重職業教育之必要

職業教育在歐美各國既已視爲重要之問題而在我國今日則尤爲刻不容緩者茲舉述其必要之理由如次

（一）我國今日中小學校之畢業生僅受一般普通教育往往不易得相當之職業以謀生欲救其弊勢不能不兼施以職業教育

（二）我國舊有之各業往往墨守舊章不知改良致各種職業永無發達之希望欲救其弊自當注重職業教育

（三）我國今日欲鞏固國本非養成立憲國公民之資格不可欲養成立憲國公民之資格非注

重公民教育不可職業教育即爲達公民教育一部分之目的

(四)歐戰解決以後各國勢必注重工商政策以中國爲經濟之競爭場中國欲保持其固有之位置自非注重職業教育不可

(五)欲發達中國之新職業養成國民之生產力非先注重職業教育決不能達此目的

### 第五節　中國施行職業教育與外國不同之點

中國施行職業教育與外國有種種不同之點茲舉其重要者如左

(一)歐美諸國因各種實業發達故需用人才較廣學校中所施職業教育適與社會之需要相應而中國則實業幼稚學校中造就之人才未必能適合於陳腐之社會

(二)歐美各國工業多由手工製造變爲機械製造工作徒弟各有專術而中國仍爲家庭手藝時代使役徒弟等諸奴僕職業教育施行以後學校之畢業生是否能見用於社會尚屬疑問

(三)歐美各國對於雇主之使役徒弟工作時間以及補習教育均有法律以爲之限制而中國則無此等制度欲使社會上有所遵循勢必不能

(四)歐美各國施行職業教育在社會政府方面均爲之竭力提倡設法獎勵而中國則非特社會政府不能加以提倡即教育界中仍不免有所懷疑





由上諸項觀之則中國施行職業教育與外國不同之點頗多故當實施之時不能悉取諸外國之成法宜當顧及社會之情況一方面對於舊有之職業設法與以相當之教育以求其適於謀生俾將來得以漸次改良一方面對於較高之職業宜授與以精巧之技能以爲發生新職業之預備雙方兼顧庶乎有濟

## 第二章　職業教育之入手辦法

### 第一節　各項職業之調查

一　本地各項職業之調查

欲施行職業教育勢不能離去舊有之職業然欲知舊有職業之種類非實行調查不可故調查者爲實施職業教育最要之急務也茲述其各項職業之調查如次

(一)尋常店鋪之調查

(二)農產物之調查

(三)工產物之調查

(四)工廠之調查

(五)大商店之調查

二　舶來品輸入之調查

我國工藝幼稚出品惡劣以致外貨之輸入日多土貨之銷路日滯此外更有無數之物品爲中國向所未有而爲日用上所不可缺者又不知凡幾故欲發生新職業勢非倣造外貨不可欲倣造外貨非先調查品物輸入之種類不可調查既畢然後擇其應用最廣而倣造最易者自行製造如是則不獨可抵制外貨而職業界中亦可開闢無數之新職業也茲述其必要調查之事項如次

(一)日用品之調查

(二)儀器文具之調查

(三)衣服類之調查

(四)玩具之調查

三　土貨輸出之調查

欲發生新職業不獨當倣造外貨以爲抵制即土貨之銷售於外國者亦可調查而改良之以圖漸次擴充蓋外國各種事業發達工價高貴一切手工製品往往仰給於我國者頗多如近年來花邊繡刺之手工品銷售於外國幾達數百萬惜以無工廠之組織式樣之陳腐尚未能十分暢





銷苟能就其所需要者調查其式樣改良其製造俾得日漸暢銷未始非有新職業之一種也

(一)銷售外國物品之調查

(二)物品式樣及其嗜好之調查

四　調查後之統計及規畫

以上三項調查之後當彙集作一統計以覘一地中職業之狀況以及外貨輸入之多寡土貨銷售之種類然後學校中對於施行職業教育之計畫可由之而定也

### 第三節　兒童志願之調查

社會上職業之狀況既已調查明悉然學校中對於在學兒童亦當從事調查蓋生徒中有能升學者有不能升學者即不能升學者之中其對於將來希望之職業亦各不相同故當實施之前對於生徒及其父兄希望將來爲何種職業須切實詢明而生徒之學力身體品行亦當隨時考查茲述其應行調查之要項如下

(一)生徒及其父兄所希望之職業

(二)生徒父兄原有之業職

(三)生徒之學力

(四)生徒之體格

(五)生徒之品性

第三節　本地教材之調查

職業教科之材料亦因各地之情況而有不同故欲教授此等教科不可不先從事於調查爲茲舉其重要者如次

(一)鄉土科教材之調查　鄉土一科不獨與職業教育有密切關係卽在普通教育中亦爲極重要之教科也教授此科者不可不切實調查本地之狀況以爲參考之資料茲述其要項如下

(甲)本鄉之普通職業與特別職業

(乙)本鄉之普通物產與特產物

(丙)鄉土物產銷出之統計

(丁)外貨輸入本地之統計

(戊)本地之模範人物

(己)本地之企業家





(庚)鄉土歷史與地理

(二)手工科教材之調查　手工旣以製作應用物品爲貴故教授材料除國民學校一二年級生外當選擇本地手工品中之可倣製者授之以養成兒童生產之能力而學校亦不致受無形之損失惟在教授之前須先從事於調查

(三)商業教材之調查　商業教材亦因各地之情況而有不同如各種簿記各業與各業不同卽同業者甲地又與乙地相異其他如商品之種類銷售之多寡無不隨地而異在教授之前皆宜詳細調查焉

(四)農業與理科教材之調查　理科中之博物材料與農業材料均與本地物產有密切之關係故教授此二科者亦必先就本地之物產實行調查焉

第四節　職業科教師之養成

舉行職業教育養成師資實爲最先最重要之問題徵諸各國亦莫不以爲急務茲擇其辦法之可行於吾國者舉之如左

(一)高等師範學校之分科　欲養成師範學校及中等學校教師之資格莫如高等師範故師範學校及中等學校欲設施職業教育自非在高等師範先行分科制以養成其師資不可現今南京高等師範學校分農工商英文四科其辦法較諸昔日尤爲應用則將來師範學校中等學校之職業科教師卽可從之而產出焉

(二)師範學校劃別注重職業教科及第二部兼收甲種實業學校畢業生　師範學校科目繁多畢業生徒往往無一特長之學科故鄙意以爲宜減少普通教科時間而增加職業教科視地方之所宜或注重農業或注重商業並於課外增加實習時間而對於圖畫手工二科亦宜特別注意如是則畢業之後卽可擔任小學校之職業教科矣

且師範學校本可招收中學畢業生爲第二部嗣後可兼收甲種實業學校之生徒俾習教育原理及教授方法畢業後卽可任專科之教師

(三)甲種實業學校中可附設職業教師養成所　甲種實業學校工場設備較爲完備如欲養成專門職業教師可於其中附設職業教師養成所一方面授以工場工作之技能一方面兼課以教授方法畢業後卽可爲小學職業補習科實業補習學校乙種實業學校之教師

(四)開小學教師職業講演會及職業補習科　小學教師向未受過職業教育則可利用休假期內開職業講演會及補習科以補習關於職業上之教科

(五)延聘職工與教師共同教授　各地欲舉辦特別之職業教科如無相當之專門教師則可





延聘工人之較有學識者擔任教授與普通教師共同上課實行指導

## 第三章　職業教育設施之方法

### 第一節　小學校中附設職業補習科之設施法

一　小學校中附設職業補習科之理由

我國在小學校中欲設施職業教育於編制上最便利而最適當者其惟小學校中附設之職業補習科乎蓋我國國民學校修業年限僅爲四年授以國民教育尙虞不足而欲於職業陶冶之外完全施以職業教育勢必有所不能故不如利用小學補習科之制度專設關於職業上之教科使畢業於國民學校而不能升學者入此科補習修業年限一年或二年畢業後卽可出外謀生焉茲述部章之規定如下

學制系統表說明第三項曰國民學校及高等小學設補習科爲畢業生升入他校者補修學科兼爲職業上之預備均二年畢業

又小學校令第三章第十三條曰小學校得設補習科

由上觀之可知小學校中之設補習科不必僅限於補修學科而已兼可爲職業上之預備依是設施則中國之職業教育不難普及矣

二 小學校中附設職業科之辦法

(一)小學校之職業補習科須視地方情形而分都市及鄉村二種

(二)在都市小學校附設之職業補習科須注重商業工業二種而在鄉村之職業補習科須注重農業園藝

(三)設職業補習科時須先調查社會上職業之狀況及兒童之志願而定何項職業不必限於普通之農工商三種

(四)職業補習科之學科分普通學科與職業教科及實習時間三部

(五)職業補習科之種種設施務須與實際社會相聯絡

(六)職業補習科之編制可分全日部及半日部二種

(七)修業年限可分為一年或二年二種

(八)職業補習科之生徒可不收學費以習去工作之物品補償之

三 小學校職業補習科之科目標準

(一)在城市中小學校附設職業補習科之科目

(甲)關於商業者



普通教科 公民科 國文 算術 體操 約十二時



職業教科 商業要項 廣告術 商店經營法 商業道德 商業應用文 約十時

實習 約十二時

(乙)關於工業方面之職業補習科

普通教科 公民科 國文 算術 體操 約十時

職業教科 本地重要工業 工作法 工業簿記 工業圖案 製圖法 工業道德 約十時

實習 約十六時

(二)在鄉村小學附設之職業補習科

關於農業方面者

普通教科 公民科 國文 算術 理科 體操 約十時

職業教科 農業要項 園藝 畜牧 養蠶 養蜂 害蟲 肥料 農具 土壤 約十二時

實習 約十八時

第二節 高等小學校中之變通辦法

高等小學生徒畢業後能升入中學及其他學校者甚少故對於此等生徒學校中亦當預為之計或增設職業教科於普通教科之中或於末一年中選擇其不能升學者特設職業級以為之預備茲述其辦法如下

一 高等小學校中增加職業教科

我國高等小學課程中原有農業一科或可將此科改授商業惟時間甚少實施者可視地方情形酌量變通專授手工或農業或商業並須增加其時間茲述其課程如下

(甲)增加商業者

(一)修身 國文 算術 歷史 地理 理科 體操 唱歌 圖畫 二十四時

(二)商業要項 簿記 商業算術等 五時

(三)英語 五時



(乙)增設農業科者

(一)修身 國文 算術 歷史 地理 體操 唱歌 圖畫 約二十二時

(二)農業要項(兼實習) 約八時



(三)理科(特注重博物) 約四時

(丙)增設應用手工者

(一)修身 國文 算術 歷史 地理 體操 唱歌 約二十時

(二)應用手工 約六時

(三)製圖 三時

(四)理科(重理化博物) 四時

二 高等小學末一年之變通辦法

(一)高等小學末一年可分生徒為升學與不升學者為二部升學者授以普通學科繼續教授不升學者可特別組織一級兼授以職業教科

(二)如為學校節省經費起見在授普通學科時升學者與不升學者同時教授至授職業教科時則分別授之

(三)不升學者組織之特別級亦可視地方情況分別注重農工商一科或數科

第三節 實業補習學校之設施法

欲使已有職業之徒弟再補習關於職業上相當之教育莫如實業補習學校現今世界各國對

於此等學校最爲注重而以德國爲尤著我國實業幼稚下級之實業者大抵未曾受相當之教育故欲振興實業改良其舊有之職業非增設此等學校不可在學制中雖有此等名稱之規定然實施者竟未聞有一二也不亦可怪已夫茲述其各種辦法如下

一 實業補習學校之經營法

(一)實業補習學校可附設於各地之小學校及其他各學校中

(二)實業補習學校多利用生徒之餘暇故授課時間多在夜間

(三)實業補習學校亦可分都市與鄉村二種

(四)都市之實業補習學校宜注重工商二種鄉村之實業補習學校宜注重農業園藝畜牧等

(五)實業補習學校除職業教科外兼授普通學校及公民科

(六)實業補習學校教授職業教科之教員須有專門之學識

二 實業補習學校之編制法

實業補習學校之編制法有種種之區別茲述其最普通者如下

(一)學年制 各種學科須統一組織而修業年限在二三年以上者此等編制稱學年制與普通學校同





(二)科目制 以一二種科目授之於短時間中而編制爲一學級稱曰科目制修業時間數月乃至一年入學者可任意選擇何科而補習之

右之二制各有特異之點似均可採用惟在初辦之時宜採用科目制至日後二制宜互相並行云

此外尚有學年制與折衷制等茲從畧

三 實業補習學校之教科目

實業補習學校之教科不外普通教科與職業教科其實習時間因其在晝工作者爲多故可從略

(一)在城市實業補習學校之教科目

(甲)關於高等之實業補習學校

普通教科目 公民科 國文 算術 珠算 英文

職業教科目 商業要項 商品學 簿記 商業地理 商業廣告

(乙)關於工業之實業補習學校

普通教科目 公民科 國文 算術 理科(理化)

職業教科目 製圖圖案力學材料工具建築機械電氣化學工業及其他之小工業

(二)在鄉村實業補習學校之教科目

關於農業園藝之實業補習學校

普通教科 公民科國文算術理科(博物)

職業教科 農作物 園藝 畜牧 養蠶 土壤 肥料 害蟲 農具 造林 丈量等

四 實業補習學校修業年限及教授時間

實業補習學校修業年限用學年制者則以二年或三年爲標準若用科目制者則修畢一科僅須數月或一年即可畢業

其教授時間大抵以每日晚間七時至九時爲最普通每週中約授十二時若因地方情況亦可酌量增減云

第四節 中學校增設第二部之設施法

中學校中所授教科仍爲普通之學科故其畢業生之不能升學者欲謀相當之職業其困難較小學爲尤甚是以去年全國教育會有變通中學辦法之呈請今春教育部曾有中學校得增設第二部之辦法茲錄其辦法草案五條如下





(一)中學校自第三學年起得設第二部

(二)中學校第二學年修業生志願於中學畢業後願從事職業者得入第二部

(三)第三部應節減普通學科視地方情形加習農業或工業商業

(四)第二部每週授課時間及實習時間之總數得視中學校令施行細則表列之時數增加五小時以內

(五)中學校請設第二部須先開列志願入第二部之學生數并條議辦法及科目呈候本省區長官許可并報部備查

二 分科制之中學校

分科制之中學校盛行於美國有一中學校中分爲農工商教科者有僅設爲一科者我國現行學制中雖無此等制度而南京高等師範附屬中學曾有仿是辦法分爲農工商文學四科俾入學者皆得有一藝之長將來足以藉此謀生此等辦法亦爲職業教育中最新之法也

第五節 女子職業補習科及職業學校

一 女子職業補習科之設施

女子在國民學校畢業後亦可特設一種職業補習科使之補修關於家政方面之知能其效果

較諸設高等小學僅授普通學科者尤爲實際茲略述其設施之大要如下

(一)女子職業補習科亦可附設於小學校中依男子職業補習科辦理

(二)女子職業補習科普通當注重家事栽縫烹飪等課其有因地方情形可特別注重他種職業教科如在城市則可增刺繡編物造花花邊之類在農村則可授園藝養雞養蠶等科

(三)女子職業補習科亦宜注重實習

(四)修業期限亦可分爲一年或二年畢業

(五)女子職業補習學科亦可分爲半日及全日二部

二 女子職業補習科之科目

(一)普通科目 修身(作法) 國文 算術 圖畫 體操 唱歌

(二)職業科目 家事 裁縫 烹飪 洗濯 看護

又可視地方情形加刺繡編物造花花邊園藝養雞養蠶等特別之職業科

## 第四章 普通教育中關於職業陶冶設施之方法

### 第一節 職業教科

一 手工科





手工科之目的在利用兒童之活動性以養成其生產創造之能力而爲將來各種技能之基礎且同時又可練習手眼與腦爲一致之活動以涵養其忍耐綿密共同心責任心諸美德故此科於職業教育上有重大之價值茲述其應改革之要點如下

(一)手工種類及教材選擇之標準 現今教授手工種類繁多於實際上非惟不能達真正之目的反有消耗時間與經濟之弊故宜減少其種類而以粘土紙竹木金工爲大綱在初學年中宜授以粘土及紙工爲主至高學年時可視地方情形授以竹木金工之一二種教材則以本地之需要物品爲主惟當選擇分配之時仍宜適應兒童心身之發達也

(二)手工製作之注意 我國教授手工缺點頗多茲舉其必須注意者如下

(一)須有創造發明的價值

(二)須有生產的價值

(三)製作品須力求精美

(四)須與圖畫聯絡並注重工作圖

(五)須計算工作時間與成本

二 圖畫科

圖畫科之目的在發達兒童觀察及發表之能力且可涵養其優美之感情並可與理科手工等科聯絡以爲生產的技能之基礎故此科之價值實不亞於手工科茲述其應注意之點如下

(一)圖畫種類及教材選擇之標準 圖畫種類向以用器判別其程度今則此等分類法已不適用在普通教育中大抵分爲記憶寫生圖案工作畫等在初學年級以記憶畫及寫生畫爲主教材則宜多取諸目前實物在高學年級則宜加以圖案工作畫等其教材宜取諸手工工藝品

(二)圖畫教授應注意之點 教授圖畫應行注意者如下

(一)須使兒童觀察正確

(二)須養成優美思想

(三)須能應用於工作品

三 理科



理科爲各種工業之基礎與職業教育最有密切之關係故近今各國對於此科之教授非常注重而我國今日僅知依賴教科書專事注入於實際上毫無裨益茲略述其亟應改革者如左



(一)須注重生徒自行實驗觀察 教授理科必使兒童自行實驗觀察使知理科與人生之關係而利用之且宜與以工場參觀及遠足旅行等之機會

(二)宜精選應用材料 理科教材宜選擇生徒日常生活所必須之知識及實際職業上應用之材料對於農村之地宜多授博物及農業材料在都會之區宜授以理化應用材料

四 鄉土科

鄉土一科與職業教育亦有重大之關係且可爲各科教授之出發點故在各國均視之甚爲重要我國小學校向無此科之規定故授之者甚少鄙意以爲宜於國民學校加授此科或即附於國文科中授之於教育上亦有莫大之價值也

五 家事科

治家爲女子之天職然欲使女子處理家政得收完備之效果則不可無相當之知能故家政一科實爲女子職業上重要之教科也惟教授之時不可僅以教科書爲教授之資料務使理論與實習並重一方面授以各種之理論使知其原理之大要一方面當使之從事實習俾得實際上之經驗

六 農業科

欲使農業教科得收實際上之效果其最重要之點一不宜專以教科書爲教授資料二宜選擇本地之教材分配授之三宜注重實習四宜旁及副產物依是施行較爲有效

七 商業科

商業一科亦宜調查本地商業之種類組織之狀況以及商品之銷售簿記之式樣爲教授之資料此外如普通商店經營之方法貨物之陳列招待顧客之要訣均宜擇要授之也

第二節 課外作業之設施

學校中利用課外餘暇使兒童共同作業足以養成其有生產之能力及勤勞之習慣於職業陶冶上有至大之關係者也惟作業之範圍甚廣而施行之方法亦有種種之不同茲述其重要而可行者述之如左




課外作業之種類

- 關於教科上之作業
  - 手工農作
  - 農業實習
  - 商業實習
  - 家政實習
  - 栽縫烹飪等
  - 自習
- 關於訓練上之作業
  - 學校園
    - 栽培植物
    - 飼養動物
  - 兒童圖書館及博物館
  - 交通之信部
    - 學校新聞
    - 郵務實習
    - 電報實習
- 關於衛生整理之作業
  - 掃除
    - 室內
    - 室外
  - 整理
    - 物器
    - 修理
- 關於臨時設施之作業
  - 各種儀式
  - 展覽會或批評會
  - 演藝會
  - 運動會
  - 修學旅行及遠足

第三節 各種之設備

欲實施職業教育學校中不能無特別之設備茲述其重要者如下

(一)理科實驗教室 以兒童共同實驗爲主而儀器標本均宜多備且須陳列其中

(二)手工教室 以能製作竹木金工爲主桌椅均須特製而各種應用器具亦須完備

(三)家事教室 宜分數間兼可爲裁縫烹飪之實習

(四)商店實習 或於校內組織販賣部或於校外特設小商店俾得從事於實際練習

(五)農場實習 宜於校舍附近擇相宜之地畫分區域使兒童共同耕種




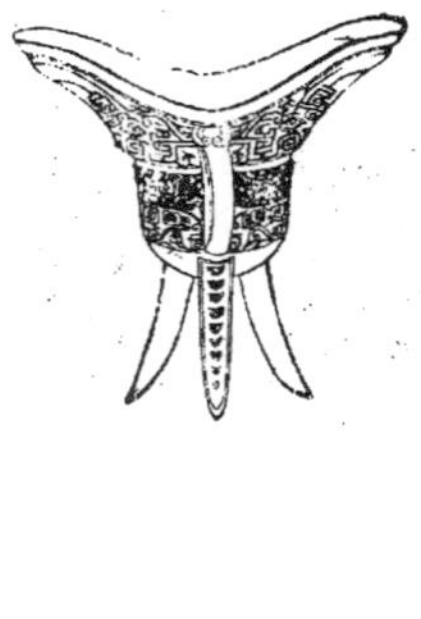

# 彙誌

## 全縣小學成績展覽會及縣立通俗教育館彙誌

### 序一

事務繁賾至今已極欲覘任事者優劣之點惟核於名實而已矣騖其實而不求其名者上也名實交盡者次之有名而無實者今天下比比皆是機關林立金錢流溢乃一察其實際未有不令人太息者蓋自任事者之心理其初本以苟簡塞責爲目的坐是事務愈多財力愈耗而實心實力任事之人材愈如景星慶雲之不數數見也是亦可以覘世變矣泰縣教育會會長徐君雁峯年少英特有材能委充通俗教育館主任再辭而後就籌備規劃粗有端緒並發起全縣小學成績展覽會既允所請則益勞心併力以從事六月上旬館會同日開幕内外燦列部分秩然徐君材能因是益著緣其初本無苟簡塞責之心故其施之於事也皆實心實力所經營庶幾不求其名而騖其實者歟館中經費有限規模大備尙須竢諸異日而展覽會所徵集成績較二年開會時已大有進步禮曰相觀而善之謂摩從此日新月異全縣教育界文化之進益實於此會基之矣會既畢事徐君薈萃館會書誌爲一冊將付諸印先以草本屬弁言於余余嘉徐君實心任事尙不徒騖其名也因泚筆而爲之序

中華民國六年十一月泰縣知事鄭輔東序





### 序二

余編吾縣教育近況甫竟適縣教育會會長兼通俗教育館主任徐君以所編之小學成績展覽會及通俗教育館彙誌見眎是亦吾縣最近教育界大事記也展覽之餘竊服徐君辦事之切實並自愧所編之疏漏因彙之合印以就正於當世之教育家

縣視學嚴恩棨謹識

●全縣小學成績展覽會概況

●呈請舉行全縣小學成績展覽會文

呈爲呈請事竊維教育以研究而日進成績以比較而日精泰邑自興學以來學校林立公私合計數已逾百徒以散處四方未由研究各校成績亦無從比較昔於民國二年　鈞署開教育行政會議時曾徵集各校成績開展覽會一次茲者學校進步日異月新教育主義趨重實用而職業教育尤有研究之價值惟欲詳加討論而謀改進之方非先徵集各校之成績不可展覽成績於一堂既可取其優長資爲模範更可任人觀覽開通地方今春教育會開常會時曾由鍾岳提出議案徵集各校成績開會展覽經衆公決認爲切要之圖正擬舉辦間適奉　鈞令委任鍾岳爲通俗教育館主任查通俗館章本有陳列學校成績之規定是徵集各校成績既可爲教育會展覽之資更可爲通俗館陳列之品一舉兩得莫便於斯爰擬簡章十條呈請　鑒核如屬可行懇即通令全縣各校查照定期選送成績以便展覽實爲公便再查前縣教育行政會議經費曾由縣議會規定六十元茲開全縣成績展覽會核減預算約需五十元除擬由通俗館擔任二十元外並懇於縣款項下撥給教育會臨時費三十元以資應用合併聲明謹呈

泰縣教育近況　一

●附簡章

泰縣教育近況　二

第一條　本會爲徵集全縣各學校成績品以供衆覽而設由縣教育會與通俗教育館公同辦理

第二條　本會地點設通俗教育館內(即學宮)

第三條　本會展覽時期自陽歷六月一日起至七日止

第四條　各校成績品請縣署通令徵集

第五條　各校成績品　限陽歷五月二十五日以前彙齊送會以便陳列

第六條　成績品上須注明出品人姓名及學校名稱

第七條　陳列之櫥几等物由會中置備其餘玻框等件如能由出品人自備尤所歡迎

第八條　各項成績品展覽既畢由會中斟酌留爲陳列於通俗館中其有願收回者須於送到時先行聲明

第九條　自陽歷五月二十日以後會中特設成績品收掌處各項成績送到時驗明製給收據爲憑

第十條　展覽完畢後由本會呈請縣署選派教育界中公正人士另開審查會評判各項成績優者請縣署發給獎狀以資鼓勵

●成績品要目

甲　學校成績　狀況書及出版物　表簿　關於教育上之著作　各科範本　其他

乙　學生成績　國文作法書法　算術演草　各科圖表　各科答案　圖畫　手工　理科採集品及製造品　其他

●呈請派員審查文

呈爲呈請派員審查事竊鍾岳前蒙批准教育會通俗館合開全邑小學成績展覽會現已籌備舉行惟審查事關於鼓勵各校尤當格外愼重爰於日前特在縣教育會開會評議徵集意見當經多數議決呈請縣署派員審查爲此理合具文呈請鑒核卽懇於開會期內派員到會卽日審查以省時間而資激勸實爲公便謹呈

泰縣教育近況　三

●審查會公函

縣長先生鈞鑒敬復者竊奉　訓令飭赴小學成績展覽會審查等因遵於該會閉會後卽往該會公同協議審查方法當以各校送來成績品數甚多第四第五第六學區學務委員未能如期到會審查者似欲減少因公推縣教育會正副會長會同審查至審查方法除依照該會原定簡章分學校成績學生成績兩類審查外並議定選擇各該校成績品中最優者爲甲等次優者爲乙等又次者爲丙等其成績平常無甚足觀者概不給獎庶於獎勵之中仍寓限制之意茲經公同審查完竣理合開單呈請分別獎勵再全縣學校百有餘處此次有成績赴會者僅四十九校其餘未送成績各校應否量予訓誡之處出自　鈞裁專復敬頌　勛安　縣視學嚴恩榮　第一區學務委員張同恩　第二區學務委員滕光順　第三區學務委員陳玉章　縣教育會長徐鍾岳　縣教育會副會長戈正平仝上

泰縣教育近況　四

●獎狀

泰縣知事鄭　爲發給獎狀事查全縣學校成績展覽會前經通令各校徵集出品並派員審查在案茲已審查完竣查有　某　學校　某品列入　某　等合行發給獎狀以資鼓勵此狀

●各校成績品一覽表

| 校名 | 出品總數 | 給獎品類 | 等第 |
| --- | --- | --- | --- |
| 縣立第一高等小學校 | 六三 | 國文範本 | 甲等 |
| 縣立第一高等小學校 | 六三 | 竹工　籬筒　手枕 | 甲等 |
| 縣立第一高等小學校 | 六三 | 採集植物標本　國文書法 | 乙等 |
| 縣立第一高等小學校 | 六三 | 地圖 | 丙等 |

| | | | |
|---|---|---|---|
| 縣立第二高等小學校 | 六五 | 習字範本及著作 | 甲等 |
| 縣立第二高等小學校 | 六五 | 理科採集品 金工 竹工 地理圖表 | 甲等 |
| 縣立第二高等小學校 | 六五 | 國文作法 算術演草 麥稈草帽 彩鉛畫 | 乙等 |
| 縣立第三高等小學校 | 九 | 學校新聞 | 甲等 |
| 縣立第三高等小學校 | 九 | 圖案畫 | 甲等 |
| 縣立第三高等小學校 | 九 | 國文作法 | 乙等 |
| 縣立第四高等小學校 | 九〇 | 粘土工 學校模型 暗射地圖 | 甲等 |
| 縣立第四高等小學校 | 九〇 | 國文作法 書法 算術演草 竹工 | 乙等 |
| 縣立第五高等小學校 | 一二七 | 理科採集品 原紙工 鉛畫 | 乙等 |
| 縣代用塘灣高等小學校 | 一一八 | 圖表 | 甲等 |
| 縣代用塘灣高等小學校 | 一一八 | 竹木工 帽筒 楹聯 | 甲等 |
| 縣代用塘灣高等小學校 | 一一八 | 地圖 手工 携卯 | 乙等 |
| 縣代用塘灣高等小學校 | 一一八 | 算術演草 圖畫 | 丙等 |
| 縣代用崇實高等小學校 | 一二五 | 圖表 | 甲等 |
| 縣代用崇實高等小學校 | 一二五 | 竹工衣架帽筒粘架 | 甲等 |
| 縣代用崇實高等小學校 | 一二五 | 國文作法 算術演草 麥稈草帽 | 乙等 |
| 縣代用廣武高等小學校 | 九六 | 組紙工 算術演草 | 甲等 |
| 縣代用廣武高等小學校 | 九六 | 圖案畫 國文作法 | 乙等 |
| 縣代用廣武高等小學校 | 九六 | 粘土工 毛筆畫 | 丙等 |
| 縣代用啟明高等小學校 | 九八 | 狀況書及表簿 | 乙等 |
| 縣代用啟明高等小學校 | 九八 | 國文作法 算術演草 竹工 | 乙等 |
| 縣代用啟明高等小學校 | 九八 | 豆工 | 丙等 |
| 私立自東高等小學校 | 八八 | 圖畫 | 甲等 |
| 私立自東高等小學校 | 八八 | 國文作法 | 乙等 |
| 私立翼中高等小學校 | 一三 | 彩色鉛畫 | 甲等 |
| 縣代用溫知女子高等小學校 | 一九三 | 刺繡手工 圖畫 | 甲等 |
| 縣代用培英女子高等小學校 | 一六〇 | 岳像 | 甲等 |
| 縣代用培英女子高等小學校 | 一六〇 | 刺繡手工 | 甲等 |

| | | | |
|---|---|---|---|
| 城市立第一國民學校 | 七九 | 教案編製 校園出品 | 甲等 |
| 城市立第一國民學校 | 七九 | 圖案畫 寫生畫 | 甲等 |
| 城市立第一國民學校 | 七九 | 國文作法 | 乙等 |
| 城市立第一國民學校 | 七九 | 手工 | 丙等 |
| 城市立第二國民學校 | 二七三 | 表簿 | 甲等 |
| 城市立第二國民學校 | 二七三 | 手工 圖畫 | 甲等 |
| 城市立第二國民學校 | 二七三 | 國文作法 算術演草 | 乙等 |
| 城市立第四國民學校 | 四四 | 粘土工 | 丙等 |
| 城市立第五國民學校 | 一三 | 狀況書 | 乙等 |
| 城市立第五國民學校 | 一三 | 麥稈工 結紐工 | 丙等 |
| 城市立第七國民學校 | 一三 | 粘土工 帖紙工 | 乙等 |
| 城市立第一女子國民學校 | 三〇 | 手工 | 甲等 |
| 孫家廟鄉立第一國民學校 | 一一 | 麥稈扇 | 丙等 |
| 張家院蘇陳莊鄉立國民學校 | 二六 | 圖畫 | 乙等 |
| 景范國民學校 | 一六 | 毛畫 | 丙等 |
| 港口市立第一國民學校 | 一四 | 國文書法 | 乙等 |
| 港口市立第一國民學校 | 一四 | 國文作法 組紙工 | 丙等 |
| 港口市立第三國民學校 | 八 | 帖紙工 | 丙等 |
| 坂埨市立第一國民學校 | 四八 | 狀況書 表簿 | 乙等 |
| 坂埨市立第一國民學校 | 四八 | 手工 | 甲等 |
| 坂埨市立第二國民學校 | 一七 | 國文作法 | 乙等 |
| 小紀市立第一國民學校 | 二一 | 國文作法 算術演草 手工 | 乙等 |
| 小紀市立第二國民學校 | 一五 | 國文作法 算術演草 | 乙等 |
| 小紀市立第三國民學校 | 一五 | 組紙工 | 丙等 |
| 梅興市立第二國民學校 | 一九 | 圖畫 算術演草 | 丙等 |
| 沈垛里李家莊鄉立國民學校 | 七五 | 國文作法 | 乙等 |
| 沈垛里李家莊鄉立國民學校 | 七五 | 算術演草 | 丙等 |
| 塘灣鄉立第一國民學校 | 二七 | 圖表 | 甲等 |

| | | | |
|---|---|---|---|
| 塘灣鄉立第一國民學校 | 二七 | 國文作法　麥稈扇　算術演草 | 乙等 |
| 姜堰市立第一國民學校 | 二六 | 表簿 | 甲等 |
| 姜堰市立第一國民學校 | 二六 | 國文作法 | 乙等 |
| 姜堰市立第四國民學校 | 一二 | 教員自編姜堰鄉土志 | 甲等 |
| 姜堰市立第四國民學校 | 一二 | 算術演草　組紙工 | 丙等 |
| 白米鄉立尚義國民學校 | 二五 | 算術演草 | 甲等 |
| 白米鄉立尚義國民學校 | 二五 | 貼紙工 | 乙等 |
| 白米鄉立第三國民學校 | 一二 | 剪貼工　組結工 | 乙等 |
| 白米鄉立第三國民學校 | 一二 | 算術演草 | 丙等 |
| 姜堰私立孫殷野國民學校 | 九六 | 雜組 | 乙等 |
| 闞家巷鄉立第一國民學校 | 一三 | 表簿 | 甲等 |
| 闞家巷鄉立第一國民學校 | 一三 | 麥稈扇 | 甲等 |
| 閻家巷鄉立第一國民學校 | 一三 | 算術演草 | 丙等 |
| 彭家垛鄉立第一國民學校 | 四 | 麥稈扇 | 乙等 |
| 金家莊鄉立第一國民學校 | 八 | 國文作法　圖畫 | 丙等 |
| 蓮河亭私立裕民學校 | 一三 | 毛筆畫 | 乙等 |
| 顧高莊私立培德國民學校 | 二一 | 狀況書 | 丙等 |
| 顧高莊私立培德國民學校 | 二一 | 國文書法　組紙工 | 乙等 |
| 曲塘鄉立廣武國民學校 | 一六 | 貼紙工 | 乙等 |
| 曲塘鄉立第二國民學校 | 五 | 國文作法　圖畫 | 丙等 |
| 曲塘鄉立第三國民學校 | 三〇 | 教授案 | 甲等 |
| 曲塘鄉立第三國民學校 | 三〇 | 國文作法　算術演草　手工 | 乙等 |

泰縣教育近況　九

泰縣教育近況　十

右表共四十四校出品共二一六二件奬狀共發八二張

| | |
|---|---|
| 橋頭鄉立貧民國民學校 | 出品一件 |
| 査家莊鄉立國民學校 | 出品二件 |
| 樊汶市立第二國民學校 | 出品二十三件 |
| 三角垛私立明達國民學校 | 出品十四件 |
| 姜堰市立第二國民學校 | 出品二件 |

以上五校不給奬出品共四二件又閉會後私立同育學校送來成績品四十一件未及審査存通俗教育館中以備陳列

## ●臨時評語

近來各地教育漸趨重於實用主義參觀各校成績皆斐然可觀深爲欽佩竊意教育最終目的在使學子畢業後有自立之能力此非註重於實用不可竊諮　貴邑諸君未知以爲然否　前無錫致和女學校長東林高等小學教員過鍾粹

參觀高小部各室成績手工科以第二之金工第四之黏土校舍模型廣武之雕紙槃寶之組紙爲最優惜鮮有利用地方特產之材料者圖畫科以水彩畫鉛筆畫爲最多以圖案畫爲最少國文作法各校均用謄清本以學生眞相殊不易見　縣立第三高等小學校校長丁牧

參觀國民部成績俱臻上乘圖畫手工尤徵特色最選者城市立第五國民學校及彭家垛周家巷等處鄉立國民學校之麥稈手工能利用本地之出產以爲教授之材料頗合實用之旨惟圖畫一科以圖案寫生爲最實用的畫法、參觀南京教會所辦之初小一年級卽授以簡單之寫生一惜不多見國文作法各校多送謄清本送原本者甚少至於行書楷書遍歷國民部更覺罕見似於實用主意未能顧及　城市立第一國民學校正教員王孝變

泰縣教育近況　十一

## ●縣教育會意見書

泰縣教育近況　十二

本年六月本會徵集全縣學校成績品開會展覽事之後適値暑假爰將茲會始末編叙付印鑑岳不才竊有感焉夫茲會之旨在表面言之雖似爲比較優劣而設然在實際言之則須藉此以爲研究之機會統觀全局選送成績赴會之校凡四十有九不及全縣總數之半從可知研究教育不易聯絡矣分觀陳列各部莫不琳琅滿目美不勝收而女子一部尤覺五光十色令人贊賞然細觀其實竊有二端須共商榷請分述之

近年以來社會生計日艱故教育潮流亦競舍空而言實吾邑各校多知註意斯點然展覽成績則多不盡相合手工一科各校之出品最多亦最有研究之價値其間如竹工金工麥稈工黏土工以及女校之刺繡縝物雖覺精美絕倫然多係縮小之模型或裝飾之玩品以言實用尙待研究故能標價出售者實不多見竊謂教手工者不妨預算工料令學生製品出售而以利歸學生一方面俾學生有獲利之技能一方面復可得家庭之信仰所製物品不必翻新出奇祗須精益求精雖久作此物亦無不可國文一科近日談教育者多謂宜註重記事之文竊謂論說之文可以增學生思觀之力亦不可偏廢宜於國文時間內分出數時授以應用之文字由教者自編教程凡書札契據券約發票之類依次分授庶幾出校之後謀就職業不致茫無所措茲誾成績品

中國文佳作雖多而應用文字絕少殊爲缺點至於農業商業在高小課程中本爲切要之科今竟無成績赴覽亦殊可注意此關於平時教授上之須商榷者一也

此次徵集出品原分學校成績與學生成績兩類所以求得出品人之真相也奈出品赴會之校分類者固屬不少而教員範本與學生成績混而不分者亦恒有之是以高小學生之出品竟有非中學程度所能及者國民學生之出品竟有非高小程度所能及者審查之時固難萬分在選送者祇求出品之優美固未嘗計及然眞僞不分難以研究且使學生見之必相習而爲僞教育前途甚爲可慮將來續行徵集出品時竊願各校先自研究之此關於選送出品時之須商榷者又一也

管窺所見是否有當想亦教育界人之所樂與研究者也正會長徐鍾岳謹識

本年六月本會與通俗教育館合開成績展覽會於舊學署維時天久不雨人心恐慌教育經費亦受影響乃與會者竟有五十校之多不可謂非吾教育界之盛舉且所徵成績較之民國二年縣署第三科所辦之成績展覽會及三年巴拿馬賽會泰縣出品分會均臻進步五六十色美不勝收其中尤以高小部男校之圖案畫及金工竹工最合實用各女校之刺繡亦均稱優美茲就開會時所聞參觀人之口頭評判暨管見所及畧舉一二與諸大教育家商榷之

泰縣教育近況 十三

泰縣教育近況 十四

(一)國文科　此類出品佳構甚多其中國民校程度竟有臻高小者高小校程度竟有臻中等者詢足爲各校平素教授優良之證惟按成績展覽會大都分學校行政成績教員成績學生成績三項此次所見國文成績膳淸本占多數其爲學生成績抑爲教員成績無從辨別竊意陳列教員成績最好用範本陳列學生成績宜用原本庶使參觀者得明眞相

(二)手工科　現在普通教育須有職業的傾向故手工一科特別注重此次所見男女各校手工甚多惟強半爲教育的及妝飾的能取本地及本國材料製成日用物件甚鮮揆之實用主義似覺未當

鄙人既無學識又乏經驗本不敢妄加批評此次開會時臨時批評亦多故就見聞所及畧爲陳述聊以補白閉會後縣署所派審查員諸君公推徐會長及鄙人加入審查之列鄙人更未敢當茲重任亦還返將上述意見陳於審查諸君之前冀以提倡實用爲審查之標準至於各校之成績之優劣決示敢妄置一詞憶自數年前黃炎培氏提出實用主義後莫不曰非求實用不足以造成社會上能自營獨立生活之人物所謂實用主義幾已味同嚼蠟至於近日職業教育之呼聲尤高顧知之匪艱行之維艱鄙人年來亦頗研究實用主義之設施及方法無如一則限於地位及經濟末由發展一則由於學識淺薄經驗缺乏致無進步之可言竊願吾邑諸大教育家彙起直追共圖實用免落他邑之後則此次展覽會其吾邑職業教育發展之先聲乎副會長戈正平謹識

編輯者李寅生

## ●縣立通俗教育館成立狀況

●開幕秩序

本館於民國六年六月一日開幕晨十時十五分各界來賓聯袂而至者無慮數千人是日空氣淸潔溫度表升至七十七度由行政長官以次入席行開幕式

(一)搖鈴　(二)入席　(三)主任報告見後　(四)行政長官訓詞見後　(五)來賓演說祝辭見後　(六)主任答詞　(七)開幕　(八)茶點

●主任報告

社會教育所以輔助學校教育之不足範圍至廣收效尤弘蓋社會人類繁賾勢必不能盡入學校矧値此過渡時代欲學校之普設尤難期諸旦夕故欲啟迪民知開通風氣則於社會教育不得不大加注意近年以來人咸知此舉之關係匪輕也故教育長官文告迭頒提倡於上而各地人士亦竭力經營促成於下有通俗圖書館焉有通俗博物館焉有通俗講演所焉各

泰縣教育近況 十五

泰縣教育近況 十六

省有省立之機關各縣有縣立之機關而開通之地雖一市一鎭亦罔不特設機關積極進行範圍之大小雖各處不同要無不著收效益泰邑地處海隅風氣之開較晚今者學校已林立矣社會教育詎能獨付闕如此去年所以有通俗教育館之創設也茲逢開幕之期鍾岳忝爲主任爰將先後情形分次報告尙祈諸人士不我遐棄匡正不逮焉

民國四年省署招集教育行政會議應時勢之需要特提議於各縣創設通俗教育館衆議僉同爰由省署通行各縣就文廟改設既謀社會教育之發達更堅人民尊孔之思想意洵善也時適泰邑教育經費支配告罄無可挪移雖省署有限期三月具報籌備之文而實不能作無米爲炊之事會五年夏季本邑師範講習所停辦縣款稍裕本館之開辦始稍有轉機縣視學嚴先生促之尤力聞各縣開辦者已有丹陽等處嚴先生復親往調查以資取法縣署復委之爲主任籌劃經營不遺餘力仿照丹陽辦法先設圖書博物兩部延儲程二君助理一切鳩工庀材就文廟之尊經閣改設樓上圖書一部修葺已有端緒矣嗣因視學一職繁重非常爰請縣署改委前師範講習所所長高先生爲主任時適歲暮着手不易擬定次年春季接辦以開辦經常費之不敷用也更請縣署增開辦費至六百元每年經常費至四百六十元運籌布置亦云至矣本年春季高先生因入縣署主管學務不棄菲材復呈委鍾岳接爲主任自愧學淺

本不克勝此祇因嚴高二先生既已創有規模而本館之開辦又不能再延時日遂敢勉竭駑材藉附驥末是開辦前一切布置皆嚴高二先生之功鍾岳實無力焉

三月間鍾岳奉令任事付款開辦照前主任之規劃先將前師範講習所舊存之書籍儀器移撥來館並遣人赴滬購辦通俗之書籍儀器其有可在本地購者則就近設法焉樓下原擬設博物一部尚未加整治乃召工估材將東一楹隔爲僕役室及招待室閱報處西一楹隔爲管理員室中三楹以木欄間之闢爲博物部以光線之不充也特於後壁啓風窗式扇一入室中豁然開朗矣工程既竣復訂造長桌數十張以備陳列曲折迴環布置室中取其循次而前能便閱者游覽不紊也又因精細儀器易於損壞更加設玻櫥不第求壯觀而已四壁悉掛圖畫入閱覽更特備風琴任人按奏以助興味中分三部而陳列之物品則以物理博物二科爲多其他各科僅略備一二因名思實其覺赧然但限於經費不能多購雖有師範講習所之物品加入猶覺難臻完備比諸他處之博物院詎能免九牛一毛之譏乎至於圖書一部設於樓上亦分口出入故特備二梯入口處揭示書目便人採擇閱書處分男子女子童子三部免致混淆取書必填書劵以便稽考壁上徧懸修身地理算術等圖用以感化社會資人考究所備書籍署分通俗書及參考書二種蓋爲本館計祇須備通俗之書而師範講習所之藏書則多經

泰縣教育近況　十七

泰縣教育近況　十八

史之類勢不得不略爲增購以備學者之參考兼爲將來附設圖書館之嚆矢其雜誌日報等類則已擇要購備任人取閱預計開幕之日游者必多爰呈請縣署通令全縣學校徵集出品於同日開會展覽以資比較而策進步各校成績有願留存館中者則俟閉會後爲之另闢一室永久陳列統計各費用於購置書籍儀器及物品者凡三百八十元用於修理及陳設者凡二百六十十元用於雜費者凡六十元學校成績展覽會之用度亦均在焉開辦費不足之數則以經常費移補之始克敷用籌備凡二月有餘鍾岳因兼任學校功課雖在本館不支俸給然不能竟日在館曠職殊多幸有儲程二君黽勉從公不辭勞苦今日克告成功實攸賴之他若展覽會一部事務均賴教育界諸人士共同盡力尤深感佩

今者欲副邑人士之望勉强開幕然將來所擬逐漸進行事項敢再畧陳圖書名類就出版者言之已屬浩如淵海况著作無窮更難以盡購茲擬先搜求本邑藝文另闢一門儲諸館中備人取閱所以動人愛鄉土之思也其通俗書籍則量力購備漸謀擴充博物部中則擬多購關於農工業之品蓋應社會之需要須注重實利主義也至於講演一部在省會中原有講演會之規定然苟無專任之人則恐難以持久擬竣開幕之後擇一熱心之士專主其事地址不必限在館中各地巡迴以期遍及其有熱心人士並隨時敦請輔助稍盡義務以謀改良社會所有細則容續訂之他若學校成績現在開會展覽將來審查之後有收回者有留存者視物品之多寡再於館中相地陳列焉上已之見不敢自以爲是其有能錫以教言者鍾岳當竭力施行是不特一人之幸蓋亦全邑教育界之幸也

●行政長官訓詞及來賓祝詞

▲鄭知事訓詞　今日爲泰縣通俗教育館開幕之期邦人士女來觀者絡繹壎委極一時之盛輔東沈瀏簿書未得於斯館助其力而今乃觀厥成良用忻慰然於此不能無感焉夫通俗教育四字範圍至廣舉古今中外名物事類之繁兼容並包以供社會萬衆之研究雖近今所傳宏富如山東省立圖書館精博如南通博物院特滄海之一粟耳茲館之設其餘山東圖書館南通博物院又不啻滄海一粟之比例而謂社會萬衆由此啓闢蕃而躋文明亦談何易易然自造始以迄今日歲將一週其始苦於無款及款既集矣委嚴君任其職而嚴君辭委高君綜其事而高君又辭最後徐君始毅然承任苦心壹志經營構造乃有今日吁其難矣夫以成之如此其難設不能收纖微之效將何以間執迂腐者之口徐君勉乎哉凡來館參觀者助理員宜委曲指導無厭繁瑣其有椎魯鄙夫尤宜就淺義譬曉之以期達實用之目的至圖書一部於邑中先哲藝文宜多搜采部令所謂直接以動其愛國家之念此

泰縣教育近況　十九

泰縣教育近況　二十

說固然鍾岳竊尤以爲通人志士物望所歸彼其一心所嚮嚮者在此密合其心之所嚮嚮因以爲改良風俗之資道至捷而效至神也且先哲往矣後來者於其遺文墜緒珍護愛惜其人情之厚何如是亦轉移薄俗之一道也風俗敦厚然後知識之輸入抱中而守正不致好作惡越道海之藩籬通俗教育館庶幾不虛設也已

▲縣教育款產經理處暨六區學務委員祝詞　我泰爲提倡社會教育起見由嚴視學查照省令請於縣署組織通俗教育館當經先後委任嚴視學暨高科長籌辦嗣嚴高兩先生辭職改委徐先生主任先生固熱心教育者也奉委後即與助理諸君銳意進行未閱三月已粲完備茲接函知得悉於本月一日行開幕式同人不敏敢致祝辭

翳惟斯館　毅力經營　圖書博物　布置調停　四民觀感　智慧日新　社會教育　於以昌明

▲縣立第二高等小學校祝詞　風俗之純厚關乎教育學業之發達由於競爭自民國創立以來我泰縣市鄉之學校成立者數已逾百然所教授者皆幼稚生徒尚未能開啓普通人民之智識也今通俗教育館成立邦人士咸得所觀瞻矣更附設學校成績展覽之會其裨益於後生小子者豈淺鮮哉願闔邑之人從此皆知向學實爲欣幸

▲縣代用塘灣高等小學校暨塘灣鄉立第一國民學校祝詞　社會否隔道德沉淪風雨如晦鷄鳴知晨嚳宮之測泮水之濱館開通俗地擇德鄰荷簣秉耒扶杖垂紳雍容並納數不擇人圖書滿架器物鋪陳啓人智識振人精神勝廣長舌喚醒愚民敬祝貴館萬歲千春

▲縣代用培英女子高等小學校祝詞　家庭之教育見聞有限不如社會之轉移也學校之教育兒童受益未必闔境之週知也今於通俗教育館中附設學校成績展覽會豈獨使入學校者得所觀摩欵蓋將造就普通社會人民智識雖婦人孺子亦皆有求學之誠心云爾且地址借設於孔廟使人人有尊孔之思想尤足見創設者之用心矣今日躬逢盛舉願祝貴館億萬斯年

●總則及細則

▲本館總則

一宗旨　本館遵照省頒辦法以謀一般社會道德智識之增進爲宗旨

二定名　本館以縣教育費設立定名爲泰縣縣立通俗教育館

三地址　本館遵照省頒辦法第一條之規定設文廟尊經閣

四組織　本館組織暫分圖書博物二部閱報室另置

泰縣教育近況　二十一

泰縣教育近況　二十二

五職員　本館遵照省頒辦法第二條之規定設主任一人由縣知事委任掌理全館事務助理二人由主任延訂呈報縣署分別管理一部事務

六經費　本館經常費臨時費遵照省頒辦法第三條之規定均由縣教育費支給每屆會計年度開始前及終了後分別編製預算決算呈請縣知事核定之

七開放　本館遵照省頒辦法第五條之規定開放時期除休息日外每日午後自二時起至五時止但日曜日午前自九時起至十二時止午後自二時起至五時止

八休息　本館休息日定期如左

甲　歲終歲首停止十四日夏期曝書停止七日

乙　四節之次日

丙　每星期月曜日

九徵集　本館遵照省頒辦法第四條之規定得徵集各學校成績品

十捐贈　本館有以圖書儀器等物捐贈者照優待捐贈書物細則辦理優待捐贈書物細則另訂之

十一應守　本館職員應守本館辦事細則遊覽人入館應守本館遊覽細則各項細則另訂之

十二停止　本館各部遇有變更陳列及整理時得臨時揭示停止各該部之遊覽

附則　本館總則及細則均呈請縣知事核定施行如有未盡事宜得隨時呈請修正之

▲圖書部細則

一　本部蒐集通俗圖書設備場所供人閱覽以啓迪一般人民之智識爲本旨

二　本部所備圖書以屬人民必須智識範圍者爲主附置高等程度之書籍特供學人閱覽分類目錄見後

三　本部設管理員一人司檢查圖書收發證券及繕製表册等事宜

四　本部閱書室分男子閱書室女子閱書室童子閱書室三處

五　閱覽人除守本館展覽細則外應守本部之規約

六　閱覽人先向書目揭示處選定書名至填券處填閱書券一紙填明何書幾册及閱覽人姓名住址持券向管理室領書每券祇限一人每人祇用一次

七　領書後分往閱書室閱覽閱畢或至停止閱書時間應向管理室繳書

八　閱書券每紙限領一種書或圖其卷帙繁多者須先閱二册依次更換同時須領二種者當填閱書券二紙所領之書總數不得逾四册以外

九　閱覽人准帶鉛筆紙簿以備抄摘其他文具概不必携

泰縣教育近況　二十三

泰縣教育近況　二十四

十　圖書如有毀壞者應照原値賠償俟購到新書後方准將毀壞之書領出其污損者應照原値賠償十分之二

十一　閱覽圖書者不得借携出館

十二　入閱書室者不得高聲朗讀幼孩不准入內

▲博物部細則

一　本部蒐集或定製各種儀器標本模型圖表等加以簡顯之說明供衆觀覽以灌輸一般人民之常識爲本旨

二　本部陳列之物品壹以合於通俗教育者爲限不驚高深本部附置風琴一架特供游覽人陶淑性情啓發美感分類目錄見後

三　本部設管理員一人司檢理物品指導動作編製說明書等事宜

四　本部陳列場所分第一室第二室第三室三處

五　展覽人除守本館展覽細則外應守本部之規約

六　展覽人自入口入至出口出勿折回

七　展覽時遇有疑問可隨時質問管理員惟軼出通俗範圍者不答

八 展覽時不得以手觸物

九 展覽人欲自行試驗室內陳列之器械須得本部管理員認可同時祇限一人

十 展覽人欲自行練習室內風琴亦准上列之辦法

十一 器械如有毀壞者照原値賠償

十二 携幼孩入本部者須警戒其動作

▲辦事細則

一 本細則依本館總則第十一條第一款之規定爲本館職員辦事之準則

二 職員辦事時間除定期休息日外於上午九時始至下午六時止日曜日上午八時三十分始至下午六時止中間十二時三十分至一時三十分及下午六時以後均非辦事時間職員在開放時間內概不得離任務之場所

三 主任應辦事項如左

甲 執行本館各項細則督率本館各員處理事務

乙 稽核本館員役之勤惰

丙 規劃應行興革事宜

泰縣教育近況 二十五

丁 每月彙集辦理情形統計之半年彙報縣知事一次並刊印宣布以驗社會之程度與性質

泰縣教育近況 二十六

四 助理員應辦事務如左

甲 保管本部之圖書或物品並整理之

乙 司本館之庶務及繕寫

丙 司本館之文牘及簿記

丁 司銀錢之出納按月結算送主任查核

戊 承主任之委託得與館外各方接涉

庚 對游覽人應爲屬於本部範圍內之勸告或保護等事

辛 館中事務經主任許可後方能執行

五 職員請假應預爲聲明並自行委託代理人代行職務

六 職員除依照各本部規則及本細則外並注意於其他各項之實施

▲展覽細則

一 本細則依本館總則第十一條第二款之規定爲入館遊覽人之準則

二 游覽人應注意於本館總則第七條第八條第十二條之規定一體遵守

三 游覽人如有酒醉或傳染病及精神病者謝絕游覽

四 各團體整隊來館者須先一日函知本館以便招待

五 游覽人至各部游覽除注意各該部之細則外並應守左列之規約

甲 入館時携有物品一律寄存於本館各部門首出館時自行携去

乙 遊覽時不得喧笑吸烟或雜食物品

丙 在閱報室內休息時須注意於清潔之保持報紙不得移動出外

六 游覽人有不守本館各種規約時得令其退出

▲優待捐贈書物細則

一 本細則依本館總則第十條之規定爲對於捐贈書物者報酬之準則

二 標識捐贈者之姓名籍貫於所捐之書物上

三 以捐贈者之姓名籍貫及物名製爲捐贈書物一覽表懸於本館垂諸久遠

四 贈與本館捐贈書物之紀念章

五 呈請縣知事比照捐資興學條例酌予褒獎

六 捐贈書物不滿五十元者適用第二條至第四條之規定百元以上者第二條至第五條均

泰縣教育近況 二十七

泰縣教育近況 二十八

適用之

七 有以書物借陳本館須宜期取還者除第二條外餘均不適用之但陳列後改非捐贈者仍分別適用各條之規定

八 凡捐贈之書物陳列方法皆由本館主之但捐贈者得陳述意見以備採擇

▲圖籍博物二部分類目錄 （開辦伊始匆促分類未精容續細分）

▲本館圖書部分本部附設二種各分五類

（甲）本部科學類分十四門

一科學門 西學啓蒙十六本 新譯通百科大詞典十五本 諸須知二十二本

二修身門 修身教本四本 修身講義一本 修身教科書一本 倫理學大要一本 倫理學大意講義一本 勤儉論一本 克己論一本 自助論一本 國民道德論一本

三國文門 國文教科書二本 繪圖蒙學課本二本

四教育門 通俗教育說一本 胎教一本 母道一本 貧民教育論一本 蒙師箴言一本 幼兒保育法一本 小兒語述義一本 家庭教育話三本 教育綱要一本 教育要旨一本

五算術門　珠算增減法一本　單級算術教科書六本　普通珠算課本一本　中外度量衡幣比較表一本　普通算術一本、算術講義一本　近世算術一本

六歷史門　新體中國歷史一本　中國歷史講義一本　西洋史二本　世界大事年表一本　外史蒙求日本國志八本　萬國政鑑八本　萬國史綱目八本　綱鑑易知錄十六本　外史叢求二部共八本　國恥小史正續編二本　中國風俗史一本、西洋年表三本　西洋史要二本　清史纂要一本

七地理門　中國地理講義一本　新體中國地理一本　重訂中國地理講義一本　世界地理一本　外國地理講義一本　中國形勢一覽圖一本　世界形勢一覽圖一本　新體中國地理附圖一本　高等小學新地理教科書三本　地理大勢二本　論地一本　本國地圖一組　中華地圖一組　各省區域沿革一覽表一本　白話地理教本一本

八理化門　理化質物教授二本　理化學大意一本　各種理化圖說六本　化學講義實驗書一本　物理教科書一本　格致啟蒙四本　初等物理教科書一本　理化示教一本

九博物門　博物學大意一本　初等植物學一本　民國新植物學一本　普通植物學教科書一本　普通動物學教科書一本　民國動物學教科書一本　共和國動物學教科書一

泰縣教育近況　二十九

本　動物採集保存法一本　昆虫採集製作法一本　礦物學教科書一本

泰縣教育近況　三十

十生理衛生門　生理學摘要一本　延年益壽一本　衛生治療新書一本　衛生新論一本　家庭醫學一本　最新衛生學一本　民國生理衛生學一本　生理衛生新教科書一本　生理學講義一本

十一手工門　新手工教授法四本

十二體操門　舞蹈游戲一本

總計九十號書二百零九本圖二組

(二)本部雜誌類分六門

一雜誌門　東方雜誌　小說月報

二教育門　中華教育界　教育雜誌

三學生門　學生雜誌　少年雜誌　中華童子界

四婦女門　婦女雜誌　女子世界

五英文門　英文雜誌　英語週刊

六游戲門　游戲雜誌

總計十號按期寄發不計編數

(丙)本部小說類分三門

一文言門　風俗閒評二本　梅林書一本　千金說二本　小拿破崙別記一本　情仇一本　鬱金香一本　死菽黨一本　棄兒二本　棄兒續編二本　鴛鴦小印一本　鮑亦登偵探案二本　鮑亦登偵探案二集一本　鮑亦登偵探案三集一本　積雪東征錄二本　特甫偵探案一本　火中蓮一本　鴛婚記三本　奪產案一本　醫兒就學記一本　美洲童子萬里尋親記一本　夢游廿一世紀一本　愛國二童子二本　莫孝子火山報仇錄二本　撒克遜刼後英雄畧二本　雙孝子㗖血酬恩記二本　髯刺客傳一本　航海少年一本　滑稽外史三本　行路難一本　孤星淚二本　魯濱孫飄流記二本　魯濱孫飄流續記二本　孝女耐兒傳三本　新飛艇二本　金風鐵雨錄三本　三四懺悔錄一本　模範町邨一本　環游月球一本　偵探之敵一本　寶石圈一本

三白話門　巴黎之劇盜一本　木乃伊二本　市聲二本　賣國奴一本　世界一周一本　新舊英雄一本　一東緣一本　小學生旅行一本　酒惡花愁錄三本　紅顏知己一本

三傳奇門　孟諸傳奇一本　蝶歸樓傳奇一本

泰縣教育近況　三十一

泰縣教育近況　三十二

總計五十三號書七十九本

(丁)本部種書類分十一門

一模範門　公民模範一本　學蹟圖一本　模範軍人八本　公民鑑一本　中華故事八本　孔子一本　關岳合傳一本

二法制門　德國富強之由來一本　法令大全一本　地方自治精義一本　地方自治淺說一本　違警律通俗解說一本　美國十大富豪一本　地方行政要義二本　中華民國教育新法令六本　中華六法全書十二本　中華現行法彙纂十本　民國現行新法令四本　經濟大要一本

三商業門　商業歷史二本　商業地理二本　商工理財學一本　商品學一本　商業道德一本　商業簿記二本　上海通商史一本　中國商業史一本　商業指南一本　商業尺牘二本

四工業門　中國工業史一本　工業品製造新書一本

五農業門　農話一本　作須知農作物篇一本　省立第三農業學校農話一本

六女子家政門　女子縫紉教科書一本　女子烹飪教科書一本　女子園藝教科書一本

女子家事教科書一本　家計簿記教科書一本　家政淺說一本　種樹淺說一本　養雞淺說一本　日用指南一本　新社會三本　女子尺牘二本　常識論話四本

七蒙養門　讀書法一本　童話第一集四十八本　蒙養叢書三十二本缺一　少年叢書十四本

八游記門　丁格爾步行中國游記一本　中國旅行指南一本　上海指南一本　漫游紀略二本　東游叢錄一本　石林避暑錄二本　巴拿馬太平洋萬國博覽會要覽一本　中國風景畫一本　西湖風景畫一本　孔林大觀圖二十四頁　古今游記叢鈔六本　歐戰寫眞畫第一集一本

九尺牘門　分類普通尺牘全璧八本　共和最新普通分類尺牘四本　范文正公書牘二本　司馬溫公書牘二本　歷代名人書扎二本　歷代名人小簡二本　新撰普通尺牘二本　詳解一本　金賸玉簡十二本

十雜學門　天空現象談一本　妖怪學講義錄一本　因是子靜坐法一本　拳藝學初步一本　拳藝學進階一本　催眠術獨習一本　催眠術講義一本　實驗電報學一本　新編攝影術一本　空中航行術一本　新聞學一本

泰縣教育近況　三十三

十一雜書門　陰陽歷對照表一本　康熙字典六本

泰縣教育近況　三十四

總計八十三號書二百六十四本圖一組

(戊)本部鄉土類分二門

一書籍門　海陵文徵二十本　王心齋先生全集六本　陋軒詩五本　崇祀泰州名宦錄一本　東湖草堂賦鈔十本　吳儲合稿一本　視學報告一本　姜堰鄉土志一本　窮交十二傳一本

二圖板門　泰州道光志板五百七十九塊(連刊謬板及廢板在內)

總計十號書四十七本板一部

(巳)附置經類分二門

一註疏門　易經註疏六本　詩經註疏二十本　書經註疏八本　左傳註疏二十九本　公羊註疏十本　穀梁註疏六本　周禮註疏十八本　儀禮註疏十五本　禮記註疏二十八本　論孟註疏十二本　孝經註疏二本　爾雅注疏六本

二小學門　段氏說文解字八本

總計十三號書一百六十八本

(庚)附置史類分五門

一正史門　史記二十六本　前後漢書六十本　三國志十四本　晉書三十本　南齊書八本　陳書六本　梁書八本　宋書二十四本　魏書二十四本　北齊書八本　周書八本　隋書二十二本缺七十八至八十五　南史二十本　北史二十四本　舊唐書四十本缺一至三　新唐書四十八本缺一至二　舊五代史二十四本　新五代史八本　宋史一百本　遼史八本　金史二十四本　元史五十本　明史一百零八本缺百二十二至百二十五又二百十二至二百十四又二百三十五至二百三十七又三百零八至三百零九　正續資治通鑑五十二本

二別史門　東華錄二十八本　清朝全史二本　三國志補義四本　廣陵通典二本　痛史三十一本　清朝邊史二本　滿清外史十本　九朝紀事本末五十六本

三雜史門　文獻通考三十二本　馬氏文獻通考四十四本　皇朝文獻通考三十二本　欽定續文獻通考二部(一)三十六本(二)二十四本　通志四十本　皇朝通志八本　欽定續通志二部(一)六十本(二)四十本　通典十二本　皇朝通典八本　欽定續通典二部(一)八本(二)十二本　九通目錄十二本　六通定誤二本　明季稗史九本　明遺民錄十二本

泰縣教育近況　三十五

泰縣教育近況　三十六

四輿地門　讀史方隅紀要天下郡國利病書五十九本缺一　東亞三國地誌二本　新中華地理全誌一本　大清中外一統輿圖三十二本缺一　五洲圖考四本缺一

五政書門　庶政叢書三十二本　富強齋叢書六十四本　原富八本　各國條約稅則章程十六本　大清教育新法令七本　聖諭像解九本　學仕錄八本

總計五十八號書一千五百十六本缺數詳前

(辛)附置子類分六門

一諸子門　子書三十二種四十本

二兵學門　中西武備兵書十六本　舊西洋兵書六本　續西洋兵書五本　舊袁氏訓練操法詳集圖說十二本　騎兵斥候答問提要一本　德國名將兵法論一本　養兵秘訣二本

三醫學門　陳修園醫學四十八種二十四本　醫宗金鑑二十四本　中西醫書八種八本　增廣本草綱目二十四本

四算學門　增刪算法統宗四本　開方表說一本　勾股六術一本　形學備旨二本　八綫對數簡表四本　對數表說一本　翠微山房算學八本　白芙堂算學叢書八本　歷象考成前十六本後八本　數理精蘊二十四本　儀象考成十二本　則古齋算學二本　幾何

原本三本 重學二本 割圓密率捷法三本 舊代數術六本缺一 九數外錄一本 [illegible]畫方立算書一本
五哲學門 哲學大要一本 哲學大綱一本 天演論一本 伊索寓言一本
六雜家門 名學淺說一本 春秋繁露二本 談天四本 危言二本 國語國策合編八本
總計三十六號書二百九十一本缺數詳前
(壬) 附置集類分三門
一正集門 方正學集四本 龔定案集六本 曾文正公全集一百六十本 方望溪全集八本 王陽明全集十二本 隨園全集五十本 鄭板橋集四本
二別集門 陳黃門集二本 曾文正公奏議四本
三雜集門 昭明文選十本 粵西五家文鈔八本 明清八大家文八本 尢西堂雜組六本 顧亭林日知錄八本
總計十四號書二百九十本



(癸) 附置教科類分八門
一修身門 中國倫理學史一本



二國文門 中學國文讀本六本 中學國文典一本 漢文典二本
三算學門 師範算術一本 代數學教科書一本
四理化門 初級師範化學一本
五博物門 初級師範動物學一本 中學動物學教科書一本 初級師範植物學一本 中學植物學一本
六生理衛生門 初級師範生理衛生學一本 中學生理教科書一本
七講義門 舊京師大學講義四本 實用小學教員講義六本
八掛圖門 小學修身作法圖十六頁 複式修身掛圖二十四頁 新修身掛圖二十四頁 筆算掛圖十六頁 國民游戲圖三頁 中國全圖一軸 坤輿兩半球圖二軸 黑龍江省圖一軸
總計二十三號書二十九本圖八組
▲本館博物部分物品掛圖二種物品分七類掛圖分五類
(子) 物品理化類分七門
一物理力學門 慣性試驗器一件 重心墜一件 重心板一件 不倒翁一件 轉上體二件 天秤一付 比重天枰一付法碼全 桿秤一付 木塞壓榨器一件 滑車架一件 輪軸一件 起錨器一件 斜面一件 劈一件 螺旋壓榨器一件 水壓筒一件 排揆氏水車一件 海崙噴水器一件 浮力試驗筒一付 潛水傀儡一件 水準器一件 抽氣機一件 麥堡半球一件 虹吸管一件
二物理音學門 驗恆性器一件 音叉一件 銅齒輪一件
三物理熱學門 熱漲球一件 蒸汽機一件
四物理光學門 倒影箱一件 球面鏡一對 三稜鏡一件 凸凹透鏡一對 實體鏡一件鏡片十二張 望遠鏡一件 顯微鏡一件載片蓋片全 七色輪一件 七色抽陀螺一件 驚盤一件 萬花筒一件
五物理磁學門 條形磁鐵一件 馬掌磁鐵一件 磁針一件 磁針羅盤一件
六物理電學門 玻璃發電棍一件 火漆發電棍一件 電擺一件 電氣輪一件 電氣鳴鐘一件 長髮偶一件 金箔驗電器一件 來頓瓶三件 尖形裝電器三件 放電叉二把 感應發電機一付 本生電池三件 乾電池四件 避雷針模型一件 電磁鐵一件 電報機二件 電鈴一件





七化學門 電氣分水器一件 輕氣發生器一件其餘化藥品約八十餘件試驗器名目繁多不及備載
總計六十四號物品七十九件
(丑) 物品動物類分七門
一脊稚動物門 鼬鼠一個 栗鼠一個 小豹一個 鷂一個 鸚鵡一個 八哥二個 伯勞一個 喜鵲一個 烏鴉一個 金鶺紅一個 金鶺黃一個 白鴿一個 花鷂子一個 啄木鳥一個 柳穿一個 野鷄一個 鷂一個 青鴉一個 魚鷹一個 鉤鷹一個 小鷄一個 小鴨一個 麻雀一個 小水鴨一個 石龍子一瓶 蛙一瓶 蠑螈一瓶 鯽一個 石首魚一瓶 豬胎魚一瓶、鱣魚帽子一瓶
二節足動物門 蜜蜂一個 土蜂一個 長腳蜂一個 牙虫一個 葛上亭長一個 蠶蛾一個 粉蝶一個 耐冬蝶一個 大銀線豹文蝶一個 大麻蠅二個 大花虻一個 江鷄一個 水蟑螂一個 貫子一個 浮塵子一個 田鼈一個 蜻蜓一個 赤衣使者一個 稜蝗一個 盤蝨一個 蟲蝨一個 螻蛄二個 蜈蚣一瓶 喜蛛一瓶 拳蟹一瓶 石砌一瓶 膝壺一瓶 益虫標本一盒 害虫標本二盒 蠶兒發育經過標本一件 蠶兒雌雄鑒別模型一件

三軟體動物門　章魚二瓶　田螺二盒　海螺一盒　面形貝子一盒　紫螺二盒　石決明二盒　蠑螺一盒　馬蹄螺一盒　蛇螺一盒　香螺一盒　皿螺二盒　塔螺一盒　熨斗螺一盒　蝶螺一盒　青貝一盒　角螺一盒　天狗螺一盒　磚牆文螺一盒　鑽子螺一盒　鵝貝一盒　花丸宝一盒　蝸牛一盒　蛞蝓一瓶　石鼈一盒　蚌貝二盒　文蛤二盒　蛤仔一盒　蝛蜼一盒　梅蛤一盒　蛤利一盒　吹潮蛤一盒　蜆一盒　蟶一盒　本甜一盒　螂蜣二盒　花貝一盒　日月貝一盒　淡菜二盒　牡犡二盒

四蠕形動物門　馬蛭一盒

五棘皮動物門　海膽二瓶　海百合一瓶　沙鷄一瓶

六腔腸動物門　章魚水母一瓶　紅珊瑚一瓶　菟葵希一瓶

七海綿動物門　海綿一件

總計一百零九號物品一百五十八件

（寅）物品植物類內一門

一標本門　毛茛一件　薺一件　薚菜一件　碎米薺一件　繁縷一件　胡枝子一件　梅一件　山茶一件　玉蘭一件　紫花地丁一件　山躑躅一件　棣一件　合子草一件

泰縣教育近況　四十一

常春藤一件　橐吾一件　豨薟一件　涌泉草一件　連錢草一件　杠板歸一件　蕎麥一件　藍一件　荧蓬一件　豬殃殃一件　虎刺一件　附地菜一件　枸杞一件　凌霄花一件　龍胆一件　蒼朵一件　樟二件　薮亭一件　銀線草一件　葎草一件　粟米草一件　紫金牛一件　鴨跖草一件　酢漿草一件　海金砂一件　山蘭一件　山慈姑一件　黑飄拂草一件　磚子苗一件　雀麥一件　雀稗一件　狗尾草一件　薇一件　井口邊草一件　胡孫眼一件

泰縣教育近況　四十二

總計四十八號物品四十九件

（卯）物品礦物類分十一門

一單體門　石墨一盒　硫礦一盒　自然銅一盒　金鑛一盒

二硫化物門　黃鐵鑛一盒　方鉛鑛一盒　輝銀鑛一盒　閃亞鉛鑛一盒　黃銅鑛一盒　輝安鑛一盒

三酸化物門　石英一盒　水晶一盒　黑水晶一盒　碧玉一盒　燧石一盒　桃硅石一盒　瑪瑙一盒　蛋白石一盒　錫石一盒　砂鐵一盒　磁鐵鑛一盒　沼鐵礦一盒

四鹽化物及弗化物門　岩鹽一盒　螢石一盒

五炭酸鹽門　方解石一盒　大理石一盒　藍銅鑛一盒

六硫酸鹽門　石膏一盒　明礬一盒　明礬石一盒

七硅酸鹽門　黃玉一盒　柘榴石一盒　黑雲母一盒　白雲母一盒　蛇文石一盒　滑石一盒　陽起石一盒　長石一盒　輝石一盒　陶土一盒

八煤炭門　泥炭一盒　褐炭一盒　黑炭一盒　無烟炭一盒　土瀝青一盒

九煤油門　石油原油一瓶

十琥珀門　琥珀一盒

十一總礦物門　硬度計一盒

總計四十八號物品四十八件

（辰）物品天文地文類分二門

一天文門　球儀一件　晝夜長短說明器一件　風雨表一件　寒煖計一件

二地文門　地球儀一件

總計二號物品五件

（巳）物品農工業類分二門

泰縣教育近況　四十三

一農業門　肥料一盒

泰縣教育近況　四十四

二工業門　營造尺一把　適當尺一把　英尺一把

總計四號物品四件

（午）物品生理衛生類內一門

一生理門　人體模型一具　骨骼模型一具　眼球模型一具

總計三號物品三件

（未）掛圖史地類分二門

一歷史門　歷代分合圖一幅　歷代統系圖一幅

二地理門　江蘇省全圖一幅

總計三號圖三件

（申）掛圖理化類分二門

一物理門　物理器械圖二十幅　新物理圖三幅

二化學門　新化學圖三幅

總計三號圖二十五幅

（酉）掛圖博物類分三門

一動物門　新動物圖十八幅　動物水彩圖四幅

二植物門　新植物圖十三幅

三礦物門　新礦物圖四幅

總計四號圖三十九件

（戌）掛圖天文地文類分二門

一天文門　天文圖四幅

二自然現像門　自然現象圖四幅

總計二號圖八件

（亥）掛圖生理衞理類內一門

一生理門　新生理圖四幅　生理解剖圖十六幅

總計二號圖二十件

本部特備風琴一架時辰鐘一架未列前類

## ●公牘文件





●泰縣知事公署飭文（委縣視學籌辦通俗教育館附省頒辦法七條）

案奉淮揚道尹公署飭開據本省教育行政會議之決交議特設通俗通育館於各縣文廟俾衆展覽而堅信仰案陳請施行前來竊維崇聖德而風後世文廟之設由來甚已晚近以還絃歌不作遺澤浸衰入夫子之門舉凡衣冠文物車服禮器之屬蕩然無存即當年禮樂之堂宮牆之地非傾圮亦荒蕪矣泰讀大總統頒布教育綱要社會教育列有專條提倡進行豈容稍緩爰擬就各縣文廟內特設通俗教育館修而葺之量地爲用凡應陳列之品物圖書等悉以供衆閱覽爲目的啟智慧於羣衆即所以重德化於無窮既據衆議可決自應公布施行合將辦法七則飭發各該道尹轉飭各該縣知事遵照限文到三個月將籌辦情形具報備查此飭等因并附辦法七則到道轉行到縣奉此查泰縣通俗教育館自應籌設合亟飭委該縣視學即使充任通俗教育館主任仍將籌辦一切情形妥爲議訂詳報核奪此飭

●籌設通俗教育館辦法

一場所　殿廡尊嚴理宜靜肅其他各處均得酌量使用

前項處所如已爲公立學校使用應就附近地方另覓屋宇設置但爲其他公共團體借用者得令遷移

二組織　設主任一人定爲無給職由各縣縣知事於縣教育會會長縣立各學校校長及現任教育行政職務人員中遴委兼任助理酌設一二人給津貼

三經費　開辦費至多二千元至少五百元經常費至多六百元至少二百元關於添置書物等項得設臨時費惟不得過經常費二分之一

四陳列　（甲）關於聖賢之遺像遺跡　（乙）關於普通之書籍圖報　（丙）關於理科及公共衞生之標本模型或器械　（丁）其他　學校成績品及生徒成績品亦得選入陳列

五展覽　除星期日全日開放展覽外每日定下午展覽三小時

六附設　本館得附設通俗講演會

七附則　本館辦事及展覽細則由各縣斟酌情形定之



●泰縣知事公署委任令（委徐鍾岳接辦通俗教育館由）

案據文廟保管員高炳華函稱竊奉飭委兼任第三科科員所有通俗教育館主任一職當開辦伊始事務甚繁恐致貽誤查有縣教育會會長徐鍾岳學術純正辦事實心如蒙派委該會長接充通俗教育館主任實於該館大有裨益爲此冒昧函呈仰懇核准委任等情前來除批准如所請答復外合亟令委該員即便接充通俗教育館主任照章妥爲辦理切切此令



職員表

| 姓名 | 字 | 年歲 | 籍貫 | 職務 | 任事年月 | 月支津貼 |
|---|---|---|---|---|---|---|
| 徐鍾岳 | 雁峯 | 二十七 | 泰縣 | 管理全館事宜 | 民國六年二月 | 無給職 |
| 儲漢江 | 蓮溪 | 五十二 | 泰縣 | 管理一部事宜 | 民國五年十一月 | 共八元連伙食 |
| 程習 | 習朋 | 二十三 | 泰縣 | 管理一部事宜 | 民國五年十一月 | 共八元連伙食 |

·編輯者程習